粤港澳大湾区建设展望

YUEGANG'AO DAWANQU JIANSHE ZHANWANG

覃成林 等 著

人民出版社

前　言

粤港澳大湾区由广东珠三角地区的广州、深圳、珠海、佛山、惠州、东莞、中山、江门、肇庆等9个城市与香港特别行政区和澳门特别行政区组成。在世界级的湾区中，粤港澳大湾区正处于冉冉上升阶段，为全球所瞩目。

2017年7月1日，在习近平总书记见证下，《深化粤港澳合作　推进大湾区建设框架协议》由国家发展改革委和粤港澳三地政府在香港签署，标志着粤港澳大湾区建设正式启动。超乎预料的是，自国家实施粤港澳大湾区建设重大战略以来，粤港澳大湾区先后遭遇了中美贸易摩擦、香港社会动荡、新冠疫情等特大冲击，各项建设工作遇到了重重困难。尽管如此，粤港澳大湾区仍表现出了良好的发展韧性，经济保持了稳定增长之势。据有关数据，2022年粤港澳大湾区的地区生产总值已超过了13万亿元人民币。其中，珠三角9个城市的地区生产总值为10.46万亿元人民币，香港和澳门分别为24280亿元人民币、1470亿元人民币。在珠三角的9个城市中，深圳、广州、佛山和东莞的地区生产总值均超过了1万亿元人民币，分别是32387亿元、28839亿元、12698亿元、11200亿元。

　　粤港澳大湾区建设是国家区域重大战略之一。早在 2017 年参与粤港澳大湾区发展规划研讨时，就有人提出这样一个十分有趣的问题：粤港澳湾区何以谓"大湾区"？对此，我们尝试从规模、发展空间、战略功能、战略目标这样几个维度作出不尽完美的回答。一是粤港澳大湾区的规模大。粤港澳大湾区的常住人口比纽约湾区、旧金山湾区和东京湾区多，土地面积比这三个湾区大，而且经济规模也超过了这三个湾区。2021 年，粤港澳大湾区的地区生产总值为 1.82 万亿美元，比东京湾区（1.8 万亿美元）、纽约湾区（1.77 万亿美元）、旧金山湾区（0.76 万亿美元）多。二是粤港澳大湾区的发展空间巨大。在新发展格局中，粤港澳大湾区拥有改革开放的先行优势、连通国内国际的区位优势、先进制造业与现代服务业相互促进的现代化产业体系和创新发展能力，是引领国内大循环的重要增长极之一，是连接国内国际双循环的顶级枢纽。在国内，粤港澳大湾区有 14 亿多人口的超大规模市场作支撑，投资和消费潜力巨大。在国际，有"一带一路"倡议和《区域全面经济伙伴关系协定》（RCEP）实施等重大发展机遇。不难看出，粤港澳大湾区的发展空间是巨大的。三是粤港澳大湾区的战略功能重大。《粤港澳大湾区发展规划纲要》赋予了粤港澳大湾区 5 个战略定位，即"充满活力的世界级城市群""具有全球影响力的国际科技创新中心""'一带一路'建设的重要支撑""内地与港澳深度合作示范区""宜居宜业宜游的优质生活圈"。2023 年 4 月，习近平在广东考察时指出：粤港澳大湾区在全国新发展格局中具有重要战略地位。广东要认真贯彻党中央决策部署，把粤港澳大湾区建设作为广东深化改革开放的大机遇、大文章抓紧做实，摆在重中之重，以珠三角为主阵地，举全省之力办好这件大事，使粤港澳大湾区成为新发展格局的战略支点、高质量发展的示范地、中国式现代化的引领地。每一个定位都为粤港澳大湾区推进经济发展、社会发展、生态建设、区域协调发展、港澳融入国家发展大局等提出了世界级或国家级的高标准和高要求，必将引领粤港澳大湾区按照新发展理念的指引，全面实现发展转型，在全国构建新发展格局、推动经济高质量发展、推进中国式现代化中发挥重要而独特的作用、作出重要的贡献。四是粤港澳大湾区的发展目标远大。《粤港澳大湾区发展规划纲要》制定的粤港澳大湾区发展目标是"建设富有活力和国际竞争力的一流湾区和世界级城市群，打造高质量发展的典范"。实现了这个目标，就意味着粤港澳大湾区将跻身国际一流湾区和世界级城市群的行列，站在全球发展的空间体系顶端，成为全国高质量发展的标杆。可见，这个目标不可谓不远大！总而言之，将粤港澳湾区冠以"大湾区"之名，一个"大"字反映了粤港澳大湾区发展的基础、实力和潜力，更是国家和人民对粤港澳大湾区的希冀。

基于上述对粤港澳大湾区内涵的理解，围绕着如何建设粤港澳大湾区这个主题，本书尝试从大视野、大战略、大布局、大融合、大突破、大行动这样一个递进的逻辑，对粤港澳大湾区建设进行分析和展望。全书由与之相应的6章构成。每章的主题及基本思路如下。

第一章为"大视野——世界经济发展格局中的湾区"，将粤港澳大湾区置于世界经济发展格局之中，首先分析世界经济发展中的湾区现象，揭示纽约湾区、旧金山湾区、东京湾区、粤港澳大湾区这四大湾区在各自国家经济发展中的地位和作用，进而对粤港澳大湾区与纽约湾区、旧金山湾区、东京湾区这三大世界著名湾区的发展水平进行比较，意在阐明粤港澳大湾区建设是世界经济发展中的一种必然现象、符合湾区发展的规律，而且将在我国经济发展中扮演重要的角色、发挥不可替代的作用，同时，阐明粤港澳大湾区发展的巨大潜力及不足，并从中获得相应启示。

第二章为"大战略——国家发展大局中的粤港澳大湾区"，通过分析粤港澳大湾区建设与我国建设社会主义现代化强国、构建新发展格局的关系，阐明粤港澳大湾区在新时代的战略使命，意在从国家发展大局出发，阐释粤港澳大湾区建设的战略谋划。

第三章为"大布局——粤港澳大湾区发展总体框架"，从建立经济发展新动力、建设现代化产业体系、构建多极网络空间发展格局、构建多层次区域合作网络等四个方面，阐明粤港澳大湾区的总体发展框架，反映粤港澳大湾区建设重大战略在经济发展动力、现代化产业体系、空间组织、区域合作等重点领域的总体布局。

第四章为"大融合——粤港澳大湾区协调发展"，针对粤港澳大湾区"一国两制"、三个关税区、三个省级行政区、"9+2"11个城市等特殊复杂的区情，首先揭示粤港澳大湾区的共生共荣关系。在此认识基础上，重点分析港澳融入大湾区建设、粤港澳大湾区一体化发展、粤港澳联合"走出去"发展等问题，阐明促进粤港澳大湾区协调发展的内在需求及重点领域。

第五章为"大突破——粤港澳大湾区迈上发展新台阶"，基于粤港澳大湾区建设需要实现发展层次突破的战略需求，首先分析提出粤港澳大湾区实现大突破的思路，然后从建设中国特色的世界级城市群、打造高质量发展典范、率先建成智慧社会、发挥"一国两制"制度优势等四个方面提出实现大突破的目标及主要举措。

第六章为"大行动——聚力建设粤港澳大湾区"，根据实现发展宏图必须依靠大行动的逻辑，阐释了建设重大发展平台、国家层面的统筹与支持、粤港澳的行动计划等三个方面的大行动，以期说明粤港澳大湾区建设的行动路线图。

需要说明的是，大视野、大战略、大布局、大融合、大突破、大行动是我们认识粤港澳大湾区建设重大战略的视角，分析粤港澳大湾区建设的思路，理解粤港澳大湾区建设的逻辑，同时也算是我们对"大湾区"何以为"大"的另一种诠释。

本书是集体研究的成果。覃成林教授提出了本书的主题，设计了全书的篇章结构，撰写前言，统筹各章的研究和写作，负责统稿。中国社会科学院李超副研究员撰写了第一章。广东财经大学王方方教授撰写了第二章。汕头大学种照辉副教授撰写了第三章。华南师范大学桑曼乘博士撰写了第四章。暨南大学贾善铭副研究员撰写了第五章，并负责研究和撰写的组织工作，与覃成林教授共同完成了统稿工作。广东财经大学潘苏副教授撰写了第六章。由于本书是学术研究成果，因此，我们在统一认识的大前提下充分尊重了各章作者的研究和写作工作，以保障各位作者的自主研究权利。当然，相关的文责亦由各章作者自负。

本书的作者大部分在粤港澳大湾区工作和生活，个别作者曾在这里求学。因此，对粤港澳大湾区建设十分关心，力图以学术研究的方式参与到这个激动人心的事业之中，为大湾区建设出一份力。由于粤港澳大湾区建设面临着不断发生变化的外部环境，关于粤港澳大湾区建设的相关研究无不是基于当时的形势所做的分析和判断。本书也不例外。同时，我们的学术功底和实践经验有限，本书难免有这样或那样的不足，恳请各位同行指教！

本书的研究和撰写工作得到了暨南大学经纬粤港澳大湾区经济发展研究院的大力支持。人民出版社编辑朱云河在本书出版过程中付出了诸多辛劳。这是本书得以顺利出版、质量得以提升的重要保证。在此，我们深表感谢！

当前，长达 3 年之久的新冠疫情冲击已经基本结束，粤港澳大湾区建设正处于加速恢复时期。同时，世界百年未有之大变局正在加速演进。一方面，新技术革命以前所未有的速度在重塑世界经济发展动力，创造新的发展赛道；在打破传统产业边界，促进产业融合和衍生新的结构，世界经济发展格局必将因此而重构。另一方面，世界经济发展不确定性加剧，地缘政治冲突、大国博弈、巴以冲突、乌克兰危机、沙特和伊朗等中东部分国家和解、发展中国家的发展主权觉醒等相互交织，正广泛而深刻地改变着世界发展格局。作为以国际一流湾区和世界级城市群为发展目标的新湾区，粤港澳大湾区建设必然要在这种大变局中谋发展。但不管外部形势如何变化，我们深信粤港澳大湾区建设必将沿着既定的路线向前推进，必将实现《粤港澳大湾区发展规划纲要》所描绘的宏图，为我国构建新发展格局，推动高质量发展，全面建成社会主义现代化强国，以中国式现代化全面推进中华民族伟大复兴，作出重大贡献。此外，粤港澳大湾区建设作为国家实施的区域重大战略，将是一个长远的发展过程，而非短期所为。基于此，我们将持续关注和研究粤港澳大湾区发展问题，力争做出既有学术创新价值又有决策参考价值的高水平研究成果。

覃成林

2024 年 6 月 21 日

目　录

大视野

——世界经济发展格局中的湾区

经过工业革命以来的长足发展，湾区已经成为当今世界经济发展格局中最重要的开放门户和空间载体，在引领经济发展潮流、推动经济全球化等方面正发挥着越来越重要的作用。2019 年，中共中央、国务院印发《粤港澳大湾区发展规划纲要》，旨在把粤港澳大湾区建设成为国际一流湾区和世界级城市群。按照这个宏大的战略目标，粤港澳大湾区将是继美国纽约湾区、旧金山湾区、日本东京湾区之后的又一个世界级湾区。因此，有必要将粤港澳大湾区建设置于世界级湾区发展的大格局之中，认识粤港澳大湾区建设的战略意义，参考借鉴国际一流湾区的发展经验，探索具有中国特色的粤港澳大湾区建设路径和举措。本章在分析世界经济发展中的湾区现象和湾区在国家经济发展中的作用，深入总结国际一流湾区的发展经验，探求湾区发展规律和未来趋势，进而对粤港澳大湾区与纽约湾区、旧金山湾区、东京湾区进行分析比较，以期为实施粤港澳大湾区建设重大战略提供参考借鉴。

第一节 世界经济发展中的湾区现象

湾区主要是指由众多海湾、港口、岛屿和沿岸城镇所构成的空间单元①。据世界银行等相关机构统计，当今世界 2/3 的贸易总量通过海上运输来实现，全球 60% 的经济总量集中在港口海湾地带及其腹地，世界 75% 的大城市、70% 的工业资本和人口集中在距离海岸线 100 公里的空间范围内。② 伴随着原有港口贸易功能的逐步优化升级，世界经济版图上先后衍生出纽约湾区、旧金山湾区、东京湾区、粤港澳大湾、悉尼双水湾区、新西兰霍克湾区、马来西亚布拉海湾区、布里斯班鲁沙湾区、杭州湾区等湾区经济体。③ 在经历了初步形成和快速发展阶段后，世界主要湾区④在 20 世纪八九十年代开始逐渐步入成熟稳定期，并呈现出不同的发展特征。基于数据的可得性和样本代表性，本章主要选取纽约湾区、旧金山湾区、东京湾区和粤港澳大湾区进行重点分析比较。

---

① 卢文彬：《湾区经济：探索与实践》，社会科学文献出版社 2018 年版，第 9 页。
② 方创琳、王洋：《粤港澳大湾区建设世界级超大城市群的特殊性与行动路径》，《城市与环境研究》2022 年第 1 期。
③ 张燕：《粤港澳人湾区与纽约、旧金山及东京国际一流湾区影响力比较》，《全球化》2021 年第 4 期。
④ 由于全球存在大约 58 个体量不同的湾区经济体，在所在国家经济社会发展中的地位不尽一致，且湾区概念本身存在一定的泛化现象。在众多湾区中，纽约湾区、旧金山湾区和东京湾区历史较为悠久、发展最为成熟，具有较强的全球影响力，因此本章选取这三个湾区作为粤港澳大湾区的主要参照对象。若非特别强调，本书中的四大湾区特指纽约湾区、旧金山湾区、东京湾区和粤港澳大湾区。

一、世界主要湾区的形成及演化

（一）纽约湾区的形成及演化

根据美国行政和预算办公室（OMB）的界定，广义上的纽约湾区主要包括纽约—纽瓦克联合统计区域，面积约为 3.59 万平方公里。纽约湾区的发展源于 17 世纪初荷兰人对纽约港的建设。到 18 世纪，纽约港作为贸易港在英国的统治下慢慢兴旺起来。受益于从美国东海岸通往阿勒格尼山以西土地的地理位置优势以及与各殖民据点间密切的商业联系，纽约港从 1816 年起取代费城成为新移民登陆美洲的主要港口。1825 年，连接伊利湖与哈德逊河的伊利运河（Erie Canal）开通，彻底打通了纽约港与五大湖区间的水路联系，纽约港自此成为美国商人将东部制成品运往西部换取原材料的最重要贸易口岸，并逐步成长为美国制造业中心。经过两次世界大战，英法德等欧洲老牌资本主义国家经济严重受挫，而本土未被战火波及的美国成为最大的赢家。随着以美元为中心的国际货币体系的建立，美元逐步在全球确立了不可撼动的霸主地位。纽约作为美国经济文化的中心城市，逐渐取代伦敦成为世界金融中枢、外交中心。联合国总部、世界银行、国际货币基金组织以及许多国际著名的金融机构都将其总部设在这里。纽约曼哈顿南部的华尔街有纽约证券交易所和纳斯达克两个世界上最大的股票交易市场。根据世界交易联合会（The World Federation of Exchanges，WFE）的年度数据，2018 年底在这两个市场上挂牌的股票总市值高达 30.43 万亿美元，约占全球所有股票交易市场上挂牌股票总市值的 39.68%，纽约湾区也因此被称为"金融湾区"（见表 1—1）。2018 年，纽约湾区常住人口达到 2353.29 万人，地区生产总值为 2.05 万亿美元。

表 1—1 纽约湾区的形成演化过程

阶段	时间	阶段特征
初步形成	1812 年至 1929 年	依托天然深水良港和跨国贸易优势，纽约逐步成为全美制造业中心和金融商贸中心；19 世纪初开始，纽约州和康涅狄格州相继进行工业革命和交通革命；至 19 世纪中叶，以纽约为中心，在美国东北部形成一个经济核心区；1921 年成立纽约区域规划委员会，1929 年出台《纽约及周边地区的区域规划》，提出跨越行政边界来建设有活力、宜居、可持续的城市社区。
快速发展	1929 年至 20 世纪 80 年代	纽约成为全球金融中心，制造业逐步外迁，以金融业为主的第三产业迅速发展；1968 年，纽约区域规划协会出台纽约湾区第二次区域规划，恢复区域公共交通体系，推动了纽瓦克等卫星城的快速发展，以纽约为核心的都市圈逐步形成。
成熟稳定	20 世纪 80 年代至今	纽约及其周边城市成为跨国商业银行和其他跨国金融机构的集中地，实现了迈向后工业化时代的产业结构转型；纽约区域规划协会先后在 1996 年和 2017 年发布第三次和第四次区域规划，推动了湾区城市间合理分工格局的形成。

资料来源：卢文彬：《湾区经济：探索与实践》，社会科学文献出版社 2018 年版；刘彦平主编：《四大湾区影响力报告（2018）：纽约·旧金山·东京·粤港澳》，中国社会科学出版社 2019 年版。

（二）旧金山湾区的形成及演化

根据美国行政和预算办公室（OMB）的界定，广义上的旧金山湾区为加利福尼亚州圣何塞—旧金山—奥克兰联合统计区域，面积约为 2.62 万平方公里。旧金山湾区的发展始于 19 世纪中期的掘金浪潮

（Gold Rush），加州金矿的发现在短短十几年间吸引了几十万的美国及世界其他国家移民从旧金山港口涌入加州。旧金山几乎在一夜之间从一个人口不足 800 人的无名小镇，成长为拥有 5.7 万人口的美国第十五大城，拥有 13 家冶铁厂和 30 家机械加工厂，形成了自己的工业基础。第二次世界大战期间，旧金山湾区是美国面对太平洋战场的重要军事区域，凭借着特殊的地理区位优势，在联邦政府的扶持下，其造船、军工制造、科学技术等产业迅速发展起来，成长为美国重要的工业基地。20 世纪 70 年代微处理器被发明出来以后，旧金山湾区抓住了第三次工业革命兴起的机遇，凭借区内数十所世界著名大学、硅谷科技创新区等创新资源，以及从世界源源不断流入的高科技人才等优势，其以信息技术产业为代表的高科技产业和以风险投资为代表的金融产业得到迅猛发展，逐步成长为全球最重要的科技创新中心之一，并以"科技湾区"闻名于世。赫赫有名的全球科技圣地"硅谷"（Silicon Valley）就主要坐落于旧金山湾区的圣克拉拉县（Santa Clara），是整个世界上发展最快、最为富有的地区之一（见表1—2）。2018 年，旧金山湾区常住人口达到 884.15 万，地区生产总值为 1 万亿美元，人均地区生产总值位列四大湾区之首。

表1—2　旧金山湾区的形成演化过程

阶段	时间	阶段特征
初步形成	1848 年至二战前	在"西进运动"和淘金移民热潮的带动下，城市化开始起步，重工业、轻工业快速发展，金融机构开始出现；20 世纪 20 年代，旧金山湾区高速公路网修建完成，7 座跨海大桥的建立使湾区城市网络雏形初现。

阶段	时间	阶段特征
快速发展	二战后至20世纪80年代	高科技产业迅速发展，以风险投资为特色的金融服务业迅速发展，旧金山西部金融中心地位确立；湾区内部出现郊区化现象，各大城市开始进行城市治理；连接旧金山与湾区其他城市的快速交通系统（BART）建成。
成熟稳定	20世纪90年代至今	信息产业繁荣，新的零售业中心不断出现在湾区内，旧金山、奥克兰、圣何塞等三大城市分工定位明确；旧金山西部金融中心地位进一步巩固，奥克兰的港口和新兴经济占据主导地位，圣何塞依托硅谷成为科技创新中心。

资料来源：卢文彬：《湾区经济：探索与实践》，社会科学文献出版社2018年版；刘彦平主编：《四大湾区影响力报告（2018）：纽约·旧金山·东京·粤港澳》，中国社会科学出版社2019年版。

（三）东京湾区的形成及演化

东京湾区通常指狭义上的日本首都圈，即以日本东京都为中心到周边半径50至70公里的范围，包括东京都、埼玉县、神奈川县和千叶县等"一都三县"。广义的东京湾区包括"一都七县"，在狭义的东京湾区范围基础上增加茨城县、栃木县、群马县和山梨县，陆地面积约3.65万平方公里。德川幕府时期，江户是当时握有全国最高统治权的幕府政厅所在地。在几代幕府将军的经营下，江户逐渐发展成为拥有近130万人口的都市。明治维新以后，日本皇室迁都江户，并将其改名为东京。依靠首都的特殊政治地位，政府在东京湾附近迅速建立了一批近代工业，逐步形成了以军工、钢铁、纺织为主导的工业体系，使东京在政治中心的基础上迅速发展成为一个工业中心。二战结束后的20余年里，在美国的积极扶持下，东京湾区发挥自身地理区位、港口条件、交通物流设施等方面的优势，聚集了大批的日本工业企业，也吸引了大量的产业工人汇聚于此，再次迎来了高速发展时期。20世纪70年代，在石油危机的冲击下，东京湾区面临着经济增速下滑、人口过度集中、生产要素价格上涨、城市功能紊乱等问题。在日本政府有关政策的支持下，东京湾区将其重工业生产向京滨、京叶两大工业区转移，并将部分夕阳产业转向国外，其本身则逐渐向高附加值工业、服务业及新经济方向发展升级。随着20世纪90年代东京离岸金融市场建立，东京从日本经济中心进一步升级为国际金融中心之一。当前，东京湾区汇集了丰田、索尼等几十家世界500强企业，超过28.8%的日本大学本科院校集中在这里，其高技术制造、精密制造、现代物流等走在了世界前列，是名副其实的世界"产业湾区"（见表1—3）。2018年，东京湾区常住人口达到3658.4万，地区生产总值为2.01万亿美元。

表1—3　东京湾区的形成演化过程

阶段	时间	阶段特征
初步形成	1603年至二战前	东京逐渐成为日本政治经济文化中心，以东京湾为中心建立水上运输体系和工业体系；东京湾周边开始填海造陆，东京港、横滨港、川崎港、千叶港、木津港等湾区港口功能逐步完善。
快速发展	二战后至20世纪80年代	重化工业高速发展，形成京滨和京叶两大世界级工业带；实施工业分散战略，引导中心城区产业结构转型升级，一般制造业陆续迁移至湾区周边城市；建设轨道交通系统和环形放射状高速公路网。
成熟稳定	20世纪80年代至今	建立东京离岸金融市场，企业总部和高等院校集中，高新技术、精密制造、现代物流等优势产业集聚，东京新城的崛起带动科技园区发展；多核分散、职住平衡的一体化发展格局逐步形成。

资料来源：卢文彬：《湾区经济：探索与实践》，社会科学文献出版社2018年版；刘彦平主编：《四大湾区影响力报告（2018）：纽约·旧金山·东京·粤港澳》，中国社会科学出版社2019年版。

（四）粤港澳大湾区的形成及演化

根据中共中央、国务院 2019 年印发的《粤港澳大湾区发展规划纲要》，粤港澳大湾区是指由围绕中国珠江入海口的城市所组成的城市群，包括广东 9 市（广州市、深圳市、珠海市、佛山市、惠州市、东莞市、中山市、江门市、肇庆市）以及香港特别行政区和澳门特别行政区，共 11 个市，总面积约为 5.6 万平方公里。粤港澳大湾区的发展始于北宋，当时沿海航线和水陆交通的发展促进了以广州和佛山为核心的珠江三角洲各城镇的经济发展。1757 年，清政府下令将广州作为唯一特许的对外通商口岸，国际贸易垄断优势使得广州商业十分繁荣，一度成为中国的国际性商业中心。鸦片战争之后，广州的贸易地位逐步被上海取代。香港在鸦片战争中被割让给英国，逐渐发展成为一个港口城市。20 世纪 60 年代起，香港借助区位优势和"窗口"优势，大力发展外向型经济，实现从转口贸易向出口加工业的发展转型。在 20 世纪 60 年代和 70 年代，香港对外贸易总值年均增速分别高达 13.07% 和 19.13%。作为世界著名的自由港，香港迅速崛起成为举世公认的国际金融、贸易、航运、旅游中心。1978 年，党中央作出对内改革、对外开放的决策，深圳作为经济特区快速崛起，在其后 40 年间创造了年均 GDP 增速超过 20% 的奇迹，从一个不知名的边陲小镇发展成为人均 GDP 位列全国第一的国际大都市。1994 年 11 月，广东省委、省政府为了使珠江三角洲地区成为最先实现现代化的经济区，正式宣布建立珠江三角洲经济区，成为中国第一个打破行政区划、按照经济区划原则建立的经济区。2003 年，在遵循"一国两制"方针和 WTO 规则前提下，为了加强与港、澳之间的贸易和投资合作，促进双方的共同发展，中央政府与香港和澳门特区政府先后签署了《内地与香港关于建立更紧密经贸关系的安排》和《内地和澳门关于建立更紧密经贸关系的安排》（简称 CEPA），从制度上标志着包括香港、澳门和珠三角经济区在内的大珠三角经济区正式成立。2015 年在《推动共建丝绸之路经济带和 21 世纪海上丝绸之路的愿景与行动》中，第一次明确提出"粤港澳大湾区"，进一步深化粤港澳的合作建设。2017 年 7 月，国家发展和改革委员会、广东省人民政府、香港特区政府和澳门特区政府在港签署了《深化粤港澳合作　推进大湾区建设框架协议》，标志着粤港澳大湾区建设正式启动。2020 年，粤港澳大湾区常住人口达到 8634.52 万，地区生产总值为 1.67 万亿美元。

二、湾区经济的典型特征

通过考察四大湾区的形成和演化可以发现，湾区经济具有一定的空间尺度、产业内容、城市形态和区域协作基础。诸如孟加拉湾、墨西哥湾、几内亚湾、波斯湾等超大型湾区，由于面积过大且分属于不同国家，难以形成湾区经济所必备的产业分工体系和城市协作体系，其地缘政治作用远远大于经济战略作用，所以未能孕育和衍生出湾区经济。而对于单个城市内部的小型湾区（如青岛的胶州湾和三亚的亚龙湾），由于其空间尺度过小且功能单一，未能形成对周边区域的强力辐射带动作用，因而也不能称其为真正意义上的湾区经济。综合来看，湾区经济是由拥有较发达港口群、产业群和城市群的湾区所衍生出的一种经济形态，是港口经济、滨海经济、都市圈经济与湾区地理形态聚合裂变而成的一种特有经济格局。① 从湾区的形成与演化历程可以发现，地域互不关联、要素禀赋差异显著的世界著名湾区，在历史发展过程中却有着相似的发展共性和经济特征。

第一，湾区一般具备港阔水深的优良海港，发端于港口经济，并据此形成发达的临港型经济区和加工贸易网络，因港而生，依湾而兴。纽约湾区拥有美国最大的深水港——纽约港，它是纽约湾区财富原始积累的基础。作为世界上最大的深水港之一，纽约港发挥了连接美国与世界贸易的纽带作用。此外，费城港、巴尔的摩港等周边港口分工明确、互为补充，与纽约港一起形成了运输效率极高的港口群。旧金山湾由北湾、东湾、南湾以及半岛构成。旧金山是湾区进入太平洋的咽喉要塞，各部分呈环抱之势构成天然的港口，湾区的各部分陆地通过若干桥梁、海底隧道相连，拥有奥克兰港、旧金山港、里士满港、红木城港等世界著名海港。东京湾区拥有东京港、横滨港、千叶港、川崎港、木更津港、横须贺港等分工明确的港口。其中，东京港是东京湾区的主要商品进出港口，横滨港承担工业品输出、集装箱集散功能，千叶港属于能源输入港和工业港，川崎港主要承担原料进口和产品输出，木更津港是地方商港和旅游港，横须贺港则为军港和商业贸易港。粤港澳大湾区拥有广州港、深圳港、香港港、东莞港、珠海港等全球年吞吐量最大的港口集群。2021 年，全球集装箱吞吐量排名前十的港口中，深圳港以 2877 万标准箱位列全球第 4 位，广州港以 2418 万标准箱位列全球第 5 位，香港港以 1780 万标准箱位列全球第 9 位。

---

① 卢文彬：《湾区经济：探索与实践》，社会科学文献出版社 2018 年版，第 9 页。

第二，湾区都有明确的主导产业、分工体系和经济活动带，并引领相邻地区不断进行产业优化升级。目前，纽约湾区的主导产业为金融保险业、房地产及租赁业，华尔街在国际金融体系中具有举足轻重的地位。旧金山湾区的主导产业为以信息技术为代表的高科技产业和以风险投资为代表的金融产业，是当今全球最重要的科技创新中心之一。东京湾区的主导产业由批发零售、精密制造、金融和保险业等构成。综合来看，纽约湾区、旧金山湾区、东京湾区的产业结构特征相对稳定，各类产业发展相对成熟，处于全球领先地位，也占据了全球价值链的高端环节。由于纽约湾区、旧金山湾区、东京湾区的主导产业特征非常明显，分别被冠以"金融湾区""科技湾区""产业湾区"的称号。粤港澳大湾区由于起步较晚，产业结构尚处于调整和转型阶段，是"中国制造"的重要基地，正逐步由"世界工厂"向"全球制造业中心"转型升级。

第三，湾区的地理位置决定了它具有天然的开放属性、显著的外向型经济特征、多元化的人口与文明特征，是创新人才、创新机构和创意思想的汇聚之地。上述四大湾区拥有的世界100强大学数量远超其他区域，如纽约湾区的哥伦比亚大学、耶鲁大学，旧金山湾区的斯坦福大学、加州大学伯克利分校，东京湾区的东京大学，粤港澳大湾区的香港大学、香港中文大学等。此外，湾区也聚集了众多世界级科研机构、实验室和创新型企业。如旧金山湾区有劳伦斯伯克利、劳伦斯利弗莫尔等5个国家实验室，以及谷歌、苹果、英特尔等一批知名创新型企业。从发明专利数量和PCT国际专利申请量上看，湾区科技创新实力在全球更是处于绝对领先地位。由此可见，上述四大湾区是全球高端要素流动的节点，是全球科技和文化交往的重要中心。依靠一流高校和科研机构的强大研究开发能力，湾区在长期发展中形成了由创新要素、创新主体、创新政策和开放式创新系统等组成的创新体系，逐渐成为引领全球科技创新的重要引擎。

第四，湾区一般具备良好的宜居环境、高水平的基础设施和公共服务，为产业、资本和人才集聚提供了坚实保障。湾区大多位于中低纬度沿海地区，降水充沛、气候宜人，年平均气温、空气湿度处于适宜居住的范围内，往往是所在国家生态环境优越、人居环境较好的宜居地带。湾区依靠优良港湾，具有天然的开放性和经济地理优势，同时有着丰富的海洋、生物、环境资源和独特的地理景观。与此同时，湾区拥有四通八达的城际铁路线、高速公路网、机场和跨海大桥，人均基本公共服务水平遥遥领先于本国其他地区。如纽约湾区的公路交通系统闻名于世，城际轨道系统主要以大都会北方铁路、长岛铁路及新泽西捷运为主体，形成以纽约为中心的放射形轨道交通网络。旧金山湾区拥有世界上最先进和最有影响力的快速交通系统"BART"（Bay Area Rapid Transit），并且在城市宪章中明确规定了关于公共交通优先的内容和措施。东京湾区是全球轨道交通网最为密集的地区之一，分别由 JR 东日本（东日本旅客铁路公司）、东京 Metro、都营地铁和东京急行电铁（简称东急）等负责运营，有效地沟通了城市和港口、沿海与腹地，为东京湾区辐射日本内陆和沟通国际市场提供重要支撑。根据《粤港澳大湾区城际铁路建设规划》，到 2025 年，粤港澳大湾区铁路网络运营及在建里程将达到 4700 公里，基本实现"内湾半小时、湾区一小时"的通勤目标。此外，云服务、手机支付、虚拟现实和大数据应用在世界主要湾区城市中逐渐拓展普及，推动整个湾区更为注重区域居民的获得感和满意度，从而引领宜居城市建设突破传统领域天花板，进入科技含量更高的智慧城市建设阶段。

第五，湾区逐渐形成了各自的区域分工协调体系，包括发挥区域规划作用、明确城市角色定位、成立湾区协调组织等。在湾区的形成和发展过程中，由于需要协调区域内部产业、人才及资源的流动和配置，先后衍生出许多区域性协调组织机构。从世界发达湾区一体化发展经验来看，超越地方行政区划的组织机构是推动湾区一体化发展的重要力量。如在纽约湾区发展历史中，由"第三部门"主导的跨行政区域的统筹协调规划起了重要作用，其中最重要的是纽约区域规划协会（简称 RPA）。该协会成立以来共制定了四次纽约湾区规划，凸显了政府、企业和社会三方合作机制在纽约湾区区域规划中的作用。在旧金山湾区发展历程中，成立于 1961 年的旧金山湾区地方政府协会（ABAG）发挥了重要作用。这个协会是一个契约型组织，也是一个正式的综合区域规划机构，其主要任务是强化湾区地方政府之间的协同治理。东京湾区的区域资源要素整合主要借助各种智库和协会的力量，来实现产业空间规划的整体协调和错位发展，如 2002 年成立的首都圈港湾合作推进协议会等，成为政府主导区域协调机制的重要补充。《粤港澳大湾区发展规划纲要》出台后，粤港澳大湾区建设领导小组在统筹推进规划落地实施、协调解决项目安排、加快体制机制创新等方面，发挥了重要的组织引领作用。

三、湾区的未来发展趋势

在当前国际形势日趋复杂、全球贸易保护主义抬头的背景下，湾区未来发展将被赋予更加深远的时代内涵，其未来发展趋势将主要集中在以下几个方面。

一是引领时代开放潮流，深化国际分工合作体系。高度开放是湾区经济最为本质的特征之一。作为全球经济的开放门户，湾区无论从货物贸易时代还是服务贸易时代都始终走在时代前列。在贸易保护主义抬头的背景下，湾区在引进外来先进技术、生产方式、管理制度和吸收对外投资方面，可以有效减轻市场分割带来的负面影响。加上历史上形成的多元文化传统以及开放包容的移民政策，会吸引大量外来人口来此投资兴业，形成商品要素自由流动、信息服务互联互通、本地市场与国际市场无缝对接的全方位对外开放格局。在大国间贸易摩擦加剧和政策分歧加深的现实条件下，湾区长期以来形成的自由开放优势将会在后疫情时代进一步凸显，成为吸纳全球高端要素资源、重塑国际经济合作秩序的推进器。

二是开创新经济增长模式，推动全球产业技术变革。湾区经济的形成和发展过程，实质上是先进产业和前沿技术的不断更新迭代过程。当前以制造业数字化、网络化和智能化为核心内容，同时融合了物联网、新材料和新能源等科技创新和技术应用的新技术革命，正在深刻改变着全球经济增长模式和技术变革方向。与此同时，全球竞争已经从工业革命以来注重商品货物的有形竞争，演化为吸收创新要素和资源的无形竞争。四大湾区集中了全球最为优厚的大学、科研机构和创新研发资源，今后在"互联网+"、大数据与云计算、新能源与新材料、3D打印和人工智能、航空航天与海洋工程设备、生物医药和生命科学等诸多前沿领域，将继续扮演新经济增长模式和全球技术变革的引领者角色。通过源源不断地吸收先进的技术、文化、理念和制度，汇聚新的信息和高端要素人才，逐步形成新产业和新技术的策源地。

三是打造宜居宜业宜游城市群，引领经济社会可持续发展。在城市化高速发展和城市病泛滥的当今世界，四大湾区通过相对前瞻性的规划布局，既保留了独特的自然生态和城市风貌，又具备现代商业城市的生产服务功能，实现人与自然和谐统一、城市与自然相互交融。通过基础设施和公共服务的国际化对接改造、英语等国际语言的普及推广，以及长期开放形成的兼容并蓄的多元文化，使湾区保持了对现代服务业和高端人才的持续吸引力，为世界城市树立了一个可持续发展的优质生活圈样板。今后，四大湾区将会进一步依托其发达的全球联系度和绿色发展理念，保持对高端人才和创新要素的持续吸引力，加快形成更加优质的宜居宜业宜游环境、更加包容开放的多元文明、更加高效便捷的要素流动，向全世界进一步推广以公平性、持续性、共同性为基本原则的可持续发展理念。

四是探索制定通用规则标准，树立全球区域合作典范。四大湾区是全球跨国公司总部云集之地，许多生产和服务部门的标准制定和定价机制都源自四大湾区。此外，湾区分布着众多国际组织总部和分支机构，引领了国际通用规则的制定和全球合作发展趋势。在区域合作方面，湾区一方面确立了市场的自发作用和主导地位，另一方面也积极发挥湾区各组织机构在消除行政壁垒、促进区域合作、保护知识产权、协调利益分配等领域的作用。未来湾区发展应从全人类的共同利益出发，突破行政区划限制和文化语言束缚，积极消除单边主义、民族主义和保护主义隔阂，建立与世界接轨的规则框架体系，逐步形成湾区与湾区之间、湾区与湾区之外互利共赢、协同发展的长期合作共识，在国际经济合作和区域协调发展中继续扮演更加重要的角色。

第二节　四大湾区在所在国家经济
发展中的地位和作用

随着新技术革命以及经济全球化对全球经济地理的重塑，湾区经济作为一种独特的经济形态，已经成为所在国家经济发展的重要引擎。[①] 四大湾区都具有较大规模的经济体量、优势明显的产业集群、强有力的经济核心区、现代化的立体交通体系、多元化的人口与文明特征，以及一大批具有创新性的研究机构和科研人才、宜居宜业宜游的社会环境和生态环境，正在逐步成为全球产业技术变革和国际创新网络的中枢，并在很大程度上影响着国家经济发展格局。综合来看，四大湾区在各自国家经济发展中的作用主要体现在如下方面。

一、区域增长极

在区域经济形态中，湾区经济最具开放经济结构、高效资源配置能力、强大集聚外溢功能和发达的国际联系网络特征，是所在国家最重要的区域增长极。对四大湾区数据分析发现，四大湾区的地区生产总值占所在国家国内生产总值比例，要远超其土地面积占所在国家国土面积比例，展现出了湾区先进的生产效率。如纽约湾区、旧金山湾区、东京湾区和粤港澳大湾区占所在国家的国土面积比重分别仅为

[①]　王宏彬：《湾区经济与中国实践》，《中国经济报告》2014 年第 11 期。

0.38%、0.28%、9.7% 和 0.58%①，却创造了占全国 9.99%、4.88%、40.55%和11.34%的国内生产总值（见表1—4）。2018 年，纽约湾区、旧金山湾区、东京湾区和粤港澳大湾区生产总值均已突破了 1 万亿美元门槛。即便将经济体量最小的旧金山湾区作为一个独立的统计单位参与世界各国 GDP 排行，2020 年也能排到世界第 17 位，湾区庞大的经济规模可见一斑。这种地位对于任何一个单独的城市或者区域来说都望尘莫及，体现了湾区经济对本国经济巨大而且明显的支撑作用。

表1—4 四大湾区面积、人口和生产总值占所在国家比重

湾区	纽约湾区	旧金山湾区	东京湾区	粤港澳大湾区
面积（万平方公里）	3.59	2.62	3.65	5.59
面积全国占比（%）	0.38	0.28	9.7	0.58
常住人口（万人）	2353.29	884.15	3658.40	8634.52
常住人口全国占比（%）	7.20	2.70	28.8	6.12
地区生产总值（万亿美元）	2.05	1.00	2.01	1.67
生产总值全国占比（%）	9.99	4.88	40.55	11.34

数据来源：张燕：《粤港澳大湾区与纽约、旧金山及东京国际一流湾区影响力比较》，《全球化》2021 年第 4 期；世界银行公开数据（https://data.worldbank.org.cn/）、广东统计年鉴、粤港澳大湾区统计专页（https://www.dsec.gov.mo/BayArea/#home）、日本政府统计综合窗口（https://www.e-stat.go.jp/）、美国经济分析局（https://www.bea.gov/）、美国人口普查报告（https://censusreporter.org/）。其中，粤港澳大湾区为2020 年数据，纽约湾区、旧金山湾区、东京湾区为2018 年数据。除非特别指明，本章中国人口及 GDP 总量数据未包含港澳台数据。

① 方创琳、王洋：《粤港澳大湾区建设世界级超大城市群的特殊性与行动路径》，《城市与环境研究》2022 年第 1 期。

二、创新发展引擎

湾区是所在国家创新要素最为集中的区域，世界 500 强企业、创新公司、研发资源和专利大多集聚在湾区。以高等教育机构分布为例，《世界大学第三方指数研究报告（2022）》在全球范围内遴选了 1905 所大学作为计算样本，其中纽约湾区、旧金山湾区、东京湾区、粤港澳大湾区分别有 82 所、12 所、39 所和 24 所入选。在排名前 10 和前 50 的大学中，四大湾区分别有 7 所、15 所入围。发达的教育科技促进了顶尖创新人才及各类技能人才的大规模集聚，使得各大湾区成为本国受教育程度最高的区域之一。《中国区域国际人才竞争力报告》显示，粤港澳大湾区所依托的广东省在 2017 年中国区域国际人才竞争力综合指数、国际人才规模指数、国际人才创新指数、国际人才发展指数、国际人才生活指数排名中都位居全国前三，其中国际人才创新指数、国际人才生活指数位居榜首。通过对照全球价值链理论可以发现，世界先进湾区正是在早期利用对外开放、劳动力、土地及政策等优势，大力发展对外贸易和出口加工业，积极吸引全球创新资源和对接科技前沿，从而引领所在国家实现了向全球价值链高附加值环节的持续攀升（见图 1—1）。与此同时，湾区依托外向型区位条件和多元化文明窗口，可以更好地实现知识和技术的溢出，从而不断催生新产业、新技术和新业态，成为所在国家和全球重要的创新孵化器。

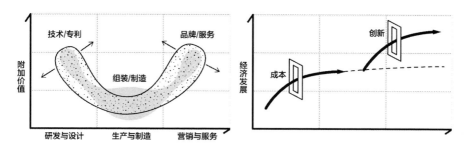

图1—1 湾区引领国家创新发展路径

资料来源：作者绘制。

三、超级联系人

相对于内陆地区，湾区拥有天然的地缘和交通优势，通过发挥内陆与世界的桥梁作用，能够更早更快地开启对外贸易和国际交往，形成特色鲜明、品类齐全的"吃住行游购娱"服务要素，能够满足国际旅客休闲、商务、游学和其他多种需求，易于形成不同于内陆地区的更加开放包容的多元移民文化和国际交往氛围。纽约湾区、旧金山湾区、东京湾区和粤港澳大湾的国际组织及外国官方机构数量分别为113个、45个、100个和50个①，同时湾区核心城市具有较高的跨国公司联系度，为打造对外开放平台和国际交往中心奠定了坚实的基础。四大湾区每年都会举办100多场国际会议，为各行各业提供丰富的国际交往、交流平台（见图1—2）。此外，四大湾区的交通基础设施四通八达，拥有世界级的港口群、机场群、高速公路和轨道交通

① 刘彦平主编：《四大湾区影响力报告（2018）：纽约·旧金山·东京·粤港澳》，中国社会科学出版社2019年版，第58页。

网，空港旅客吞吐量均达到上亿人次。这些都提高了湾区发展的凝聚力和辐射力，使得湾区成为所在国家开拓国际市场、吸引国际资本、提供跨境服务的信息中转站和超级联系人。

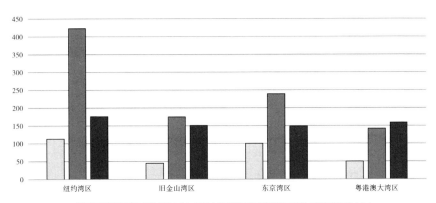

图1—2　四大湾区对外开放和国际交流情况

资料来源：刘彦平主编：《四大湾区影响力报告（2018）：纽约·旧金山·东京·粤港澳》，中国社会科学出版社2019年版。

四、优质生活圈

湾区优美的自然环境、良好的人居环境和开放多元的人文环境，吸引了越来越多的外来人口持续涌入。2018年，纽约湾区、旧金山湾区和东京湾区常住人口分别达到2353.29万、884.15万和3658.4万，占所在国家人口比重分别为7.2%、2.7%和28.8%。以粤港澳大湾区为例，虽然部分城市的人口增速出现减缓，但广州与深圳两大城市依旧维持着4%左右的人口增速，珠海与佛山的增速在近年来也在持续增大，粤港澳大湾区成为近年来中国最具吸引力的区域之一。2020年，粤港澳大湾区常住人口数量达到8634.52万，占全国人口总数的6.12%。在粤港澳签订的框架协议中，明确提出要共建宜居宜业宜游的优质生活圈，特别是提出要完善生态建设和环境保护合作机制，建设绿色低碳湾区，协力打造生态安全、环境优美、可持续发展的国家绿色发展示范区、中国优质生活圈先行先试区，以及"21世纪海上丝绸之路"生态文明样板。

五、战略支撑点

湾区既是所在国家参与国际竞争合作的重要平台，也是一系列国家开放战略、新技术革命浪潮和区域发展战略的支撑点。如纽约湾区抓住布雷顿森林体系使得美元与黄金挂钩的机遇，大力发展金融商务为主体的高端服务业，逐渐巩固了纽约作为世界金融中心的地位。旧金山湾区牢牢抓住第三次科技革命的契机，借力国家科技创新政策和重点实验室布局，主打硅谷为特色的高科技研发和风险投资，大力推动创新型经济快速成长，一跃成为举世闻名的科技创新中心。东京湾区借力战后复兴战略，在20世纪60年代实施工业分散战略，在湾区外圈层积极建设新产业市镇和工业整备特区，强调湾区内部产业分工和错位发展，从而成功实现了产业结构的转型升级，是具有日本特色的"极—圈"区域经济开发理论的生动实践。粤港澳大湾区主要基于丰富"一国两制"实践内涵、贯彻落实新发展理念、进一步深化改革扩大开放、推进"一带一路"建设来综合考虑，既是新时代推动形成全面开放新格局的新尝试，也是推动"一国两制"事业发展的新实践。

第三节　粤港澳大湾区与世界著名湾区发展水平比较

由于湾区的形成发展是市场和政府双重作用的结果，目前除了粤港澳大湾区和东京湾区的地域范围相对明确外，国内外学者及研究机构对纽约湾区和旧金山湾区在空间范围和统计口径上并未形成统一的标准。为此，本节所用数据主要来自官方或权威机构，部分分析指标由于数据缺失将统计口径调整至州级或市级层面。其中，纽约湾区和旧金山湾区数据主要来源于美国行政和预算办公室、美国人口普查局和美国经济分析局；东京湾区数据主要来源于日本政府统计综合窗口；粤港澳大湾区数据主要来源于《中国统计年鉴》、《广东统计年鉴》、香港特别行政区政府统计处和澳门特别行政区统计暨普查局。此外，本节还引用了世界银行、联合国人居署、欧盟、世界知识产权组织、技术洞察和市场研究机构 CB Insights、国际高等教育咨询机构 QS① 的公开数据，分别从经济发展、科技创新、宜居环境等维度，对粤港澳大湾区与世界著名湾区的综合发展水平分析比较。

一、经济发展水平

粤港澳大湾区历经多年的长足发展，经济规模得到了显著提升。

---

① Quacquarelli Symonds，简称 QS，中文名"夸夸雷利·西蒙兹"，是英国一家专门负责教育及升学就业的国际高等教育咨询公司。由于 QS 世界大学排名更容易被读者辨识，所以本章其他部分用简称 QS 代替。

2020 年粤港澳大湾区名义 GDP 为 1.67 万亿美元，是近年来四个湾区中经济增速最快的区域。从四大湾区人均 GDP 的趋势变化来看，2010—2018 年，旧金山湾区的人均 GDP 从 6.99 万美元增长到 11.28 万美元，逐步拉开了与纽约湾区的差距。东京湾区则在此期间陷入增长瓶颈，人均 GDP 持续下降，连续数年不足 5 万美元。虽然粤港澳大湾区人均 GDP 在此期间实现了超过 50% 的正增长，但绝对值在四大湾区中最低，甚至不及东京湾区的一半，增速也显著低于旧金山湾区。通过进一步观察 2005—2020 年各大湾区夜间灯光指数①的变化可以发现（见图 1—3），2020 年粤港澳大湾区的定基夜光指数高达139.2，纽约湾区为 86.5，旧金山湾区为 108.5，东京湾区为 97.0，粤港澳大湾区的上升趋势遥居全球四大湾区之首。

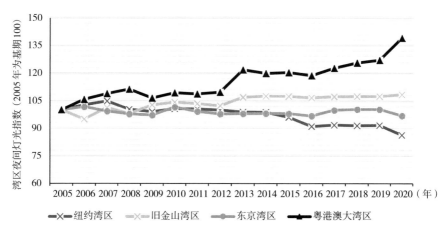

图 1—3 2005—2020 年四大湾区夜间灯光指数定基变化趋势

数据来源：招银理财、wind 数据库。

---

① 夜间灯光指数主要利用遥感卫星捕捉无云条件下陆地和水面可见光源，通过比较与标准昼夜模式图像的强弱变化，来计算出表征人类活动变化和经济社会发展程度的监测指数。

从产业结构来看①，粤港澳大湾区一方面展现出了与其他三个湾区相同的三二一产业结构，另一方面也有着明显不同于其他三个湾区的特点。一是粤港澳大湾区第一产业增加值在 GDP 中的占比，要略高于其他三大湾区。2016—2020 年，粤港澳大湾区第一产业增加值占 GDP 的比重稳定在 1.24%—1.48%，而最低的纽约湾区已不足0.1%。二是粤港澳大湾区第二产业增加值在 GDP 中占比要显著高于其他三大湾区。2020 年，广东省规模以上制造业增加值、规模以上制造业企业数量均居全国第一。作为中国制造的重点区域，在未来相当长的一段时间内，较高的第二产业 GDP 占比依然会是粤港澳大湾区的一个重要特征。从横向比较来看，2020 年粤港澳大湾区第二产业占 GDP 的比重为 32.47%，而其他三大湾区占比均不足 20%。三是粤港澳大湾区第三产业增加值在 GDP 中占比最小，并且呈先降后升的趋势（见图1—4）。2020 年，粤港澳大湾区第三产业增加值占GDP 的比重为 66.4%，而其他三大湾区均在 75%以上，占比最高的纽约湾区达到了 92.5%。从变化趋势来看，2005—2020 年，粤港澳大湾区第三产业 GDP 占比大约下降了 1 个百分点，而同期其他三个湾区均呈现上升趋势，增幅最大的旧金山湾区上升了约 3 个百分点。

从服务业结构变化来看，虽然粤港澳大湾区主要行业所占份额总量低于其他三个湾区，但粤港澳大湾区服务业行业结构演化方向整体上与纽约湾区趋同。粤港澳大湾区产值比重最大的三个行业占 GDP份额在 35%左右，而其他三个湾区均靠近或已越过 40%。综合来看，旧金山湾区主要行业份额不断扩大，信息业占比越来越大；东京湾区

---

① 纽约湾区和旧金山湾区第三产业使用了服务业宽口径定义。

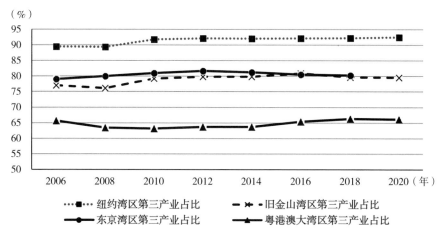

图1—4 2005—2020年四大湾区第三产业占GDP比重变化趋势

数据来源：世界银行公开数据（https：//data. worldbank. org. cn/）、日本政府统计综合窗口（https：//www. e—stat. go. jp/）、美国经济分析局（https：//www. bea. gov/）、美国人口普查报告（https：//censusreporter. org/）、大湾区广东省九市统计年鉴（含统计公报）、香港特别行政区政府统计处（https：//www. censtatd. gov. hk/sc/）、澳门特别行政区统计暨普查局（https：//www. dsec. gov. mo/zh-MO/）。

主要行业相对稳定，批发零售业一直处于领先地位；粤港澳大湾区与纽约湾区的主要行业都是金融保险业、房地产行业以及批发零售业，并且房地产业占比相对稳定，批发零售行业日渐式微，金融保险业占比则不断提升。

从人口和经济集聚来看，2010—2020年，粤港澳大湾区常住人口由6375.6万增长至8634.5万，增长了35.4%，而同期旧金山湾区常住人口增长了近10%，纽约湾区和东京湾区的增幅约为3%①。可见，粤港澳大湾区人口集聚的速度远远领先其他三个湾区。就四大湾区生产总值占各国GDP的比重而言，粤港澳大湾区生产总值占中国GDP的比值略高于纽约湾区和旧金山湾区，但三者比值都远远低于

———————
① 东京湾区观测时间为2010—2019年。

东京湾区。值得注意的是，粤港澳大湾区占中国 GDP 的比重从 2010 年的 13.45% 降至 2020 年的 11.34%，下降了 2.1 个百分点。主要原因在于，尽管香港的经济总量在此期间也有明显的增长，但增速明显不及中国其他地区，其占中国 GDP 的比重从 3.75% 下降至 2.35%。而澳门因为疫情的冲击，2020 年 GDP 骤降至 255.86 亿美元，甚至低于 2010 年的 282.42 亿美元，其占中国 GDP 的比重也从 0.46% 下降至 0.17%。

从客货运能力来看（见表 1—5），粤港澳大湾区港口集装箱吞吐量、机场货物吞吐量、机场旅客吞吐量遥居四大湾区之首。2018 年，粤港澳大湾区港口集装箱吞吐量达到 6700 万标准箱，而同期纽约湾区为 718 万标准箱，旧金山湾区为 255 万标准箱，东京湾区为 839 万标准箱，粤港澳大湾区港口集装箱吞吐量约为其他三大湾区总和的 3.7 倍。从机场货物吞吐量看，2018 年粤港澳大湾区、纽约湾区分别达到 830 万吨和 230 万吨，而 2017 年旧金山湾区、东京湾区分别为 108 万吨、358 万吨，粤港澳大湾区机场货物吞吐量超过其他三大湾

表 1—5　四大湾区主要客货运能力指标比较

湾区	纽约湾区	旧金山湾区	东京湾区	粤港澳大湾区
港口集装箱吞吐量（万 TEU）	718	255	839	6700
机场货物吞吐量（万吨）	230	108	358	830
机场旅客吞吐量（亿人次）	1.37	0.83	1.26	2.13

数据来源：张燕：《粤港澳大湾区与纽约、旧金山及东京国际一流湾区影响力比较》，《全球化》2021 年第 4 期；方创琳、王洋：《粤港澳大湾区建设世界级超大城市群的特殊性与行动路径》，《城市与环境研究》2022 年第 1 期；廖明中：《世界四大湾区要素资源流动现状特征分析》，《深圳社会科学》2020 年第 6 期。其中，旧金山湾区、东京湾区机场货物吞吐量为 2017 年数据，其他指标均为 2018 年数据。

区的总和（廖明中，2020）。从机场旅客吞吐量来看，2018 年粤港澳大湾区为 2.13 亿人次，而同期纽约湾区为 1.37 亿人次，旧金山湾区为 0.83 亿人次，东京湾区为 1.26 亿人次，粤港澳大湾区的领先优势较为明显。

二、科技创新

科技创新是经济发展的核心动力，也是刻画湾区发展质量的重要指标。[①] 打造国际科技创新中心是粤港澳大湾区建设的七大重点任务之一。因此，本部分对四大湾区的科技创新进行比较分析。

在人才集聚方面，从专科及以上学历人口占湾区总人口的比例来看（见图 1—5），2010 年，旧金山湾区超过 30.3% 的常住人口获得了专科及以上的学历，东京湾区与纽约湾区分别是 29.7%、28.3%，粤港澳大湾区仅为 12.5%[②]，不足其他三个湾区的一半。至 2020 年，除东京湾区数据尚未公布，其他三大湾区的高学历人口所占比例都有显著的提升。其中，旧金山湾区提升至 35.9%，粤港澳大湾区提升至 21.43%，在各大湾区中排名依旧垫底，但提升幅度最大。

在高等教育机构（能授予专科及以上学位的机构）集聚方面，2010 年，旧金山湾区所属加利福尼亚州最多，拥有 436 所高校，约占美国高校总数的 9.70%；纽约湾区主体所属的纽约州和新泽西州共有 370 所；东京湾区拥有日本近 26.94% 的高校，共 316 所；粤港澳大湾

① 杨静、赵俊杰：《四大湾区科技创新发展情况比较及其对粤港澳大湾区建设的启示》，《科技管理研究》2021 年第 10 期。
② 澳门相关数据由于学历人口暂缺，未计入统计。

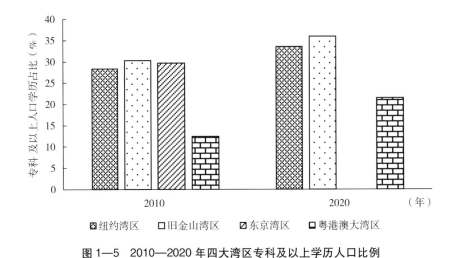

图1—5 2010—2020年四大湾区专科及以上学历人口比例

数据来源：第六次全国人口普查公报，日本政府统计综合窗口（https：//www. e-stat. go.
jp/）、美国人口普查报告（https：//censusreporter. org/）。香港特别行政区政府
统计处（https：//www. censtatd. gov. hk/sc/）。

区所在的广东省和香港、澳门两个特别行政区合计拥有174家高校，
约占中国高校（含港澳两个行政区）总数的7.25%，总量和占比在四
个湾区中均排最末。至2020年，粤港澳大湾区所在省域的高校总数提
升至197家，总量依然居末，但增加的绝对量与相对量均领先其他湾
区（见图1—6）。从高等教育机构的水平看，以QS世界大学排名
（2022年）上榜高校计，纽约湾区、旧金山湾区、东京湾区、粤港澳大
湾区进入榜单前100名的高校分别有4所、2所、2所、5所（见图1—
7），粤港澳大湾区的高校水平在四大湾区中处于较好的位置。

从研发投入看，根据欧盟委员会《2020年欧盟产业研发投入记
分牌》提供的2500家世界各国企业数据，旧金山湾区在企业研发投
入和强度方面的表现均遥遥领先，共有56家企业进入研发投入榜前
500名，全球榜单前十独占4位，包括Google母公司Alphabet、电子

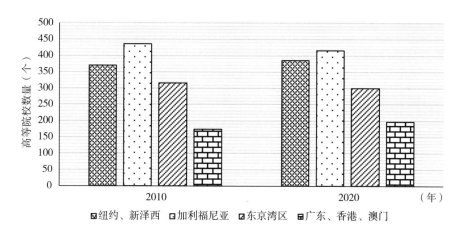

图1—6　2010年和2020年四大湾区所在行政区域的高等院校数量

数据来源：国家统计局数据（http：//www.stats.gov.cn/），日本政府统计综合窗口（https：//www.e-stat.go.jp/）、美国国家教育统计中心（https：//nces.ed.gov/）。

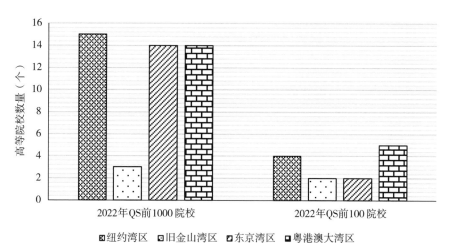

图1—7　2022年四大湾区的QS排名高等院校数量

数据来源：QS官网（https：//www.topuniversities.com/university-rankings/world-university-rankings/2022）。

产品巨头Apple、社交公司Facebook（Meta）、芯片设计制造商Intel。旧金山湾区研发投入排名前十企业2019年的研发投入总额为883亿欧元（见表1—6），占企业销售净额的14.1%，创造了1505.5亿欧元的利润。纽约湾区有 14 家企业进入研发投入榜前 500 名，医药企业 Johnson & Johnson 进入榜单前十。纽约湾区排名前十企业的研发投入总额为 389.55 亿欧元，占企业销售净额的 11.2%，合计利润为 721.5 亿欧元。

表 1—6　2019 年四大湾区研发投入前十的企业情况

湾区	研发投入（百万欧元）	销售净额（百万欧元）	研发投入密度（%）	总利润（百万欧元）	研发支出第一的公司
纽约湾区	38955.50	349308.39	11.2	72150.00	JOHNSON & JOHNSON
旧金山湾区	88309.61	626496.43	14.1	150555.48	ALPHABET
东京湾区	31309.19	552924.91	5.7	33137.50	HONDA MOTOR
粤港澳大湾区	27143.28	262442.89	10.3	32563.37	HUAWEI INVESTMENT & HOLDING

数据来源：欧盟官网（https：//op. europa. eu/en/home）。

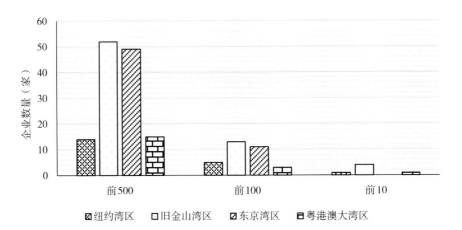

图 1—8　2019 年四大湾区研发投入上榜记分牌企业数量

数据来源：欧盟官网（https：//op. europa. eu/en/home）。

东京湾区进入了记分牌的企业数量与旧金山湾区相似，但没有企业进入前十（见图1—8）。其排名靠十企业的研发投入总额为313亿欧元，占企业销售净额的比约为5.7%，总利润约为331亿欧元，均大幅低于旧金山湾区。粤港澳大湾区共有15家企业进入榜单前500，华为公司高居全球第三。粤港澳大湾区研发投入前十企业的研发投入总额为271亿欧元，研发投入占比为10.3%，当年创造的总利润合计约为326亿欧元。整体而言，粤港澳大湾区企业研发投入目前在四大湾区中居于末位，但研发投入强度高于东京湾区。

从区域创新产出来看，根据世界知识产权组织（WIPO）发布的《2021年全球创新指数》（GII）的数据，2011—2015年，粤港澳大湾区内的"深圳—香港—广州"创新集群通过WIPO一共提交了42888份国际专利申请（PCT），2015—2019年提升至84326件，PCT申请总量仅次于"东京—横滨"集群，位居创新集群榜第二位，专利申请增量及增幅则都领先其他三个湾区内的创新集群（见图1—9）。但

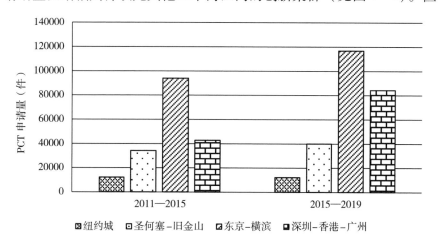

图1—9　四大湾区内创新集群PCT申请量

数据来源：世界知识产权组织官网（https：//www.wipo.int/portal/en/）。

从创新产出的密度看，"深圳—香港—广州"创新集群每百万人的PCT申请量为1759件，约为"圣何塞—旧金山"创新集群的1/4，也显著低于"东京—横滨"集群，高于"纽约城"集群；每百万人的科学论文发表量则以2818篇位居四个集群最末，不足"圣何塞—旧金山"集群的1/5（见图1—10）。

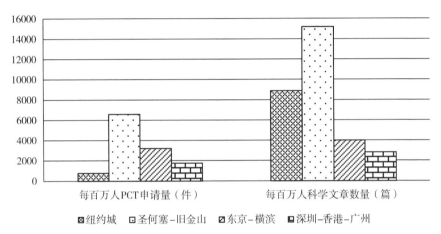

图1—10　2015—2019年四大湾区内创新集群创新密度

数据来源：世界知识产权组织官网（https：//www. wipo. int/portal/en/）。

　　根据国际风投研究机构 CB Insights 的数据（见表1—7），截至2022年3月，全球共有1057家独角兽企业，旧金山湾区独占其中的1/4，共252家；纽约湾区共有104家。粤港澳大湾区26家，多于东京湾区，但与美国两个湾区有很大的差距。

表1—7　四大湾区的独角兽企业情况

湾区	独角兽企业数量	国家独角兽企业数量	湾区占比（％）
纽约湾区	104	545	19.1
旧金山湾区	252		46.2

续表

湾区	独角兽企业数量	国家独角兽企业数量	湾区占比（%）
东京湾区	4	5	80.0
粤港澳大湾区	26	174	14.9

数据来源：CB Insights 官网（https：//www. cbinsights. com/research-unicorn -companies）。

三、生态环境

生态环境质量是衡量一个区域宜居水平的重要标准。在城市化快速推进和城市病扩散蔓延的时代背景下，如何从城市宜居环境视角重塑湾区发展空间和竞争优势，将会成为四大湾区建设中所需要完成的重要使命与艰巨任务。从地理位置看，四大湾区均处于自然环境最舒适的北纬 20—40 度的沿海地带，宜人的气候条件和便利的交通对国际人才流动和经济社会交流具有很强的吸引力（见表 1—8）。相对而言，粤港澳大湾区所处的纬度较低，年均气温和降水量偏高，夏季又是台风高发区域，环境舒适度方面与其他三大湾区相比稍逊一筹。

表 1—8　四大湾区的生态环境质量

区域	纽约湾区	旧金山湾区	东京湾区	粤港澳大湾区
年度平均气温（℃）	15	20	17	24
年均降水量（mm）	1270	810	1779	2214
年均空气湿度（%）	65	51	69	70
$PM_{2.5}$ 浓度（μg/m³）	7	9	12	19
绿化面积/比率（%）	21	30	43	37

数据来源：刘彦平主编：《四大湾区影响力报告（2018）：纽约·旧金山·东京·粤港澳》，中国社会科学出版社 2019 年版。其中，粤港澳大湾区 $PM_{2.5}$ 浓度数据为 2022 年上半年更新数据（http：//www. eco. gov. cn/news_ info/57106. html）。

从湾区环境质量来看，受制于本地巨大的制造业规模和发展阶段，粤港澳大湾区的单位 GDP 能耗和 $PM_{2.5}$ 浓度仍相对较高，但超前的功能规划和环保投入保证了粤港澳大湾区较高的绿化水平。香港和深圳两个城市的绿地覆盖率远远领先其他几个湾区城市。从主要城市 $PM_{2.5}$ 指标来看，除香港、深圳和广州之外，其他三大湾区的核心城市 2021 年 $PM_{2.5}$ 均值都小于或等于世界卫生组织 2005 年确定的"可以被认为是最有可能产生健康负面效应的最低值"10（见表1—9）。可见，粤港澳大湾区的空气质量相较于其他三大湾区还有较大的治理提升空间。

表1—9　四大湾区主要城市的生态环境质量

城市	绿地百分比（%）		人均绿地面积（m^2）	$PM_{2.5}$
	树木覆盖率（%）	草覆盖率（%）		
旧金山市	14	3	24.7	8.2
纽约市	20	5	19	10
东京市	15	5	19.6	9.1
横滨市	15	4	23.6	——
香港	39	10	35.1	15.9
深圳市	29	6	38.6	17.9
广州市	28	10	77.7	24.4

数据来源：Husqvarna 城市绿地指数（https：//www.hugsi.green/），2021 IQAir 世界空气质量报告（https：//www.iqair.cn/），联合国人居署《2020 年世界城市报告》，香港 2016 年人口统计主题报告。

四、公共服务

从四大湾的公共服务指标来看，粤港澳大湾区具有最好的社会治安条件，医疗卫生服务的硬件设施条件不输其他湾区，但在医疗人员投入方面与其他湾区还有差距（见表1—10）。2020年，粤港澳大湾区每千人拥有的医师数量为2.54人，与东京湾区相近，但远低于纽约湾区和旧金山湾区所在的纽约州、新泽西州和加利福尼亚州；每千人拥有的注册护士数量为3.47人，不及排名第三的东京湾区的一半；每千人拥有的病床数量为4.19张，也不及东京湾区的一半，但优于美国两个湾区所在的州。在人口平均寿命方面，2018年粤港澳大湾区为80.3岁，要略低于东京湾区（83.1岁）、旧金山湾区（81.4岁）和纽约湾区（80.7岁）。粤港澳大湾区在社会治安方面表现优异，2020年立案的刑事案件密度只有每十万人565.38件，比有

表1—10 四大湾区部分公共服务

区域	每千人医师数量（人）	每千人护士数量（人）	每千人病床数量（张）	每十万人刑事案件（件）	每百万人公共图书馆（个）	每百万人博物馆（个）
纽约州、新泽西州	4.95	9.74	2.46	1641.92	35.67	92.40
加利福尼亚州	4.12	8.23	1.84	2580.90	4.68	60.98
东京湾区	2.49	7.47	8.89	666.23	21.84	6.18
粤港澳大湾区	2.54	3.47	4.19	565.38	2.52	2.98

数据来源：广东九市统计年鉴，广东社会统计年鉴，香港统计年刊2021，澳门医疗统计2020，日本政府统计综合窗口，美国卫生资源与服务管理局（https://www.hrsa.gov/），美国医疗委员联合会（https://www.fsmb.org/），恺撒家庭基金会（https://www.kff.org/），CDE犯罪报告（https://crime-data-explorer.app.cloud.gov/），美国博物馆和图书馆服务机构（https://www.imls.gov/），美国酒店和住宿协会（https://www.ahla.com/），香港立法会IN11/19—20号文件。由于部分指标没有县级数据，美国两个湾区统计范围扩展到州级。美国三个州的图书馆、博物馆分别为2019年和2018年数据。

"世界最安全城市"之称的东京所在的东京湾区还低15%。从公众文化生活来看，粤港澳大湾区每百万人拥有的图书馆、博物馆数量全部垫底，而且与表现较好的湾区存在数量级的差距，每百万人图书馆拥有量相当于纽约和新泽西州的1/15，每百万人博物馆数量更不及后者的1/30。

在核心景观数量方面，东京湾区显著高于其他湾区，粤港澳大湾区紧随其后。2018年，东京湾区和粤港澳大湾区核心景观均超过1000家，而纽约湾区与旧金山湾区相对较少，分别为621家与433家。而核心景区中，以东京湾高等级景观居多，其世界遗产数多达5个，分别为神殿和庙宇、富士山、富冈制丝场（群马县）以及近代绢丝产业遗迹群、勒·柯布西耶的建筑作品、小笠原群岛。粤港澳大湾区有2处世界遗产，分别为澳门历史城区、开平碉楼与村落。纽约湾区和旧金山湾区各有1处，分别为自由女神像和红杉国家公园。从核心城市景观集聚程度来看，旧金山最高（79%），其次是纽约（75.8%）、香港（20.1%）、广州（18.6%）、东京（13%）和澳门（8.6%），旧金山和纽约是湾区核心景观的主要集聚地。从开展音乐会及文艺演出的次数来看，四大湾区从高到低依次为纽约湾区563次、旧金山湾区116次、东京湾区106次及粤港澳大湾区63次，纽约湾区在文化休闲娱乐活动方面优势较为明显，粤港澳大湾区在这方面相对较为滞后（见表1—11）。

表1—11 四大湾区及核心城市文化旅游资源

湾区及核心城市	核心景区数量	音乐会与演出次数	世界遗产数
粤港澳大湾区	1528	63	2
广州	284	15	0
香港	307	19	0

续表

湾区及核心城市	核心景区数量	音乐会与演出次数	世界遗产数
澳门	131	16	1
东京湾区	1803	106	5
东京	234	44	2
纽约湾区	621	563	1
纽约	471	427	1
旧金山湾区	433	116	1
旧金山	342	94	1

资料来源：刘彦平主编：《四大湾区影响力报告（2018）：纽约·旧金山·东京·粤港澳》，中国社会科学出版社2019年版。核心景观主要指区域地标性景点，博物馆包括艺术博物馆、历史博物馆、特色博物馆及画廊。数据来源：广东省统计年鉴、广东省旅游政务网、广州等市统计公报、香港统计年刊、澳门统计年鉴、日本观光局旅游统计、UNWTO/WTCF City Tourism Performance Research、纽约旅游局（The Official Guide to New York City）、旧金山旅行协会（San Francisco Travel）、TripAdvisor网站。

第四节　主要结论和启示

本章通过回顾世界主要湾区发展历程，总结提炼湾区的经济特征和发展模式，分别从经济发展、科技创新、宜居环境等维度，对粤港澳大湾区与世界著名湾区的综合发展水平进行了分析比较。从前面三节的分析结果可以看出，作为中国综合实力最强、开放程度最高、经济最具活力的区域之一，粤港澳大湾区在经济总量、人口规模、土地面积、港口集装箱吞吐量、进出口贸易总额、高校数量、PCT国际专利申请量、科学文章发表总量等方面，初步具备与纽约湾区、旧金山湾区和东京湾区等世界级湾区比肩的基本条件。粤港澳大湾区的人口总量、土地面积、港口集装箱吞吐量远超其他三大湾区，进出口贸易总额比纽约州、新泽西州、加利福尼亚州和东京湾区总和还要多，GDP 总量、顶级高校数量、顶级企业研发密度、PCT 国际专利申请量与其他三大湾区差距不明显，还有香港、深圳等国际金融中心城市，港交所和深交所 IPO 总额仅次于纽交所。随着澳门证券交易所建设的顺利推进，粤港澳大湾区将可能同时汇聚 3 大证券交易所，金融业还将会迎来更为广阔的发展空间。

经过改革开放以来的长期合作发展，粤港澳大湾区已成为中国市场化程度最高、经济实力最强、开放水平最高、创新能力最强的区域之一。按照现有地区生产总值增速，从经济总量上跃居世界第一湾区将只是时间问题。但是，与纽约湾区、旧金山湾区和东京湾区等世界先进湾区相比，粤港澳大湾区仍存在比较明显的差距。主要体现为：经济结构上服务业占比相对较低，且提升缓慢；劳动力受教育水平增速较快，但绝对水平和劳动生产率仍显著低于其他湾区；企业研发投入总量不足、科研产出密度较小；虽然绿化率较高，但空气污染、水污染指数偏高，文化医疗等公共服务水平与其他湾区仍有较大差距。未来如何对标世界先进湾区、进一步缩小与世界先进湾区的发展差距，是摆在粤港澳大湾区 11 个城市面前的一个重要发展任务。建设粤港澳大湾区是党中央立足全局和长远发展作出的重大战略决策，既是新时代推动形成全面开放新格局的新尝试，也是推动"一国两制"事业发展的新实践。因此，粤港澳大湾区要以世界先进湾区为标杆，在新起点上继续谱写湾区建设和高质量发展新篇章。

第一，以全球视野加速提升大湾区整体对外开放水平。开放是纽约湾区、旧金山湾区和东京湾区保持可持续竞争力的关键要素。《横琴粤澳深度合作区建设总体方案》《全面深化前海深港现代服务业合作区改革开放方案》《广州南沙深化面向世界的粤港澳全面合作总体方案》相继发布后，拉开了粤港澳大湾区从制度框架建设向重大合作平台建设的序幕。未来粤港澳大湾区应以建立符合国际通用规则的全方位对外开放新体制为重点，放眼国内和国际两种要素、两个市场，积极发挥港澳的自由港优势和横琴、前海、南沙自贸试验片区的制度创新优势，加快建立促进大湾区投资贸易便利化、与国际标准无缝衔接的体制机制。全面实行外商直接投资准入前国民待遇，探索推广面清单制度，对外商投资的监管重点由事前审批转化为事中事后监管，将行政服务体系纳入到国际化、专业化和法治化的轨道上来。充分利用国际贸易中心地位和国际开放平台窗口作用，有效对接国家"一带一路"建设，在商品和服务贸易、检验检疫和质量标准、国际会展、跨境电子商务、人民币跨境业务创新等领域，努力将粤港澳大湾区打造成为21世纪海上丝绸之路的重要战略节点和先行先试示范区，携手成为国际通用标准、全球贸易规则的主导者和制定者。①

第二，以战略眼光加快促进大湾区高端要素集聚。未来世界的竞争将主要围绕金融资本和创新资源等高端要素展开。积极吸引和对接全球高端要素资源，深入推动投资便利化和贸易自由化，将是充分发挥粤港澳综合优势、建设富有活力和国际竞争力一流湾区的核心要义。当前应重点围绕大湾区国际金融中心和全球创新引智基地展开。一方面，要进一步加强人民币金融产品和制度创新，以建设国际金融中心为契机大力推进人民币国际化。积极拓宽"跨境理财通"、FT

---

① 李超：《在新起点上谱写粤港澳大湾区建设新篇章》，《南方日报》2022年8月8日。

账户等试点改革的深度和广度，加快推进粤港澳大湾区资本市场互联互通和深度融合，为港澳和境外金融机构投资内地提供优质的中转后援服务。另一方面，要积极吸引和对接全球创新资源，加快建设"广州—深圳—香港—澳门"科技创新走廊，打造粤港澳大湾区国际科技创新中心和国际知识产权交易中心。加快推进在粤高校国际化办学、港澳高校内地合作办学步伐，大力提高国际化人才培养力度和国际创新合作平台建设力度，鼓励支持高技术研发人才和高级管理人才到大湾区就业、创业和居住，努力搭建开放互通、中西共融的研发创新孵化器，加快形成具有全球影响力和竞争力的创新要素集聚区。

第三，以前瞻思维长远谋划大湾区现代化产业体系。区域经济实践表明，一个内部分工协调的城市群，可以使地理位置邻近、要素禀赋和产业结构不同的各等级城市承担不同的经济功能，在区域范围内实现单个城市无法企及的规模经济和集聚效应。相对于其他三大湾区而言，后发优势和制造业集群优势，正是粤港澳大湾区最为典型的特征。未来应准确把握国际国内经济形势、新技术革命发展态势和粤港澳大湾区比较优势，充分利用"互联网+""人工智能+"等产业融合和业态融合模式，加快推进大湾区由"前店后厂""世界工厂"向全球制造业中心转型升级，积极推动大湾区制造业智能化，加快推进生产性服务业高质量发展。[①] 在人工智能、大数据和云计算等新兴产业领域力求实现技术突破和弯道超车，在制造业等传统优势领域加快实现规模化、智能化和绿色化改造，在商贸会展、休闲旅游等现代服务业领域加快推进国际化、规模化和品质化提升。通过携手打造粤港

---

① 毛艳华、荣健欣：《粤港澳大湾区的战略定位与协同发展》，《华南师范大学学报（社会科学版）》2018 年第 4 期。

澳大湾区价值链，加快推进工艺升级、产品升级、功能升级和链条升级，不断突破关键领域和核心技术锁定，从而实现粤港澳大湾区向全球价值链高附加值环节的整体攀升。

第四，以宜居宜业宜游为目标打造大湾区优质生活圈。未来要以其他三大湾区为参照，以大力改善民生、不断满足人民对美好生活的向往为重点，推动教育、医疗、养老、住房等领域合作，健全就业创业服务体系，加快推进粤港澳大湾区发展方式和生产生活方式变革。在规划设计上要把以人为本、尊重自然、传承历史、绿色低碳的理念贯彻实施到城乡建设之中，为我国城市群树立一个可持续发展的优质生活圈样板。加快推进区域生态补偿机制、大气污染联防联控机制、突发事件应急处置机制和紧急医疗救援联动机制建设，加强重点污染源实时在线监控和废弃物资源化、无害化处理，引导全社会建立绿色环保的生产和消费理念，不断推动服务业消费模式创新。积极拓展粤港澳大湾区在基础设施和公共服务领域的全方位合作，加快推进简洁高效的通关便利化制度，以降低大湾区中心城市的宜居成本、完善大湾区外围城市的宜居设施为重点，更好地实现文化旅游资源和公共服务资源共建共享，全力打造粤港澳大湾区城市群"一小时"优质生活圈。

参考文献

方创琳、王洋：《粤港澳大湾区建设世界级超大城市群的特殊性与行动路径》，《城市与环境研究》2022 年第 1 期。

李超：《在新起点上谱写粤港澳大湾区建设新篇章》，《南方日报》2022年 8 月 8 日。

廖明中：《世界四大湾区要素资源流动现状特征分析》，《深圳社会科学》2020 年第 6 期。

刘彦平主编：《四大湾区影响力报告（2018）：纽约·旧金山·东京·粤港澳》，中国社会科学出版社 2019 年版。

卢文彬：《湾区经济：探索与实践》，社会科学文献出版社 2018 年版。

毛艳华、荣健欣：《粤港澳大湾区的战略定位与协同发展》，《华南师范大学学报（社会科学版）》2018 年第 4 期。

王宏彬：《湾区经济与中国实践》，《中国经济报告》2014 年第 11 期。

杨静、赵俊杰：《四大湾区科技创新发展情况比较及其对粤港澳大湾区建设的启示》，《科技管理研究》2021 年第 10 期。

张燕：《粤港澳大湾区与纽约、旧金山及东京国际一流湾区影响力比较》，《全球化》2021 年第 4 期。

第 二 章

大战略

——国家发展大局中的粤港澳大湾区

粤港澳大湾区地处中国沿海开放前沿，定位为世界级城市群、国际科技创新中心、"一带一路"建设重要支撑、内地与港澳深度合作示范区，以及优质生活圈等，在新时代中国经济发展大局中占据重要战略地位，是未来中国重塑区域经济发展格局的关键举措。本章从粤港澳大湾区与中国建设社会主义现代化强国的内在联系出发，阐明粤港澳大湾区在中国区域现代化建设、改革开放再出发，以及国际经济竞争与合作中的地位与作用。继而立足于新时代中国区域经济发展的新形势及新问题，阐释粤港澳大湾区建设与中国区域发展新格局构建之间的契合性，以及粤港澳大湾区对于新时代中国重塑区域经济发展格局的重要战略意义。在此基础上，总结和提炼粤港澳大湾区在开放经济建设、提高区域发展平衡性和促进粤港澳深度融合等方面的战略使命。

第一节　粤港澳大湾区与中国建设
社会主义现代化强国

区域现代化是社会主义现代化强国的重要组成部分。在中国特色社会主义进入新时代的大背景下，加快区域现代化进程必须更加重视区域协调发展，从而助力高质量推进区域现代化，并带动其他领域现代化。粤港澳大湾区不仅是新时代中国区域协调发展的实践范本，同时其建设也是推进区域现代化的重要战略部署。从这个角度看，粤港澳大湾区建设对于中国建设社会主义现代化强国具有重大意义，将为中国建设社会主义现代化强国提供重要支撑。

一、粤港澳大湾区与中国建设社会主义现代化强国的内在联系

（一）从社会主义现代化强国建设战略蓝图把握中国区域现代化建设

当前，国际经济格局面临深度调整，一大批发展中国家与新兴市场国家正在群体性崛起。过去 20 年，发展中国家与新兴市场国家对世界经济增长的贡献率达 80%，占全球经济的比重超过 40%，成为世界经济增长的主要贡献者。[1] 2021 年，在全球经济受新冠疫情影响呈现疲态的情况下，中国经济增速在全球主要经济体中名列前茅，对世界经济增长的贡献率达到 25% 左右。中国综合国力的逐步增强和社会生产力水平的不断提高，表明中国正在朝着全面建成社会主义现代化强国的战略目标阔步前行。

按照党的十九大所提出的发展战略构想，中国要用两个 15 年、分两个阶段进行现代化强国建设：第一阶段是在 2020 年全面建成小康社会的基础上，用 15 年的时间即到 2035 年基本实现社会主义现代

---

① 王鹏：《发展中国家助力世界多极化》，《人民日报》2019 年 2 月 15 日。

化；第二阶段是在 2035 年基本实现社会主义现代化的基础上，用 15 年的时间即到 2050 年建成社会主义现代化强国。党的十九大为建成社会主义现代化强国所作的规划是分阶段分步骤进行经济建设的战略深化和重大发展。这一全新的战略安排，背后倚靠的正是中国特色社会主义进入新时代这个大背景。进入新时代以来，中国经济发展更加重视质量提升和动力转换，树立创新、协调、绿色、开放、共享的新发展理念，追求高质量发展。从社会主义现代化强国建设的基本内涵来看，高质量发展是富强民主文明和谐美丽的全面发展，是坚持以人民为中心、走共同富裕道路的现代化发展。

中国社会主义现代化强国建设是多领域、多层次、多方面现代化的集合体，具体包括：区域现代化、贸易现代化、制造现代化、科技现代化、教育现代化、法治现代化、生态现代化等。其中，区域现代化是现代化强国建设的关键支撑。国际经验表明，以区域现代化带动其他领域现代化，进而实现国家现代化，是大国推进现代化建设的必经之路。[1] 近年来，根据党中央所绘就的社会主义现代化建设宏图，中国陆续推出一系列全新的区域发展战略。现阶段，中国区域发展战略的框架主要由区域发展总体战略、区域重大战略以及其他相关战略构成（见表2—1）。

表2—1 现阶段中国区域发展战略的框架

战略类型	具体战略
区域发展总体战略	推进西部大开发战略、振兴东北地区等老工业基地战略、促进中部地区崛起战略、鼓励东部地区率先发展战略

---

[1] 王树华、顾丽敏：《区域现代化的动力因素与作用机制》，《现代经济探讨》2018 年第 6 期。

战略类型	具体战略
区域重大战略	京津冀协同发展战略、长江经济带发展战略、粤港澳大湾区建设战略、长江三角洲区域一体化发展战略、黄河流域生态保护和高质量发展战略
其他相关战略	"一带一路"建设、成渝地区双城经济圈建设战略、海南自由贸易港建设战略

资料来源：笔者根据相关文献整理。

对于中国这样一个幅员辽阔、人口众多的发展中大国，在新发展理念指引下，积极探索区域现代化的动力机制与实现路径，对于以点带线带面推动社会主义现代化强国建设具有重大意义。

（二）将粤港澳大湾区打造为区域协调发展的实践范本

改革开放以来，中国一直致力于解决经济高速增长中所伴随的区域发展不平衡问题。如何构建科学有效的区域经济空间结构，从而解决区域经济发展不平衡的问题，已经成为中国亟待解决的现实问题。促进区域协调发展，既要注重发挥市场的作用，也要积极发挥有为政府的作用。只有市场作用与政府作用有效互补、协同，才有利于区域协调发展。从促进区域协调发展的方式看，由于发展环境和发展阶段的不同，区域协调机制主要有三种模式：一是以政府协调为主、市场协调为辅的官方主导模式；二是以市场协调为主、政府协调为辅的民间参与模式；三是政府和市场联合组织的协调治理模式。

城市群建设是新时代中国重塑区域经济发展新格局的重要战略抓手，而粤港澳大湾区建设是这一战略中的重要试验田。以城市群建设为依托的区域协调发展既不是政府完全主导的单一官方治理，也不是纯粹市场配置，而是一种由政府（官方部门和半官方机构）和市场组织（企业、商会、行业协会、社会团体等）共同参与的多方协调治理结构①，有利于实现各区域发展规则的互联互通及资源要素的自由流动，进而推动区域协调发展。由于发展不平衡问题在粤港澳大湾区内部凸显，因此，促进大湾区内部各城市合理分工、协调互补的实践，必将为新时代中国区域协调发展提供可借鉴、可推广的经验。从这一角度而言，粤港澳大湾区可作为新形势下中国探索区域协调发展的实践样本。

当前，发展不平衡问题阻碍着粤港澳大湾区高质量建设的步伐。从产业结构来看，香港、澳门、广州等城市分别有各自的发展失衡问题。② 作为典型的小型开放式经济体，香港服务业高度繁荣，占比高达90%以上。然而，制造业空心化是制约香港经济进一步发展的重要因素之一。澳门的资源要素极度匮乏，第一产业几乎为空白，第二产业良莠不齐，第三产业中的旅游博彩业则一业独大。对于广东来说，虽然近年来其高新技术产业发展步伐开始加快，但总体而言处在全球产业链分工中的中低端。因此，立足于区域经济发展新格局的建设，未来粤港澳大湾区可通过加快体制机制改革，突破各类制度障碍，在深化粤港澳三地合作的过程中促进资源要素跨地区自由流动，推动城市间良好的职能分工协作与高效联动发展，充分激发大湾区内部各城市之间的多重网络化效应，最终建设成为新时代中国区域经济

---

① 李宜达：《"双循环"新发展格局下区域、政府与市场的协调整合》，《中国西部》2021年第6期。
② 蔡赤萌：《粤港澳大湾区城市群建设的战略意义和现实挑战》，《广东社会科学》2017年第4期。

协调发展可借鉴、可复制的实践样本。

（三）粤港澳大湾区建设是推进区域现代化的重要战略部署

从世界范围内看现代化的一般规律，现代化往往会在一国的某些区域率先取得突破与进展，进而对周边地区的现代化进程产生相应影响和带动作用。地域广阔、区域类型多样与区域发展不平衡的基本国情，决定了区域现代化战略在中国经济建设中的重要地位。在迈向社会主义现代化强国建设新征程中，推进区域现代化已成为新时代中国加快经济转型升级、推动经济高质量发展的重大议题与内在要求。而把握国家发展大局中的区域现代化建设，就必须深刻理解粤港澳大湾区建设所谋划的宏伟战略蓝图。

粤港澳大湾区建设是习近平总书记亲自谋划、部署和推动的重大国家战略，是新时代推进区域现代化建设的全新伟大实践。粤港澳大湾区是中国最活跃的经济区域之一，具有建设成为高质量发展区域、世界级城市群、国际一流湾区的潜力与实力。与此同时，粤港澳大湾区是代表着中国改革开放进入新时代东部地区率先发展的重要范本，也是新时代"一国两制"新实践的关键平台。《粤港澳大湾区发展规划纲要》远期展望至2035年，瞄准的是率先"基本实现现代化"的奋斗目标。作为新形势下推进区域现代化的重大实践，粤港澳大湾区建设将为中国建设社会主义现代化强国提供引领和强有力的支撑。

此外，粤港澳大湾区是新发展理念在新时代全面集中实践的标志性样本。党的十八届五中全会提出的创新、协调、绿色、开放、共享的新发展理念是新时代中国经济建设的行动指引。而从《粤港澳大湾区发展规划纲要》内容来看，这一新型区域战略实际上是一次全面贯彻落实新发展理念的重要经济实践。《纲要》明确指出，粤港澳大湾区建设的一个重大意义就是"有利于贯彻落实新发展理念，深入推进供给侧结构性改革，加快培育发展新动能、实现创新驱动发展"。因此，新发展理念是粤港澳大湾区建设的指导思想。在新发展理念的指引下，粤港澳大湾区建设将为推动中国经济高质量发展、深入推进供给侧结构性改革以及基本实现社会主义现代化做出表率。

二、在粤港澳大湾区建设中迈向改革开放新高地

回顾中国发展史，改革与开放成为推动当代中国经济持续平稳发展的"两大车轮"，其中，改革是内源驱动力量，通过调整和变革与社会生产力发展不相适应的体制机制，解放被传统体制束缚的生产力；而开放则是外源推动力量，通过开放国内市场，主动融入经济全球化进程，充分利用国内国际各种资源，推动中国经济更广领域拓展和更有效率发展。从粤港澳合作到粤港澳大湾区建设，是中国改革开放40多年辉煌历程的重要缩影。粤港澳大湾区作为高水平参与国际经济合作的新平台，其高质量建设将为中国改革开放谱写新篇章。

（一）以粤港澳大湾区建设构筑内源驱动的改革动力

改革开放以来，中国经济建设从实际出发，采取循序渐进、先试验后推广的方式，为区域经济发展谋篇布局，推动改革落到实处。进入新时代，粤港澳大湾区建设将为中国经济改革构筑强劲动力。回溯历史，过去内地经济体制改革得到香港和澳门的有力支持。在新时代，内地要进一步深化改革，依然离不开与香港、澳门的通力合作。

香港市场化、法治化、国际化的营商环境和澳门现代化、多元化的文化环境，为内地深化与港澳合作进而推进自身改革提供了有利条件和重要保障。与此同时，粤港澳大湾区所涵盖的珠三角地区是驱动中国改革持续深化、开放不断扩大的关键引擎。因此，党中央将这一重要区域的发展规划作为新时代推进改革开放战略布局的重点议题。粤港澳大湾区建设已然成为当下中国进一步深化经济体制改革的先行者。

中国的改革发展道路实际上是不断通过改革开放而逐步走向世界、融入全球化的过程。中国通过自身持续不断改革，为进一步提高开放水平提供了基本前提和重要条件。以粤港澳大湾区建设驱动经济体制改革，关键在于充分发挥港澳的独特优势，以香港、澳门为平台，同全球其他国家和地区建立起更为广泛、更可持续的交流与合作，并与"一带一路"建设对接，逐步走向制度型开放新高地，从而使粤港澳大湾区成为推动中国更深层次改革、更高水平开放的强大发展引擎。《粤港澳大湾区发展规划纲要》及其政策体系深刻体现了改革开放以来中国经济发展思想一脉相承的重要特点，展现了中国改革开放政策的连续性和发展性。

习近平总书记强调，建设好大湾区，关键在于创新。[①] 粤港澳大湾区内部存在的制度差异，为大湾区从制度创新入手激发结构性潜能提供了基础条件。作为新时代中国经济制度创新的试验田，粤港澳大湾区对于城市群内部产业深度合作、创新协同、一体化发展等探索，将为全国梯次开展经济制度改革提供可行经验。此外，粤港澳大湾区推进供给侧结构性改革、完善市场经济体制，不仅能够深化粤港澳创

---

① 毛磊、吴冰、陈颖等：《积极作为深入推进粤港澳大湾区建设》，《人民日报》2021年10月22日。

新合作，为粤港澳经济发展注入新活力，同时还能通过辐射带动作用加速延伸区、拓展区以及辐射区的发展，为国内其他区域的高质量发展提供路径参考。

（二）以粤港澳大湾区建设打造外源推动的开放动力

国际经验表明，一个国家只有持续提升开放水平，在扩大对外开放的过程中加快改革的速度、保持改革的广度，才能更加有效地融入世界经济体系，更加充分地利用国际市场和国际资源，为自身经济循环创造出更多机会。在中国经济社会发展进入新时代的大背景下，粤港澳大湾区建设要回答的最本质问题是：为中国自身乃至全球经济发展探索出满足美好生活需要的制度标准和技术标准。这既是推动"一带一路"建设进程中所面临的关键性问题，同时也是构建人类命运共同体所必须回答的实质性问题。特别是在中美贸易争端和新冠疫情的双重冲击叠加之下，粤港澳大湾区如何在制度与战略层面破除多重压力，为新时代中国经济改革探索出一条平衡协调、开放包容、更可持续的发展道路，是其未来应承担起的重要战略使命。

回顾改革开放史，中国经济的高速发展得益于全球化，持续扩大的开放水平为中国经济建设提供了充足动力。以开放促发展是中国改革开放取得巨大成功的宝贵经验。新形势下中国经济要继续保持平稳增长，依然离不开外源推动的开放动力。而粤港澳大湾区就是新时代中国构建全面开放新格局、建立国际化开放型经济新体制的重要战略抓手。作为中国高水平参与全球经济合作的新平台，粤港澳大湾区建设有利于彰显中国全面对外开放的姿态，集聚国内国际高端资源，构筑起连通国内经济循环和国际经济循环的通道，推动全国开放雁阵的有效形成。

作为全球第二大经济体，中国需要逐步建立起在全球经贸规则制定方面的相应话语权，而粤港澳大湾区建设很可能是关键突破口。粤港澳大湾区建设的重点之一是在不同社会制度、三种货币、三个关税区的框架下创设出三地发展所能普遍接受的规制[①]，而这一思路实则可以延伸至"一带一路"倡议和国际经贸规制制定话语权的建设，并进而为全球经济秩序治理提供中国方案和中国智慧。此外，粤港澳大湾区是"一带一路"建设的战略支撑区，可以借助港澳的国际通道、融资支持、信用体系、专业服务的独特优势，推动"一带一路"建设，打造对内面向内陆腹地、对外面向国际市场的双向开放新高地。

三、以粤港澳大湾区建设构筑国际竞争新优势

（一）从国际竞争新格局科学认识世界百年未有之大变局

党的十九大以来，习近平总书记多次指出，当今世界正经历百年未有之大变局。这是党中央深刻认识全球发展大势、科学把握国际竞争新格局而作出的重大战略判断。持续蔓延的新冠疫情、错综复杂的国际环境，以及暗流涌动的逆全球化、保护主义思潮，致使全球经济发展环境的不确定性、不稳定性显著增加，世界百年未有之大变局加速演进。

---

① 钟韵、胡晓华：《粤港澳大湾区的构建与制度创新：理论基础与实施机制》，《经济学家》2017 年第 12 期。

首先，国际力量对比正在发生深刻转变，发达国家在国际事务中的相对地位不断变化，以中国为代表的发展中国家和新兴市场国家群体性崛起。回溯世界发展历史，大国地位总是因势而迁、因时而变。近年来，美国在国际上大力推行自我为中心、霸道独行的对外战略，循着对抗、称霸的行为逻辑越走越远，再加之国内疫情失控，以及在俄乌冲突事件中的失格表现，使得美国从世界秩序的主导者逐渐沦为世界政经乱源的制造者。在这一大背景下，新兴市场国家和发展中国家整体崛起。根据国际货币基金组织的数据，新兴市场国家和发展中国家的经济总量在超过发达国家的同时，对全球经济增长的贡献率达到80%。而中国作为新兴大国的突出代表，对外积极践行包容开放、互惠共赢的发展理念，展现大国担当、大国风范，有助于重塑国际秩序与世界格局。美国守成与中国赶超的显著对比，正在加速全球局势的演变。

其次，在当前第四次工业革命浪潮中，中国紧抓发展机遇，致力于抢占科技创新制高点，有望尽早步入科技强国行列。从世界科技发展史来看，在前三次工业革命中，哪些国家能够跻身工业革命高地，就有机会成为工业革命中的一流国家。第四次工业革命是利用信息化技术促进产业变革的时代，也就是智能化时代。现阶段，中国正大力发展数字经济，着力推动互联网、大数据、云计算、区块链、人工智能、元宇宙概念等数字技术与实体经济融合发展，致力于以数字经济构筑新时代经济发展的新动能，以对冲新冠疫情蔓延的不利影响。数字经济为中国社会主义现代化建设提供了重大发展机遇，有助于推动中国科技自立自强，进而实现中华民族伟大复兴的中国梦。

在风云变幻的国际竞争格局中,欲保持战略定力,就应深刻领会中华民族伟大复兴战略全局,科学认识世界百年未有之大变局,坚定不移地走中国特色社会主义道路,在统筹"两个大局"中全面推进社会主义现代化建设。

(二)粤港澳大湾区是中国参与全球竞争的重要战略抓手

建设世界级城市群是新时代中国提升经济全球竞争力的重要载体。粤港澳大湾区作为中国经济活力最强、开放程度最高的区域之一,其建设能够为中国经济竞争力和创新力发展提供强大支撑,为后疫情时代的中国经济发展提供新动能,为百年未有之大变局下的国际经济合作拓展新空间,是新形势下中国参与全球竞争的重要战略抓手。

放眼全球,世界级城市群在经济实力、产业形态以及创新等方面都具有明显优势与话语权,逐渐成为引领全球经济增长的主要动力源泉。改革开放以来,随着粤港澳合作的不断深化,粤港澳大湾区城市创新力和区域竞争力显著增强。伴随着新一轮科技革命与产业革命,粤港澳大湾区致力于打造世界科技创新高地,不断加快集聚全球高端科技创新资源,着力推动科技创新、产业创新与企业创新高度融合。特别是在全国大力发展数字经济的背景下,粤港澳大湾区围绕产业数字化和数字产业化谋篇布局,瞄准国际前沿进行技术创新环境建设,有望培育出具有国际竞争力的先进制造业与现代服务业,进而构建起现代化产业体系,成为国际化的区域创新共同体,有助于为后疫情时代的中国经济运行注入全新动力。

粤港澳大湾区既是新时代中国经济高质量发展的先行区,同时也是与世界共谋机遇共享发展的示范区。一方面，粤港澳大湾区与"一带一路"建设紧密对接，在加速"一带一路"物资流、资金流、信息流、人才流的运转方面发挥着关键枢纽作用；另一方面，粤港澳大湾区在推动香港和澳门融入国家发展大局的过程中，不仅有利于丰富"一国两制"事业发展新实践，还能向世界展示"一国两制"的光明前景。从这个角度看，粤港澳大湾区建设实际上是新时代中国经济积极践行人类命运共同体发展理念的全新探索。借助于粤港澳大湾区这一重要平台，中国能够与世界更多国家和地区开展更高水平、更大范围、更深层次的经贸合作，推动发展战略、运行规则等的对接与融通，在平等合作中实现互利共赢及共同发展。

第二节　粤港澳大湾区建设与中国构建区域发展新格局

党的十九大报告明确指出，新时代中国社会主要矛盾已经转化为人民日益增长的美好生活需要和不平衡不充分的发展之间的矛盾。其中，区域发展不平衡问题是新时代中国社会主要矛盾的集中表现之一。新中国成立以来，解决区域发展失衡问题一直是经济发展的重点之一。进入新时代，基于区域经济发展的新形势及新问题，中国正着力构建区域发展新格局，而粤港澳大湾区建设在其中占据着重要战略地位。

一、从区域发展新格局把握粤港澳大湾区发展机遇

（一）新时代中国区域经济发展的新形势新问题

总体来看，目前中国东北地区和西北地区的发展相对滞后；东部地区基本上在向现代化和高质量发展的方向不断迈进；中西部地区稳中有进，与东部差距有所缩小。从东部、中部、西部地区占全国GDP的比重来看，东部地区GDP占比由2010年的53.1%降至2020年的51.9%，下降了1.2个百分点；相应地，中西部地区GDP占比分别从19.7%、18.6%升至22.0%、21.1%，分别提升了2.3个和2.5个百分点。在东西差距缩小的同时，中国南北差距却在逐步扩大。南方地区GDP占比由2010年的57.2%升至2020年的64.8%，而北方地区GDP占比由42.8%降至35.2%，变化幅度均为7.6个百分点。从城市层面来看，发达城市由于诸如建设用地指标收紧等抑制措施而面临房价高企等问题，而欠发达城市则面临大量无效投资和发展动力不足的问题。欠发达城市与发达城市在技术创新、产业结构、营商环境、人才集聚等方面的差距正在逐渐扩大。这些区域经济发展的新状况，正是新时期中国区域发展失衡问题的现实表现。而制约中国区域经济高质量发展的因素，主要可归结为资源要素配置的扭曲。

首先，人口资源与经济集聚存在着空间错配问题。按照经济运行规律，区域经济集聚的过程中往往伴随着人口集聚。集聚区域的资源要素能够在人口流入的过程中得到有效配置和充分利用，而人口流出

地也能够通过分工而实现增长，在经济集聚中走向区域平衡发展。然而，由于当前行政壁垒的阻隔，经济的空间集聚程度远高于人口的空间集聚程度，导致发达地区的产业发展需求得不到有效满足和支撑。与此同时，欠发达地区在资源配置政策的倾斜下，并没有大力发展与本地比较优势相符的产业，而这些不具有比较优势的产业需要政府的持续投入或补贴，导致欠发达地区政府负债高企。[1]

其次，土地资源与经济集聚存在着空间错配问题。部分内陆地区作为人口流出区域，没有基于自身区位特征和比较优势进行经济建设和布局，导致其新建的产业新城与工业园区没有足够数量的企业入驻以形成规模化发展，存在大量资源闲置和浪费的问题。与此同时，东部沿海地区作为经济集聚区域，却面临着供地紧张、大量企业的用地需要得不到有效满足的现象。土地资源与经济集聚的空间错配问题在一定程度上制约了中国区域经济的平衡发展。[2]

此外，区域过度竞争在一定程度上降低了资源要素的空间配置效率。改革开放以来，区域竞争被认为是影响中国经济增长奇迹的重要因素。适度的区域竞争确实能够激发区域经济发展活力，促进区域经济快速增长。然而，现阶段区域竞争有时存在过度竞争问题，致使资源要素跨区域转移流动的交易费用抬升，市场分割仍然存在，企业跨区域发展受到不同程度的障碍。这不仅无法满足当前中国经济高质量发展的需要，还会阻碍区域协调发展格局的形成，不利于区域之间实现共同发展和共同富裕。

---

① 陆铭等：《发展与平衡的新时代——新中国 70 年的空间政治经济学》，《管理世界》2019 年第 10 期。

② 陆铭：《城市、区域和国家发展——空间政治经济学的现在与未来》，《经济学（季刊）》2017 年第 4 期。

（二）粤港澳大湾区与区域发展新格局的目标耦合

复杂的地形，庞大的人口，兼之差异巨大的自然条件和要素禀赋，意味着区域发展在中国经济建设中关系重大。党的十八大以来，中国相继推出了一系列区域重大发展战略，致力于构建区域发展新格局，以打造优势互补的区域经济高质量发展布局，逐步解决区域经济发展失衡问题。粤港澳大湾区建设可以为构建区域发展新格局作出重要贡献。

首先，粤港澳大湾区建设的主要目标之一，是在推进粤港澳深度融合的过程中，打破粤港澳三地体制机制壁垒，实现大湾区内部协调发展。这与构建区域发展新格局的目标高度契合。从中国区域经济总体布局来看，破除区域分化局面，打造区域协同治理模式是构建区域发展新格局的核心战略任务。而粤港澳大湾区建设致力于消除资源要素流动障碍，推进基础设施互联互通，推动产业体系协同发展，在协调共进中实现区域深度融合。因此，粤港澳大湾区建设是新时代中国探索区域协调发展、打造区域发展新动能的重要实践。

其次，区域发展新格局的形成需要依托全国产业空间结构的重塑，而这与粤港澳大湾区建设的政策取向也存在着高度耦合。现阶段，香港经济表现乏力，产业结构呈现出明显的金融化、虚拟化特征。广东受能源、资源以及劳动力成本的制约，需要谋求全新的发展思路。粤港澳传统产业合作的互补性明显下降，需要粤港澳大湾区在建设过程中加大协商协调力度，促进粤港澳三地产业合作转型升级和优化布局。与此同时，粤港澳大湾区承担着高端产业国际竞争的使命，其建设需要从全球市场获取产业发展所需的技术和市场，以推动大湾区内部城市的产业升级与价值攀升，并且还要在协调周边区域的过程中充分整合国内资源和生产能力，进而打造具有国际竞争力的产业集聚区。从这一角度来看，粤港澳大湾区建设堪当中国构建区域发展新格局的重要战略支点。

此外，构建区域经济网络既是新时代中国构建区域发展新格局的重要环节，同时也是推动粤港澳大湾区建设的核心任务之一。在网络化的区域发展结构中，每个城市都有不可替代的功能，不同城市之间能够形成良好的互补关系。因此，在双循环新发展格局下，粤港澳大湾区建设应立足于国内大循环为主体、内外双循环畅通的战略定位，科学把握城市经济发展规律和内外循环客观联系，基于要素禀赋与区位特征，着力塑造不同城市的区位优势与区域功能，将相互协调、互补高效的产业协作体系建设作为主要抓手，促进资源要素跨城市自由流动，推进城际间产业差异化、互补式发展，进而推动城市发展从传统的"中心—边缘"结构逐步演变为节点互联的现代化网络结构，从而构筑起错位互补、协调分工的区域经济网络。

二、依托粤港澳大湾区建设重塑中国区域发展格局

（一）重塑中国区域发展格局需要全新的逻辑与思路

党的十九大以后，党中央在明确不平衡性发展已成为新时代中国经济社会所面临的主要矛盾的同时，提出要坚持实施区域协调发展战略。国际经验表明，区域经济发展不平衡是普遍存在的，并且往往会长期存在。特别是对于中国这样一个发展中大国而言，经济空间和自

然空间的巨大差异，使得中国区域经济发展不平衡问题表现得更为突出。这个问题不可能以"一刀切"式的发展政策就能解决，而是需要因地制宜、因时制宜，结合不同区域发展阶段进行具体政策安排。因此，现阶段中国推行的区域协调发展战略，实际上并不是简单地通过在各区域设置同样的发展目标以追求区域经济的收敛式发展，而是在高质量发展中谋求相对平衡，根据区位特征和比较优势进行合理分工，以促进区域经济协调平衡发展并最终实现共同富裕。

新形势下区域经济发展呈现出一些全新的结构性问题，要求中国重塑区域经济发展格局、推动区域协调发展需要全新的思路与路径。新时代中国区域协调发展主要有三大战略抓手，分别是经济带构建、自由贸易区（港）开发、城市群与都市圈建设（见表2—2）。

表2—2 新时代中国区域协调发展的三大战略抓手

战略抓手	基本内涵	施策对象
经济带构建	在劳动地域分工基础上形成的不同层次和各具特色的带状地域经济单元	对外沿着"一带一路"进行布局，对内沿着长江、黄河、珠江等流域进行规划
自由贸易区（港）开发	为实现相互之间的贸易自由化所进行的区域性贸易安排	根据中国不同省份或地区所具有的不同空间功能进行前瞻性谋划
城市群与都市圈建设	以中心城市为核心并向周围辐射所构成的城市集合	围绕京津冀、粤港澳、长三角等区域模块而形成阶梯发展的雁阵模式

资料来源：笔者根据相关文献整理。

未来重塑中国区域发展格局，需要经济带、自贸区（港）以及城市群与都市圈协同发力并形成合力，打造多中心、多层次网络化格局，以积极引导产业与区域经济的合理布局，促进高端资源要素的高效集聚和低端资源要素的规律转移，从而培育符合新发展理念、具有新发展动能、能够支撑产业与区域经济高质量发展的增长极和增长带。依托点、线、面、网的相结合与相赋能的区域经济发展结构，加快形成集聚功能和带动功能协同作用的区域经济发展模式，从而重塑中国区域经济发展格局，在促进优势互补、合理分工的过程中实现区域协调发展。

（二）以粤港澳大湾区建设赋能新时代区域经济开放实践

随着经济全球化的不断深入发展，以自贸区为主要形式的区域经济一体化快速发展，使得现阶段全球经贸发展呈现出碎片化的趋势。超大型自贸区相继涌现加快了新的国际经贸规则的形成，同时也进一步推动了全球政治经济格局的改变。基于此，中国提出了建设亚太自由贸易区等多个跨境自贸区的重大战略。特别是国家在提出"一带一路"倡议的大背景下，积极推动海外自由贸易区，如亚太自由贸易区的建设，不仅能够为人才流动、人员往来提供更为可靠、更加便捷的法治保障，而且还可以为商贸物流发展提供更为合适、更加有效的制度保障。党的十九大报告明确指出，要赋予自由贸易试验区更大的发展，并且首次提出探索建设自由贸易港。因此，未来中国可以借势"一带一路"这个大平台的建设，将国内自由贸易区（港）与对外双边、多边自贸区进行连接，形成节点互联、平衡共享的网络化结构。

"一带一路"倡议以"海上丝绸之路"为海上经济联系轴和以"丝绸之路经济带"建设为陆上经济联系轴，推动着世界开放型经济联系轴的发展，实现世界经济的格局创新。而粤港澳大湾区与"一带一路"倡议紧密相连，正好具有"一带一路"中的网络节点作用，因此可以作为新时代我国发展更高层次的开放型经济的实践样本。粤港澳大湾区包含了香港、澳门、广州、深圳等经济高度发达的城市，经济开放性极强，能够吸引大批的国际投资，是当前国际贸易的聚集地。若以这些城市的海港、空港、陆港和自贸区作为开放型经济网络中的节点群，则可以推动粤港澳三地建立起有效的沟通、联动以及互动机制，有利于盘活湾区资源，进而构筑起 21 世纪海上丝绸之路与丝绸之路经济带有效对接、相互融汇的重要支撑区和示范区，并最终建立起与国际接轨的具有多重网络结构的新型开放经济体制。

粤港澳大湾区直接对标世界三大湾区，是新时代中国提高对外开放竞争力的重要平台。未来中国应该重视强化粤港澳大湾区、自由贸易区（港）以及"一带一路"这三大区域网络的协调联动效应，以此打造出辐射全球的多层次网络，推动我国内外平衡体系的形成，同时也为构建人类命运共同体注入强劲动力。①

三、立足新发展格局推动粤港澳大湾区高质量发展

（一）在构建新发展格局中准确把握区域发展新格局建设

党的十九届五中全会明确提出，加快构建以国内大循环为主体、国内国际双循环相互促进的新发展格局。构建双循环新发展格局，是中国积极应对新冠疫情冲击、与时俱进调整经济发展格局的主动选择，是中国基于世界百年未有之大变局重塑国际竞争与合作新优势的

---

① 李宜达：《以三大平台推动新时代开放经济向纵深发展》，《社会科学动态》2019 年第 7 期。

战略抉择。而双循环新发展格局的构建，实际上与区域发展新格局的建设存在着高度契合的内在逻辑。

改革开放初期，基于当时基础弱、底子薄的基本国情，中国致力于构建市场和技术"两头在外"的国际大循环，推动经济快速增长。然而，过度依赖国际大循环导致国内价值链相对较短，难以在国内各区域之间形成多层次、多维度的专业化分工与协作，致使区域经济发展失衡问题日益凸显。此外，中国借助国际大循环在促成部分区域实现经济高速发展的同时，也加剧了欠发达区域的大量资源要素单向流入沿海发达地区。因此，在新形势下中国及时调整内外循环关系，将国内大循环作为经济发展格局的主体，这必将引起区域发展格局的重塑。总之，新发展格局建设的开启，为中国推动区域经济的协调发展、构建区域发展新格局提供了新机遇。

构建以国内大循环为主体的发展格局，有助于推动发达区域通过产业链延伸，与欠发达区域形成有效的产业对接和分工，进而构建并完善以本地企业为主体的国内价值链体系。而国内价值链体系的形成意味着更多高附加值环节的嵌入，继而得以获取更多的资本用于本地创新与投资，推动东部沿海地区在全球价值链中分工地位的提升，而这也有利于为中西部地区的经济发展创造更多的机遇。[①] 与此同时，构建新发展格局强调畅通国内大循环，实际上就是要打破各种区域、部门、体制等壁垒，促进资源要素的自由流动。而资源要素的跨区域顺畅流动，不仅是维持国内产业链供应链安全稳定的重要条件，而且也是区域发展新格局建设的重点之一。因此，可以预期的是，新发展

---

① 张可云、肖金成、高国力等：《双循环新发展格局与区域经济发展》，《区域经济评论》2021 年第 1 期。

格局的建设将加快中国区域发展格局的重塑，推动中国区域经济向高质量发展方向稳步迈进。

此外，新发展格局并非封闭的自循环经济模式，而是更加开放的国内国际双循环结构，要求构建更高水平的开放型经济体系。而进一步扩大对外开放水平，必然有助于中国区域发展格局的优化。一方面，通过着力推动各类型区域积极参与全球多边合作，扩大国际合作范围和内容；另一方面，以"一带一路"建设为契机，推动沿江、沿边和内陆开放发展空间不断拓展与深化，进而促进区域经济协调发展。可见，更加开放的新发展格局将加快区域发展格局的重塑进程。

（二）在构建新发展格局中推进粤港澳大湾区高质量发展

在新发展格局中，粤港澳大湾区建设关键在于聚焦产业转移与价值链重构的内在联系，依托更加协调合理的区域分工合作推动粤港澳大湾区高质量发展。从区域经济发展规律来看，基于不同产业对成本敏感度所存在的较大差异，粤港澳大湾区的主要发展定位是从事先进制造、生产性服务等价值链高端环节，而大湾区周边的延伸区、拓展区及辐射区则主要承接其低附加值的劳动密集和资源密集环节的转移。新发展格局建设的开启，有利于推动粤港澳大湾区部分产业向周边区域的有序转移，这既能够充分发挥欠发达区域的资源要素禀赋优势，激发当地经济发展活力，同时也能够为粤港澳大湾区产业发展腾挪出足够的空间，推动大湾区产业转型升级。

依托新发展格局的构建，粤港澳大湾区的经济布局应紧贴畅通国内大循环的关键环节，聚焦市场一体化和区域协调发展，着力破除大湾区内部各种阻碍资源要素顺畅流动的体制机制壁垒，打破市场分割，解决区域循环不畅问题，充分整合资源流入与转移积累，因势利导、因时制宜地促进各城市之间发展战略对接与交流合作，进而完善各城市间供给与需求的内部循环，形成需求牵引供给、供给创造需求的良性循环，在高效的循环体系建设中推动大湾区内部城市经济协调平衡与高质量发展。

进一步讲，只有逐步消除大湾区内部区域行政壁垒，才有可能真正推动城市群内资源要素的顺畅流动和产业分工协作体系的充分发展，进而促进资源有效配置与区域协调平衡。营商环境问题、要素流动问题以及城市协调问题，在相当程度上都在于如何更好发挥政府的作用。从这个意义上讲，深化城市自身改革以形成有效的区域治理结构，是构建新发展格局的重要举措。基于当前区域行政壁垒所导致的市场作用受阻问题和经济资源错配现象，未来粤港澳大湾区建设的关键是要畅通大湾区内部的沟通协商机制，构建节点互联的区域治理网络，通过信息公开、沟通协作的方式增强城市间政策的协调性与精准度，推动资本、人才、科创等高端要素在制度质量上形成稳固合力，以利于充分发挥核心城市的发展引领效应和平台城市的对接枢纽作用，促进资源要素在空间配置上的高效化、便捷化，进而推进大湾区内供应链、产业链、价值链的相互融合，推动城市间的合理分工与相互联动，实现各城市的协调发展。

此外，推动粤港澳大湾区高质量发展需要以更高水平的开放融入国际大循环。一方面，粤港澳大湾区建设要充分发挥香港、澳门的开放平台优势，不断提升广东开放型经济发展水平，积极拓展国际与区际经贸合作的领域，打造大湾区开放型经济战略新高地；另一方面，作为"一带一路"建设的重要枢纽，粤港澳大湾区应把握好"一带一路"建设契机，着力构建起 21 世纪海上丝绸之路与丝绸之路经济带有效对接、相互融汇的重要支撑，以更高水平的开放形式打造全方位、多层次、网络化的开放合作新局面。

第三节　新时代粤港澳大湾区的战略使命

新冠疫情的暴发对全球经济格局造成了巨大冲击，致使国际市场需求严重萎缩，世界经济遭遇罕见震荡。此外，疫情加剧了大国间相互博弈及地域性政经摩擦，国际经济循环体系由此呈现出一些前所未有的结构性转变，全球产业链与供应链逐渐表现出明显的分散化、区域化特征。[①] 在世界百年未有之大变局下，粤港澳大湾区处于金融、技术以及人才竞争的最前沿，是新时代中国参与全球竞争的重要战略抓手。

一、粤港澳大湾区是打造更高水平开放型经济的新尝试

（一）开放发展理念是新时代中国经济发展应遵循的重要理念之一

习近平总书记多次强调"中国坚持对外开放的基本国策"，在新时代要"发展更高层次的开放型经济"，并且提出了"推动形成全面

---

① 李宜达、王方方：《"双循环"新发展格局的现实逻辑与区域布局》，《工信财经科技》2022 年第 2 期。

开放新格局"的时代命题。以开放促改革、促发展，是中国推进社会主义现代化建设不断取得新成就和新突破的重要法宝。而区域先行是现阶段中国推进现代化建设的主要特点之一。作为区域现代化建设的先行者，粤港澳大湾区建设将为新时代中国开放型经济发展注入新的强大动力。

第一，粤港澳大湾区建设有利于推动中国经济发展新旧动能转换。进入新时代以来，经济社会的各方面建设都强调高质量发展。推动经济发展方式转变进而实现经济增长动能转换，是当前中国经济建设的重要任务之一。粤港澳大湾区集聚大量创新要素，充满创新活力，在紧抓新一轮科技革命和产业变革机遇中谋划高质量发展。在粤港澳大湾区建设中，新产品、新产业、新技术、新业态、新模式层出不穷，特别是数字经济发展十分迅速，其规模和水平居全国前列。创新引领和驱动发展的粤港澳大湾区，为新形势下中国优化经济结构、转换发展动力提供了有力支撑。

第二，粤港澳大湾区建设有利于中国进一步拓展全国经济发展新空间。改革开放以来，中国的对外开放方针强调"引进来"和"走出去"相结合。在新时代的大背景下，如何实现二者更好结合是中国开放型经济探索的一个重大命题。现阶段，中国的储蓄与外汇储备比较充裕，但不能因此而忽视外资在经济发展中的促进作用。积极有效地利用外资依然是中国开放型经济发展中应当长期坚持的策略。粤港澳大湾区建设不仅能够更加有效地吸引外资，还能够引进由外资所搭载的创新人才、先进技术、管理经验、经营理念、新型模式以及市场机会等，继而带动全国企业更为高效地嵌入全球价值链、产业链以及创新链，在引资、引技、引智并举中推动全国开放型经济转型升级。

第三，粤港澳大湾区建设有利于中国更好地适应和引导经济全球化。自 2008 年全球金融危机爆发以来，世界经济复苏艰难曲折。近年来，美国奉行贸易保护主义与冷战思维，挑起中美贸易争端，给国际经贸合作和全球经济运行带来严重不利影响。而新冠疫情的冲击，更是导致世界经济前景迅速恶化，加剧世界经济严峻复杂形势。作为中国推动全面开放新格局的重要战略抓手，粤港澳大湾区在增强国际经贸交流、深化区际经济合作的过程中逐步打造更高水平的开放型经济，有望在错综复杂的全球经济新形势下探索出经济全球化发展新路径，推动经济全球化朝着包容开放、互惠共赢的方向发展。

（二）依托全面开放新格局推进粤港澳大湾区高质量发展

推动形成全面开放新格局是新时代中国开放型经济发展的重大战略任务。在此背景下，粤港澳大湾区被放到了更加重要的位置，应作为全面开放新格局的重点工作来抓。粤港澳大湾区既有"一带一路"中的网络枢纽节点作用，又有自由贸易区（港）的实践样本，具备新时代开放型经济发展的基本要素。未来，依托全面开放新格局建设，可从多维度、多层次着眼谋划粤港澳大湾区建设，在构建更高水平开放型经济过程中推进粤港澳大湾区高质量发展。

第一，粤港澳大湾区建设应重视政府与市场关系建设，通过推动有效市场和有为政府更好结合实现高水平开放。推动市场"无形之手"作用与政府"有形之手"作用有机结合，是构建高水平社会主义市场经济体制的关键要领。而粤港澳大湾区建设涉及两种制度、三种货币、三个关税区，就更需要在尊重市场规律的前提下，明晰大湾区政府与市场的定位，通过政府与市场相辅相成的互补方式推动规则和机制的衔接与转化，创造性地出台有效克服发展困境与瓶颈的措施，从而为大湾区的开放型经济发展搭建起更好的发展平台，推动大湾区开放型经济向纵深发展。

第二，粤港澳大湾区建设应重视外商投资环境的改善，通过营造市场化、法治化、国际化、高效化的营商环境，打造大湾区引资竞争新优势。一方面，要稳步推进广东与香港、澳门在外商投资管理体制、外资法治政策建设等方面的有效衔接；另一方面，要为外资企业营造更加稳定、公平竞争的市场环境，有效保护外商投资合法权益。依托高质量营商环境建设，助力粤港澳大湾区在全球引资竞争日益激烈的环境中争创引资新优势，激发大湾区发展活力并构筑国际竞争力，打造开放型经济高质量发展典范。

第三，粤港澳大湾区建设应重视科技创新体制的建设，依托创新禀赋优势和创新吸纳能力，加快大湾区开放型经济发展。粤港澳大湾区对标国际一流湾区和世界级城市群建设，是创新要素和开放元素的集合体。粤港澳大湾区拥有香港这一国际贸易、金融中心和国际航运航空枢纽，不仅能够协助内地企业更好"走出去"和把海外投资高效地"引进来"，打造开放型经济发展新高地，同时还能发挥其科研方面的独到优势，吸纳全球创新资源与要素，助力大湾区建设成为国际科技创新中心。特别是在当前中国开放型经济发展受到中美贸易争端冲击的情况下，更需要发挥粤港澳大湾区的创新能力和开放优势，充分整合国内国际创新资源，在开放中促创新，以创新促发展、促转型。

二、粤港澳大湾区是提高区域经济发展平衡性的新实践

（一）新时代赋予粤港澳大湾区探索区域协调发展的重大实践价值

党的十八大以来，以习近平同志为核心的党中央，为推动区域协调发展，以创造性思维逐步构建起全国区域经济发展新格局的"四梁八柱"，即国家在继续推进西部大开发、东北振兴、中部崛起、东部率先发展等四大区域发展的过程中，逐步实施京津冀协同发展、长江经济带发展、粤港澳大湾区建设、长江三角洲区域一体化发展、黄河流域生态保护和高质量发展、成渝地区双城经济圈建设等区域重大战略。由此，中国区域协调发展战略新框架基本形成。其中，粤港澳大湾区建设的意义不同于其他区域发展战略，其特点不仅体现在面向国际、承载更多对外开放的功能，更重要的意义就在于"跨制度合作"。粤港澳大湾区作为一个国家、两种制度下的区域发展实践，在探索区域协调发展中具有明显的范本意义。

现阶段，制约粤港澳大湾区向高质量发展进一步迈进的主要因素之一是区域发展不平衡、不协调问题。究其原因，主要源于大湾区内部的市场分割。

其一，粤港澳大湾区内部基础设施不完善、不平衡，生产要素跨区域流动存在障碍和分割，进一步扩大了城市之间发展水平的差距。目前，大湾区内部欠发达城市的基础设施通达程度亟待提升，不完善的基础设施增加了生产要素跨城市流动的时间成本以及城市间商贸流

通的交易成本。基础设施的配置不均衡，阻碍了大湾区内部发达城市与欠发达城市之间商贸流通网络的形成和发展，导致发达城市"虹吸效应"明显而辐射带动作用不足。

其二，粤港澳大湾区内部各城市政府合作协商机制不畅通、不完善，进一步加剧大湾区市场分割。由于大湾区城市间的有效沟通不足，城市的整体规划建设缺乏对区域经济一体化发展的大局把握，难以在不同城市间形成合理分工、有序合作的协调联动机制，无法真正发挥起各城市的比较优势和平台优势。尽管"广佛肇""深莞惠"以及"珠中江"等区域合作圈概念早已进入粤港澳大湾区建设布局之中，但这些城市间的实际合作效果大多不尽如人意，难以打破城际藩篱。各城市"各自为政"导致一些产业的布局不易扩散或过于分散。区域间的市场分割问题严重影响了粤港澳大湾区商贸流通网络的形成和产业分工协作体系的发展，阻碍了区域资源要素向优势区位的顺畅流动，在一定程度上弱化了大湾区内部发达城市对于欠发达城市的辐射带动作用，加剧了大湾区城市发展的不平衡。

而矫正这一问题的关键，是要在大湾区内部构建出跨区域分工、合作、协同、共享的区域协调新机制。这一协调联动机制的主要目标是要打破市场零碎分割，实现大湾区内部资源要素的顺畅流动及区域间的全方位开放与多层次合作，避免城市发展定位模糊、重复建设以及产业雷同的问题，反映的正是区域经济协调发展的本质。

因此，粤港澳大湾区建设应紧抓这一重要要求，着力破除大湾区内部阻隔资源要素自由流动的体制机制障碍，促使资源要素突破行政区限制，在更大范围内实现优化配置，进一步促进大湾区内部市场的合理分工与各城市比较优势的充分发挥。① 在粤港澳大湾区进行的协调发展探索实践，能够充分彰显新时代中国经济高质量发展的科学内涵，推动中国区域经济发展新格局的建设，同时为国内其他区域的经济协调发展提供可借鉴、可复制的有益经验。

（二）从粤港澳大湾区建设提炼区域协调发展的中国智慧

纵观中国区域发展总体特征，要素禀赋不同、地理区位差异、自然条件各具特点、地域文化各具特色、生产力发展水平不平衡，造就了中国的区域协调发展探索实践具有重要的世界意义。粤港澳大湾区建设既是中国区域经济发展的一个缩影，也是国家重大发展战略和国际经济重要平台，其对于区域协调发展的独特探索，将为破解全球区域经济发展失衡问题贡献中国智慧。②

粤港澳大湾区是制度多样化和制度创新的实践样本，其建设应遵循复杂开放系统式思维，打造成集聚创新、有序分工、网络化生产的新型空间格局，以实现各城市经济的有效衔接与互动。未来粤港澳大湾区建设可从区域经济网络布局着眼，构建区域商贸网络、区域城市网络以及区域治理网络，以三维网络布局构筑起大湾区经济协调发展的重要支撑。

第一，粤港澳大湾区建设应逐步打破要素流动障碍，构建区域商贸网络。要按照国家"十四五"规划提出的"加快城市群和都市圈轨道交通网络化"的战略要求，加快推进大湾区内部已有基础设施

---

① 倪外、周诗画、魏祉瑜：《大湾区经济一体化发展研究——基于粤港澳大湾区的解析》，《上海经济研究》2020 年第 6 期。
② 霍祎黎、宋玉祥、刘亭杉：《促进粤港澳大湾区经济协调发展的路径探究》，《经济纵横》2021 年第 11 期。

项目的建设进程，同时适度发挥财政杠杆效应进一步加强欠发达城市的基础设施建设。要从供需两侧抓牢扩大内需战略基点，通过基础设施的不断完善逐渐打破要素流动障碍，畅通大湾区内部发达城市与欠发达城市之间的商贸流通机制，构建起内外联通、相互融合的商贸流通网络。以商贸流通网络的构建，助力粤港澳大湾区商业经济发展，促进各城市比较优势的发挥，进而形成循环协调的商业链和价值链。

第二，粤港澳大湾区建设应不断明确各城市发展定位，完善区域城市网络。要立足国内大循环、内外双循环畅通的战略定位，明确大湾区内部各城市自身比较优势，促进资源要素跨区域自由流动，推进各城市产业差异化、互补式发展。依托"一核一带一区"①，凸显珠三角与沿海经济带的区域功能，逐步推动区域城市网络的构建。通过强化"一核一带一区"区域发展主引擎作用，推动城市协同网络的形成，充分发挥各城市间的平台优势与网络效应，促进城市间的合理分工与联动发展。

第三，粤港澳大湾区建设应着力畅通地方协商机制，打造区域治理网络。要从构建网络化区域治理模式的全新思路出发，不断畅通地方合作协商机制，降低城市间的沟通成本和协商成本。要加快建设数字政府，大力推动地方数据互联互通，以信息公开、数字开放增强城市间政策的协调性和精准度，避免大湾区内部欠发达城市与发达城市出现产业竞争、发展替代的现象。将大湾区内部发达城市的"虹吸效应"逐步转化为对欠发达城市的"外溢效应"，打造相互联通、辐射带动的错位竞争共赢格局。

---

① "一核"即珠三角地区，"一带"即广东沿海经济带，"一区"即广东北部生态发展区。

三、粤港澳大湾区是促进粤港澳三地深度融合的新机遇

（一）新时代要求以全新思路与路径谋划粤港澳深度融合

改革开放以来，香港、澳门在内地经济发展中发挥了重要的平台作用。依托香港、澳门这两大重要平台，内地开始有更多的机会同国外发达经济体进行比较，继而体察到自身在经济结构、社会规则、土地制度、人力资源以及发展水平等方面与发达经济体的鲜明差异，并从这样的巨大反差中不断激发改革的动力。与此同时，内地也通过香港、澳门这两大窗口引进国外先进的观念和开放的思想。全新的观念与思想有利于社会发展理念的重塑，从而为内地改革的顺利推进提供了有利的条件。

基于此，改革开放的进程实际上包含了内地与香港、澳门的合作深化进程。改革开放以来，内地与港澳的合作进程大致可划分为四个阶段，分别是"前店后厂"式合作阶段、传统服务贸易合作阶段、服务贸易自由化阶段，以及粤港澳大湾区建设阶段（见表2—3）。①

表2—3　改革开放以来内地与港澳合作的演进阶段

合作阶段	划分时间	基本特征
1.0阶段	1978—2003年	内地生产、港澳从事生产性服务的"前店后厂"式合作模式

---

① 陈广汉、刘洋：《从"前店后厂"到粤港澳大湾区》，《国际经贸探索》2018年第11期。

续表

合作阶段	划分时间	基本特征
2.0 阶段	2003—2014 年	以《内地与香港关于建立更紧密经贸关系的安排》（CE-PA）签署为代表的传统贸易合作阶段
3.0 阶段	2014—2019 年	以《内地与香港 CEPA 关于内地在广东与香港基本实现服务贸易自由化的协议》和《内地与澳门 CEPA 关于内地在广东与澳门基本实现服务贸易自由化的协议》签署为代表的服务贸易自由化阶段
4.0 阶段	2019 年至今	《粤港澳大湾区发展规划纲要》的印发正式开启粤港澳大湾区建设

资料来源：笔者根据相关文献整理。

区域经济走向融合发展的过程，本质上是不断打破区域市场分割，逐步降低、减少并最终破除阻碍商品与要素顺畅流动的壁垒，依托市场在资源配置中的决定性作用实现商品与要素自由流动的过程。[①] 粤港澳大湾区建设是粤港澳融合发展的新阶段，为新时期推动粤港澳深度融合提供了全新的思路与路径。从合作模式来看，粤港澳大湾区建设推动粤港澳经济合作领域从货物贸易、直接投资等方面的合作转向统一、开放的商品与要素市场建立，并进而迈向规制、机制以及标准等方面对接的制度型开放。从合作内容来看，粤港澳大湾区建设推动粤港澳经济合作领域从制造业为主体转向服务业为主体，并进而迈向创新型现代化产业体系的建设。从合作机制来看，粤港澳大湾区建设推动粤港澳经济合作领域从企业依托市场机制的"自发性"合作转向市场决定、政府引领的"自觉性"合作，并进而迈向区域利益共同体的构建。

---

① 韦伟：《"十四五"时期区域深度融合发展的方向与路径》，《区域经济评论》2021 年第 2 期。

（二）立足粤港澳大湾区建设推进粤港澳融合发展

与世界其他湾区经济发展及中国其他区域发展不同，粤港澳大湾区建设的最大特点是在"一国两制"的制度环境下谋划区域一体化发展。[①] 粤港澳大湾区建设是新时代推动港澳积极融入国家发展大局、促进粤港澳融合发展的新实践。随着粤港澳大湾区建设的不断推进，香港、澳门不仅仅在内地经济发展中发挥着桥梁平台作用，更是国家发展战略的重要参与者和实践者。立足粤港澳大湾区建设，粤港澳三地各施所能、各展所长，共谋国家发展，共同为推动新时代中国经济高质量发展贡献力量。以粤港澳大湾区建设推动粤港澳进一步融合发展，需要多维度、多层次、多方面进行合作设计与布局。

第一，推进粤港澳融合发展需要加强三地政府合作。制度的多样性与互补性，既是粤港澳大湾区的显著特征，也是粤港澳大湾区建设的独到优势。而粤港澳大湾区三地政府的高效合作是充分激发这一制度优势潜能的关键。未来粤港澳大湾区应立足国家经济发展战略大局，通过构建完善三地协商协调机制（如联席会议制度、合作协调小组等），建立统一的保护大湾区市场公平竞争、维护大湾区市场秩序的法律法规，依据各城市比较优势制定突出各地特色、促进分工协作的发展规划与政策，共同解决三地经济合作中出现的种种问题，在三地有效协商和充分协调的过程中逐步破除阻碍大湾区资源要素自由流动的体制机制障碍。同时，粤港澳大湾区还可通过诸如成立共同基金会的形式，为大湾区的经济建设提供有力的支持。

---

① 单菁菁、张卓群：《粤港澳大湾区融合发展研究现状、问题与对策》，《北京工业大学学报（社会科学版）》2020 年第 2 期。

第二，推进粤港澳融合发展需要加强三地企业合作。粤港澳大湾区发展的不平衡性是其新时代谋求高质量发展的新潜能所在和新动能所在，同时也为三地企业的合作提供更多的机遇和空间。香港是全球金融中心和国际交通枢纽，澳门拥有独特的人文资源吸引优势，广东企业科技创新能力和高端制造业基础雄厚，三地企业的合作有利于充分整合大湾区优势资源，同时增强大湾区对国际资金、技术、人才、市场等方面的吸引力，成为具备国际竞争力和可持续发展能力的世界级城市群。此外，粤港澳企业的合作深化也有利于三地金融的发展与合作。粤港澳大湾区三种货币不仅增加了企业与个人的换汇成本，同时也会因汇率变动影响投资与贸易。三种货币的融合与统一，不仅需要政府高瞻远瞩、审时度势的战略决策，还需要充分发挥大湾区市场在资源配置中的决定性作用，在企业的金融合作与布局中逐步实现。

第三，推进粤港澳融合发展需要加强三地人员交流与往来。人才资源是经济社会发展的第一资源，也是区域经济发展的创新之本。粤港澳大湾区建设应着力推动三地人员人才的广泛交流与频繁流动。而加强粤港澳三地人员人才的交流与往来，关键在于逐步打破人员人才流动的障碍。具体包括教育、医疗、养老等公共福利制度的衔接，出行、定居、投资等居民社会权利的对接，以及学习、就业、创业等生活工作方面的协调等。通过消除粤港澳三地人才流动和就业的体制机制障碍，逐步实现大湾区人才资源的优化配置。与此同时，共同建设高效优质的人才环境，增强粤港澳大湾区对海内外人才和智力资源的吸引力和集聚能力，在充分开发利用国内国际人才资源的过程中不断迈向新时代创新集聚和人才集聚新高地。

参考文献

蔡赤萌：《粤港澳大湾区城市群建设的战略意义和现实挑战》，《广东社会科学》2017 年第 4 期。

陈广汉、刘洋：《从"前店后厂"到粤港澳大湾区》，《国际经贸探索》2018 年第 11 期。

霍祎黎、宋玉祥、刘亭杉：《促进粤港澳大湾区经济协调发展的路径探究》，《经济纵横》2021 年第 11 期。

李宜达、王方方：《"双循环"新发展格局的现实逻辑与区域布局》，《工信财经科技》2022 年第 2 期。

李宜达：《"双循环"新发展格局下区域、政府与市场的协调整合》，《中国西部》2021 年第 6 期。

李宜达：《以三大平台推动新时代开放经济向纵深发展》，《社会科学动态》2019 年第 7 期。

陆铭：《城市、区域和国家发展——空间政治经济学的现在与未来》，《经济学（季刊）》2017 年第 4 期。

陆铭、李鹏飞、钟辉勇：《发展与平衡的新时代——新中国 70 年的空间政治经济学》，《管理世界》2019 年第 10 期。

毛磊、吴冰、陈颖等：《积极作为深入推进粤港澳大湾区建设》，《人民日报》2021 年 10 月 22 日。

倪外、周诗画、魏祉瑜：《大湾区经济一体化发展研究——基于粤港澳大湾区的解析》，《上海经济研究》2020 年第 6 期。

单菁菁、张卓群：《粤港澳大湾区融合发展研究现状、问题与对策》，《北京工业大学学报（社会科学版）》2020 年第 2 期。

王鹏：《发展中国家助力世界多极化》，《人民日报》2019 年 2 月 15 日。

王树华、顾丽敏：《区域现代化的动力因素与作用机制》，《现代经济探讨》2018 年第 6 期。

韦伟：《"十四五"时期区域深度融合发展的方向与路径》，《区域经济评论》2021 年第 2 期。

张可云、肖金成、高国力等：《双循环新发展格局与区域经济发展》，《区域经济评论》2021 年第 1 期。

钟韵、胡晓华：《粤港澳大湾区的构建与制度创新：理论基础与实施机制》，《经济学家》2017 年第 12 期。

第 三 章

大布局

——粤港澳大湾区发展总体框架

作为中国开放程度最高、经济活力最强的区域之一和国家级经济增长极，粤港澳大湾区正以创新驱动引领中国经济高质量发展，并在全球经济复苏中发挥积极作用。目前，国际国内经济形势的新变化，特别是中美贸易摩擦等不确定因素，给粤港澳大湾区建设带来了新的机遇和挑战。本章将分析粤港澳大湾区经济发展的新动力，阐明粤港澳大湾区经济发展的总体框架。

第一节　建立经济发展新动力

建设好粤港澳大湾区，构建经济发展新动力，关键在创新。习近平总书记指出："粤港澳大湾区要围绕建设国际科技创新中心战略定位，努力建设全球科技创新高地，推动新兴产业发展。"《粤港澳大湾区发展规划纲要》提出了"建成全球科技创新高地和新兴产业重要策源地"和"具有全球影响力的国际科技创新中心"的战略定位。"十四五"规划围绕大湾区"建设重大科技创新平台"进一步作出部署。三年来，"广深港"和"广珠澳"两条科技创新走廊雏形已具，南沙科学城与光明科学城—松山湖科学城强化联动，大湾区综合性国家科学中心逐步成为生动现实，科技创新为粤港澳大湾区发展注入澎湃动力。

一、国家战略及政策支持

建设粤港澳大湾区是国家发展战略的需要。2015 年 3 月 28 日，国家发展改革委、外交部、商务部联合发布《推动共建丝绸之路经济带和 21 世纪海上丝绸之路的愿景与行动》，提出在"一带一路"的建设中"打造粤港澳大湾区"，"粤港澳大湾区"首次进入国家战略框架。2017 年 3 月 5 日，李克强总理在《政府工作报告》中提出，"研究制定粤港澳大湾区城市群发展规划，发挥港澳独特优势，提升在国家经济发展和对外开放中的地位与功能。"粤港澳大湾区建设由此而上升为国家战略。2017 年 12 月，中央经济工作会议把"科学规划粤港澳大湾区"列入 2018 年经济工作，着手编制粤港澳大湾区发展规划。2019 年 2 月 18 日，中共中央、国务院印发了《粤港澳大湾区发展规划纲要》，正式实施粤港澳大湾区建设重大战略。

除了按照《粤港澳大湾区发展规划纲要》全面推进粤港澳大湾区各项建设工作，为回应新形势和新问题，国家加大了对粤港澳大湾区建设的支持力度。2019 年 8 月 9 日，中共中央、国务院颁布《关于支持深圳建设中国特色社会主义先行示范区的意见》，提出支持深圳建设中国特色社会主义先行示范区，更好地实施粤港澳大湾区战略。2022 年 6 月 6 日，国务院印发《广州南沙深化面向世界的粤港澳全面合作总体方案》，明确加快推动广州南沙深化粤港澳全面合作，打造立足湾区、协同港澳、面向世界的重大战略性平台，在粤港澳大湾区建设中更好发挥引领带动作用。在 2021 年 9 月 5 日、6 日，中共中央、国务院相继公布了《横琴粤澳深度合作区建设总体方案》《全面深化前海深港现代服务业合作区改革开放方案》。两份方案的出台无疑助力粤港澳大湾区深化合作，成为粤港澳大湾区发展新动能。至此，粤港澳大湾区与深圳先行示范区双区驱动、广州与深圳双城联动、珠海横琴、深圳前海、广州南沙等重大合作平台的建立，为粤港澳大湾区发展提供了更加有力的支持。

（一）双区驱动

粤港澳大湾区与深圳先行示范区的双区建设是由习近平总书记亲自谋划、亲自部署、亲自推动的重大国家战略。在双区建设的驱动下，粤港澳大湾区能够进一步全面深化改革开放，深化粤港澳高水平互利合作，加快高质量发展。特别是，双区建设提供了实现上述目标所需的政策支持。具体而言，国家将在外汇、金融、保险等方面支持粤港澳大湾区、深圳先行示范区的建设，并鼓励经济主体积极参与双区建设，在科技创新、金融创新、基础设施以及战略性新兴产业等领域锐意创新，同时还将深化与国际及港澳专业服务的合作，以激发市场活力，释放"双区驱动效应"。

（二）三大平台

珠海横琴、深圳前海、广州南沙三个重大合作平台在战略定位上各有侧重、相辅相成，目的都是在重点领域和关键环节先行探索、积累经验，以点带面，引领带动粤港澳全面深化合作，拓展港澳发展空间，支持港澳经济社会发展，保持港澳长期繁荣稳定。

"南沙方案"的出台有利于引领广州实现老城市新活力，增强在粤港澳大湾区发展中的核心引擎作用；有利于进一步强化航运、贸易、金融、国际交往等综合服务功能，携手港澳打造高水平对外开放门户，在推动构建新发展格局中发挥更大作用。而"横琴方案"和"前海方案"的出台使得横琴粤澳深度合作区、前海深港现代服务业合作区建设全面展开。"横琴方案"主要围绕发展新产业、建设新家园、构建开放新体系和健全新机制四新重点任务，以更大力度政策举措加快推进横琴粤澳深度合作区。"前海方案"以现代服务业这个香港的优势行业为切入点，进一步促进粤港、深港深度合作，努力将前海打造为拓展香港发展空间、进一步深化内地改革开放的新高地，进一步支持香港青年在前海创新创业。在国家各项政策的支持下，珠海横琴、深圳前海、广州南沙三个重大合作平台必然会吸引大量先进生产要素，进而带动经济产业持续发展，再进一步辐射至整个大湾区。

（三）双城联动

广州和深圳的联动发展是粤港澳大湾区建设中的重要动力。2008年，广东省明确提出以广州、深圳等超大城市为核心引擎，推进珠三角城市群区域经济一体化发展；2019年，广东省赋予广州、深圳"双城联动、比翼双飞"的战略任务；同年9月，广州、深圳再度签署《深化战略合作框架协议》。广州加快实现老城市新活力和"四个出新出彩"，助力广州、深圳发挥"双城联动、比翼双飞"作用。广州、深圳在政务服务"跨城通办"、南沙科学城与光明科学城—松山湖科学城先行启动区联动、联手打造粤港澳大湾区国际科技创新中心等方面的合作稳步推进，牵引带动全省高质量发展的核心引擎作用进一步强化。

在上述背景下，构建广州、深圳双城联动的发展格局，借助"双子座"中心城市的协调整合与叠加效应，进一步强化广州、深圳作为粤港澳大湾区中心城市的核心引擎功能，放大对周边区域的辐射带动和示范效应，能够为粤港澳大湾区建设和广东高质量发展提供更强劲的发展动能。

二、科创能力持续增强

随着中国转向高质量发展阶段，粤港澳大湾区经济发展对科技创新提出了更高、更迫切的要求。"科学技术从来没有像今天这样深刻影响着国家前途命运，从来没有像今天这样深刻影响着人民幸福安康。我国经济社会发展比过去任何时候都更加需要科学技术解决方案，更加需要增强创新这个第一动力。"[①] 粤港澳大湾区科技创新要素高度集聚，科技研发、转化能力突出，拥有一批在全国乃至全球具有重要影响力的高校、科研院所、高新技术企业和国家大科学工程，以及拥有自主创新示范区建设、创新型城市建设等一大批政策支持，完全有条件成为全球新一轮科技革命和产业创新发展的积极参与者和引领者。

《粤港澳大湾区发展规划纲要》明确提出，将建设国际科技创新中心作为大湾区建设的首要任务，深化粤港澳创新合作，构建开放型

---

① 习近平：《在浦东开发开放 30 周年庆祝大会上的讲话》，人民出版社 2020 年版，第 6 页。

融合发展的区域协同创新共同体，集聚国际创新资源，优化创新制度和政策环境，着力提升科技成果转化能力。从国家战略角度来看，粤港澳大湾区国际科技创新中心建设可以发挥港澳开放创新优势及珠三角产业创新优势，强化国际创新资源集聚能力，加快形成开放互通、布局合理的区域创新体系，并将影响力辐射全国乃至全球。围绕国家重大科技基础设施领域，提升科技创新水平。在建设国际创新中心的目标下，深入实施创新驱动发展战略，深化粤港澳创新合作，构建开放型融合发展的区域协同创新共同体，集聚国际创新资源，优化创新制度和政策环境，着力提升科技成果转化能力，建设全球科技创新高地和新兴产业重要策源地。

（一）创新生态进一步完备

1. 创新资源多城联动，世界重要人才中心加快建设。科技创新离不开创新资源。粤港澳大湾区坚持科技创新和制度创新双轮驱动，着力推进科技创新要素跨境便捷高效流动和规则衔接。科研资金方面，中央财政和广东省财政科研资金过境港澳使用的渠道已打通，国家重点研发计划"干细胞及转化研究""纳米科技"等基础前沿类专项全部对港澳开放申报，粤港、粤澳科技创新联合资助计划稳步实施。设施共享方面，港澳科研机构和人员可共享内地重大科技基础设施和大型科研仪器，国家超算广州中心开通与港澳间的网络连线，服务港澳地区用户。科研物资方面，科研用品跨境使用进出口手续进一步简化，港澳科研设备过关免办强制性产品认证，大型科研设备实施24小时预约、"即报即放、到厂检验"的通关模式。

人才是科技创新中最为核心的要素。科研人才方面，大湾区个人所得税优惠政策全面落地实施，境外高端人才和紧缺人才税负大幅降低，珠三角9市累计发放个税补贴23.9亿元，引进近9000名境外创新人才。2021年在穗全职院士人数64人，近200位院士、40余位港澳科学家集聚广东开展研发。大湾区基础研究和原始创新能力显著增强。根据中国科学技术部发布的《中国火炬统计年鉴2020》，粤港澳大湾区的高新技术企业共拥有年末从业人员707.73万人，大专以上从业人员占总人员的42.19%，人才结构不断优化。

2. 创新机构聚集，头部科创企业数量众多。粤港澳大湾区培育了一批具有全球影响力的科技领军企业，打造一批科技领军企业或头部企业，将科技领军企业作为重构自主可控的产业链供应链的重中之重，发挥企业在科技创新中的主体作用。推动形成科技、产业、金融良性循环，加速推进科技成果转化应用。同时，粤港澳大湾区支持科技领军企业联合高校院所组建联合实验室、新型共性技术平台等，解决跨行业、跨领域关键共性技术难题。引导科技领军企业打造开放式创新平台，促进大中小企业实现融通发展。科技与产业加速融合，科研、生产、市场转化过程一体化现象明显，数字经济强势崛起。培育高精尖产业新动能，着力强化战略科技力量，提升基础研究和原始创新能力。

从华为、腾讯等科创巨头，到大疆、一加等独角兽公司，粤港澳大湾区诞生了一批强大的科创企业。根据胡润研究院发布的《2023胡润全球独角兽榜》，中国有227家独角兽企业上榜，其中，粤港澳大湾区共有63家独角兽企业上榜，深圳、广州分别有33和22家企业上榜，包括4家千亿级独角兽企业——微众银行、大疆、希音（Shein）和广汽埃安。除此之外，东莞也有OPPO和vivo 2家千亿级独角兽企业，充分体现了粤港澳大湾区的科创活力。

3. 科技创新载体和平台集聚，创新能力布局不断优化。科技创新载体和平台是开展科技创新的重要依托。按照党中央、国务院明确的大湾区国际科技创新中心建设方案，逐步搭建起"两廊"（广深港科技创新走廊、广珠澳科技创新走廊）、"两点"（深港河套创新极点、粤澳横琴创新极点）的框架体系，启动建设大湾区综合性国家科学中心先行启动区，集中谋划布局一批重大科技基础设施和科研平台。

重大科技基础设施方面，中国散裂中子源已投入运行，强流重离子加速器、脑解析与脑模拟、合成生物研究、材料基因组大科学装置平台等重大科技基础设施正加快建设。创新平台方面，粤港澳三地围绕新材料、人工智能、生物医药、海洋科技等领域合作建设一批创新平台，鹏城国家实验室揭牌成立，中国科学院香港创新研究院注册成立。产业创新方面，芯片等领域关键核心技术攻关取得初步成效，5G、超高清视频、集成电路等产业项目陆续投产。

（二）科技创新能力持续增强

科技创新力量是实现粤港澳大湾区高质量发展的重要保证。在创新驱动发展战略下，"广州—深圳—香港—澳门"科技创新走廊建设加快推进，粤港澳大湾区发展的内生动力与科技创新实力显著增强。

粤港澳大湾区科技创新动力源强劲。大湾区内地9市创新投入延续了持续增加的态势，强度稳步提高。2019年粤港澳大湾区内地9市的年度研发经费规模首次突破3000亿元，2021年研发经费规模更是超过3600亿元，其研发经费投入强度延续了向上势头，在2021

达到 3.7%，高于全国平均值（2.44%）1.26 个百分点。大湾区内创新企业实力显著增强。2021 年底，粤港澳大湾区内地 9 市拥有国家级高新技术企业 5.7 万家，较 2017 年增加 2 万多家；2021 年有 25 家企业进入世界 500 强，比 2017 年增加了 8 家。

创新产出数量高速增长。据科技部数据，2021 年，粤港澳大湾区内地 9 市预计拥有专利授权量 78 万件，发明专利授权量超过 10 万件。《2021 年全球创新指数报告》显示，"深圳—香港—广州"集群连续两年在全球科学及技术集群排名获得第二名，反映了粤港澳大湾区创新产出能力在世界中的地位。根据世界知识产权组织（WIPO）、康奈尔大学和欧洲工商管理学院联合发布的《2021 年全球创新指数报告》显示，"深港穗"创新集群排名全球第二位，次于"东京—横滨"集群，从 2020 年报告看，"深港穗"相比"东京—横滨"的差距主要为 PCT 专利申请总量份额较低（占全球比重分别为 6.9% 和 10.8%）、科学出版物总量份额较低（占全球比重分别为 1.37% 和 1.66%）、科技创新强度较低（"深港穗"排名第 57 位，低于"东京—横滨"的第 26 位）。

进一步比较粤港澳大湾区内珠三角 9 市和国内其他城市群在投入、产出、活跃度三个层面的指标表现可以看出：（1）珠三角 9 市 R&D 投入强度为 3.4%，高于全国（2.2%），但低于京津冀（3.9%）。（2）珠三角与长三角企业 R&D 投入主体中的企业占比更高，京津冀创新投入主要通过政府支持高校和研发机构。（3）珠三角和长三角 R&D 投入方向主要是试验发展，基础研究+应用研究占比低于京津冀。（4）在工业企业层面，从 R&D 经费规模、R&D 人员的规模和质量、有效专利产出、新产品产出等维度看，珠三角均处于领先地位。（5）珠三角企业（市场化机构）之间创新合作相比全国更加普遍。

三、区域一体化进展明显

习近平总书记指出："要抓住粤港澳大湾区建设重大历史机遇，推动三地经济运行的规则衔接、机制对接，加快粤港澳大湾区城际铁路建设，促进人员、货物等各类要素高效便捷流动，提升市场一体化水平。"① 粤港澳大湾区具有"一国两制"、三个关税区、三种法律制度等特点。一方面有利于粤港澳三地发挥各自所长，实现优势互补、协同发展，但同时也在客观上形成了一些体制机制障碍和问题。因此，《粤港澳大湾区发展规划纲要》提出，深化粤港澳合作，进一步优化珠三角9市投资和营商环境，提升大湾区市场一体化水平。近年来粤港澳三地坚持基础设施"硬联通"和规则机制"软联通"并举，推动大湾区设施联通和规则融通，促进要素高效便捷流动，加快推动大湾区一体化发展进程。

（一）基础设施互联互通进一步强化

要素高效便捷流动，既是推进市场一体化、建设大湾区的基础条件，也是当前社会各界反映比较集中、需要着力解决的问题。为促进要素高效便捷流动，粤港澳大湾区正加快构建现代化的综合交通运输体系、优化提升信息基础设施、建设能源安全保障体系、强化大湾区交通运输体系的安全保障。

---

① 习近平：《在深圳经济特区建立40周年庆祝大会上的讲话》，人民出版社2020年版，第11页。

粤港澳三地不断深化交通等基础设施领域合作，进一步提升粤港澳大湾区内外交通便捷性，聚力打造世界级综合交通枢纽。陆路交通方面，港珠澳大桥、南沙大桥、深中通道开通运行，珠江口东西两岸联系更加紧密。广深港高铁香港段正式通车，香港融入全国高铁网络。随着赣深、广汕高铁建成运营，大湾区轨道网进一步完善。航空方面，香港机场第三跑道建设有序推进，深圳机场三跑道扩建、广州白云国际机场三期扩建、珠海机场改扩建工程开工建设，澳门机场改扩建前期工作加快推进，大湾区世界级机场群地位更加巩固。口岸设施方面，莲塘/香园围口岸货检通道、横琴口岸旅检通道正式开通，粤澳新通道（青茂口岸）建造工程已竣工，粤港澳三地通关设施进一步完善。

（二）规则衔接机制对接不断深化

规则机制的对接联通是促进要素高效便捷流动、推进市场一体化的基础条件，也是当前社会各界反映最为迫切的先导性问题。粤港澳三地积极寻求两种制度规则下的"最大公约数"，为不同市场机制之间的对接和融通提供经验和参考。人员流动方面，港珠澳大桥珠澳口岸、横琴口岸旅检区域实行"合作查验，一次放行"通关模式，香港西九龙站实行"一地两检"查验模式，通关便利化水平不断提高。货物流动方面，内地与香港"跨境一锁"在大湾区内地全面实施，与澳门"跨境一锁"业务模式启动实施，口岸清关手续进一步简化。专业资格认可方面，大湾区内地已在建筑工程、医疗、教育、律师、会计、旅游等8个重点领域实现对港澳职业资格的认可或做出便利安排。

（三）对外开放水平迈上新台阶

粤港澳大湾区对外开放水平高，具有典型的外向型经济特征，是中国对外贸易的重要门户，有基础、有条件、有能力，更有责任在推动构建以国内大循环为主体、国内国际双循环相互促进的新发展格局中走在前列。在金融等高级生产性服务业的开放方面，粤港澳大湾区本外币合一的跨境资金池业务落地实施，并且加快推进跨境理财通试点。与此同时，粤港澳大湾区保险服务中心加快筹建，粤港澳三地跨境车险"三地保单、一地购买"试点实施。在共建"一带一路"方面，签署实施支持香港、澳门全面参与和助力"一带一路"建设安排，推动广东21世纪海上丝绸之路国际博览会升格为中国（广东）海上丝绸之路博览会。

第二节　建设现代化产业体系

作为现代化经济体系的核心，建设现代化产业体系是中国产业结构转型，促进产业向全球价值链高端迈进的重大战略部署。在深化供给侧结构性改革，国内国际双循环相互促进的新发展格局背景下，构建具有国际竞争力的现代化产业体系对粤港澳大湾区高质量发展更具重大现实意义。构建具有国际竞争力的现代化产业体系是推进大湾区建设的一项重要工作，旨在充分发挥综合优势，着力培育发展新产业、新业态、新模式，支持传统产业改造升级，加快发展先进制造业和现代服务业，瞄准国际先进标准提高产业发展水平，促进产业优势互补、紧密协作、联动发展，把构建更具国际竞争力的现代化产业体系的美好蓝图变成触手可及的实景，粤港澳大湾区建设迈出坚实步伐，世界级创新平台加快打造，更具国际竞争力的现代化产业体系正逐渐形成。

一、粤港澳大湾区现代产业发展现状

（一）粤港澳大湾区现代产业发展现状

在产业体系构成上，粤港澳大湾区坚持"四轮驱动"，即以先进制造业为支柱，以战略性新兴产业为先导，以现代服务业为支撑，以海洋经济为优势，构建粤港澳大湾区具有国际竞争力的现代化产业体系。

1. 先进制造业。自《粤港澳大湾区发展规划纲要》实施以来，粤港澳大湾区高度重视先进制造业发展，不断推动先进制造业平稳较快增长和高质量发展。在粤港澳大湾区内，香港、澳门服务经济特征明显，制造业比重非常小。可以认为，当前大湾区制造业主要集中在珠三角9市。[①] 有鉴于此，本文将直接以大湾区内地9市作为粤港澳大湾区制造业发展的分析重点。

依托工业经济规模优势和高质量发展基础，粤港澳大湾区内地9市先进制造业实现较快增长，工业新动能加快集聚，制造业产业结构持续得到改善。高技术制造业和先进制造业得到快速发展。2015—2020年，大湾区内地9市的先进制造业和高技术制造业增加值规模分别由12562.2亿元、7115.9亿元增加至16886.6亿元、11566.4亿

---

① 周权雄：《粤港澳大湾区制造业高质量发展的对策思考》，《探求》2022 第 2 期。

元，年均增长分别超过 720 亿元、741 亿元。2021 年，高技术制造业增加值实现两位数增长的城市有 5 个。其中，江门和肇庆增速超过了30%；有 4 座城市先进制造业增加值增幅在 10% 以上，最高达到22.3%。同时，粤港澳大湾区先进制造业和高技术制造业占同期规模以上工业增加值的比重持续提高，分别从 2015 年的 53.0% 和 30.1%提高至 2020 年的 58.5% 和 35.7%，比 2020 年广东省先进制造业和高技术制造业增加值比重平均水平高 2.9 和 3.9 个百分点。基于在先进制造业方面的领跑优势，深圳市 2021 年先进制造业和高技术制造业增加值占规模以上工业增加值比重更是高达 68.8% 和 63.3%（见表3—1），工业结构加速朝着高级化方向优化升级，先进制造业增加值规模突破 4 万亿元人民币。

表 3—1 2021 年粤港澳大湾区内地 9 市高端制造业发展现状

城市	先进制造业占规模以上工业增加值比重（%）	高技术制造业占规模以上工业增加值比重（%）
广州	59.3	18.8
深圳	68.8	63.3
珠海	57.1	30.8
佛山	49.4	5.8
惠州	64.1	43.8
东莞	54.2	37.9*
中山	48.4	16.2
江门	40.8	12.7
肇庆	33.8	10.5

资料来源：各城市 2021 年统计公报、统计局网站。"＊"表示 2020 年数据。

2.战略性新兴产业。战略性新兴产业是现代化产业体系的先导，代表了粤港澳大湾区现代化产业体系的未来。从技术创新的角度来看，一个广泛的共识是，战略性新兴产业往往是革命性创新和颠覆性创新最为直接的应用场景。粤港澳大湾区创新基础好，港澳广深等中心城市科研资源密集，拥有包括国家自主创新示范区、国家级高新区等在内的一大批高端创新要素集聚平台。加快发展粤港澳大湾区战略性新兴产业，关键是充分整合大湾区现有各类优势创新资源，加大协作力度，联合打造一批产业链条完善、辐射带动力强、具有国际竞争力的战略性新兴产业集群，推动新一代信息技术、生物技术、高端装备制造、新材料等发展壮大为新支柱产业，增强经济发展新动能。

粤港澳大湾区城市战略性新兴产业增势良好，新兴产业引领能力显著提升。在培育战略性新兴产业方面，依托完备的工业体系与扎实的产业基础，粤港澳大湾区形成了以广州、佛山、深圳、东莞为主，辐射带动惠州、肇庆、江门、中山发展的产业结构布局。2021年，广州"3+5"战略性新兴产业增加值合计8616.77亿元，较上年增加7.8%，占地区生产总值比重超过30%；深圳战略性新兴产业实现增加值12146.37亿元，同比增长6.7%，占地区生产总值的39.6%；东莞在2022年政府工作报告中则提出今后五年将战略性新兴产业增加值占地区生产总值比重提高到25%。[①] 可以说，战略性新兴产业在大湾区内已形成产业集群效应，成为推进大湾区制造业高质量发展和加快构建现代化产业体系的关键一环。

---

① 数据来源：各城市统计公报、政府工作报告。

3. 现代服务业。加快发展现代服务业是粤港澳大湾区构建现代产业体系的关键一环。《粤港澳大湾区发展规划纲要》提出，粤港澳大湾区要建成世界现代服务业基地，构建现代服务业体系。从技术创新的角度来看，创业金融、科技中介等现代服务业往往扮演了科技创新的催化剂作用，成为从科研成果到产业运用不可或缺的一环。

粤港澳大湾区现代服务业发达，特别是以香港证券交易所、深圳证券交易所、广州期货交易所等现代金融服务平台为依托的多层次资本市场长期居于领先地位。加快发展粤港澳大湾区现代服务业，核心就是高度重视发展金融产业，依托香港、澳门、深圳、广州等共同建设国际金融枢纽，大力发展特色金融产业，有序推进金融市场互联互通；与此同时，积极推动生产性服务业和制造业深度融合发展，推动生活性服务业和人民群众美好生活需求深度融合发展。

4. 海洋经济。海洋经济是粤港澳大湾区现代化产业体系的优势板块。从技术创新的角度来看，21 世纪是海洋开发和利用的世纪，向海而兴、向海图强将成为科技研发的热点领域。粤港澳大湾区海岸线长，地质条件优越，海洋经济发展良好，开发利用潜力极大。加快发展粤港澳大湾区海洋经济，要重视加强粤港澳合作。香港充分发挥海洋经济基础领域创新研究优势，澳门加快发展海上旅游、海洋科技、海洋生物等产业，深圳积极建设全球海洋中心城市，共同打造海洋经济科技平台，共同拓展蓝色经济空间，共同建设现代海洋产业基地。

（二）数字经济对粤港澳大湾区高质量发展的驱动

随着数字时代的到来，数字经济对于提升粤港澳大湾区创新能力和竞争实力、促进经济社会高质量发展具有引领作用，是实现大湾区经济高质量发展的重要支撑，其内蕴的巨大发展潜力为大湾区新旧动能转换提供了澎湃动能。长期以来，粤港澳大湾区内地区域传统制造业占比较高，难以支撑经济高质量发展，依靠扩大生产要素投入的经济增长模式难以为继，经济下行压力增大，亟须注入经济增长新动能。为此，《粤港澳大湾区发展规划纲要》明确提出，要推动新一代信息技术等发展壮大为新支柱产业，在新一代通信技术、5G 和移动互联网、智能机器人等重点领域培育一批重大产业项目，培育发展新动能。2022 年 2 月印发的《广东省数字政府改革建设"十四五"规划》提出，广东省要推动数字化优化升级，建设"数字湾区"，聚焦"数字产业化、产业数字化"两大核心，推进粤港澳大湾区网络互联互通、数字基础设施共建共享、数字产业协同发展，发挥数字经济对大湾区经济的整体拉动作用。

1. 粤港澳大湾区数字经济发展现状。近年来，粤港澳大湾区立足产业基础和市场优势强化数字经济创新，推动数字经济与实体经济加快融合，着力打造世界级"数字湾区"，成为全球数字经济最具发展活力的地区之一。

粤港澳大湾区数字经济总量规模不断扩张，内部结构不断优化。数据显示，2020 年广东数字经济增加值规模约 5.2 万亿元，占 GDP 比重为 46.8%，规模居全国第一，广州、深圳两地数字经济规模均超万亿元。大湾区内地 9 市数字经济内部结构不断优化，产业数字化趋势显著。港澳地区数字经济发展持续向好。香港数字经济稳步发展，5G 商用步伐逐步加快，中国移动香港 5G 覆盖达 90% 以上，香港公司实现 5G 覆盖 99% 的地区；各行业数字化进程加快，香港公司设有自家网页或网站的比例，由 2009 年的 20.0% 上升到 2019 年的 38.3%。澳门公共服务数字化快速发展，持续优化"生产云""云计算中心及大数据平台""数据资源平台"等各数据平台，完善公共部门统一信息发放机制。广州、深圳两地是数字经济发展第一梯队，珠海与全国水平持平，佛山、肇庆等地低于全国水平。

2. 粤港澳大湾区数字经济与传统产业融合发展现状。粤港澳大湾区具有将数字技术与传统产业融合的产业基础。大湾区传统制造业规模庞大，尤其中高端制造业的基础较为扎实，汽车、家电、医药制造和 3C 制造①集群优势明显；大湾区内城市间具有产业协同升级的基础；相较于全球先进湾区，其在金融、航运和科创方面有一定优势，具有数字化赋能传统产业转型的资源基础和禀赋条件。同时，大湾区城市间产业梯度分明并各有优势：香港在航空航运、金融、贸易和国际营销方面具有突出的国际地位；澳门在电商、金融、会展、物流、旅游和中葡合作等行业领域发展领先；在内地 9 市的传统产业中，按 GDP 划分，深、穗为第一梯队，优势产业为汽车、石化、电子制造与加工、物流和交通运输等，莞、佛为第二梯队，家具、家电、陶瓷、机械设备和纺织服装等产业占优，惠、中、江、珠、肇 5 市分别在石化、五金、船舶制造、家用电器和汽车零配件等产业有较强的竞争优势。

---

① 3C 制造包括计算机、通讯和消费性电子（Computer、Communication and Consumer Electronic）。

（三）粤港澳大湾区产业协同情况

党的十九大报告提出，要着力加快建设实体经济、科技创新、现代金融、人力资源协同发展的产业体系。建设协同发展的产业体系，也是贯彻落实党的十九届四中全会提出的"推进国家治理体系和治理能力现代化"的要求。事实上，在中央出台的《粤港澳大湾区发展规划纲要》和广东省发布的《关于贯彻落实〈粤港澳大湾区发展规划纲要〉的实施意见》《广东省推进粤港澳大湾区建设三年行动计划（2018—2020年)》等政策文件中，推动产业高质量协同发展均被放在了很重要的位置上。在城市群加速融合的背景下，粤港澳大湾区产业协同发展已成为推动区域经济高质量发展的重要路径，培育利益共享的产业价值链逐渐成为推进治理能力现代化和实现粤港澳大湾区协同发展的关键所在。下面，从产业园区合作、产学研一体化建设、产业扶持政策以及地区间协同发展形式四个方面对粤港澳大湾区产业协同情况进行分析。

在产业园区合作方面，粤港澳大湾区内各地通过自身产业优势，建立一系列产业园区集聚创新资源、培育新兴产业，通过资源共享的方式，带动关联产业发展，使城市群协同发展。目前，大湾区内建设有港深创新及科技园、中新广州知识城、南沙庆盛科技创新产业基地、横琴粤澳合作中医药科技产业园等园区。各大产业园区的建立，提升了科创资源流通及产业的互补性，形成产业集群优势，为粤港澳大湾区的产业创新协同发展提供了更有利的条件。

在产学研一体化建设方面，产学研一体化建设通过整合各地高校资源，为大湾区源源不断培育高端科研人才；吸引创新创业型企业，并为企业提供技术支持。粤港澳企业、高校、科研院所通过共建高水平的协同创新平台，为粤港澳大湾区内的产业发展带来了新的创新动力，不仅促进产业协同发展，还能够实现产业链的空间重塑。广东、香港、澳门三地共同创办了粤港澳大湾区协同研究院。广州同香港科技大学签署合作及启动首批前沿技术研发合作备忘录，着力加强理论、技术、产品与产业相互之间深度融合，推进多领域先进成果转化并落地广州，同时为企业的技术创新注入活力，加快并培育不断推进广州高新技术产业尤其是新兴产业，切实实现产业转型与升级。借助全球研发的系统优势，助力科技成果转化进而形成新的产业链，进一步促进各地产业协同发展。

在产业扶持政策方面，以产业结构调整与产业升级作为粤港澳大湾区产业政策的着力点，推进地区间产业转移与产业承接工作。广东省委印发了《关于广州市推动"四个出新出彩"行动方案》，该方案强化了广州与深圳的"双核联动"，加强同深圳产业上下游进行合作，形成产业链，促进了湾区内资源的合理化配置，增强了各城市协同效率，共同引领了协同构建粤港澳大湾区现代化产业体系的发展。

在地区协同发展方面，粤港澳大湾区已形成了运转良好的合作协同机制。比如，澳门与珠海市毗邻，形成了以横琴为载体的合作发展方式。目前，珠海横琴片区已经被确立为自由贸易试验区，主要发展高新技术产业、旅游业、金融业等高端服务业，为澳门地区产业适度多元化发展提供较好助力，也为粤港澳大湾区可持续发展提供有利条件。同时，2018年10月港珠澳大桥通车，实现了香港、珠海、澳门一小时经济圈，为粤港澳大湾区内产业协同发展提供了更好保障。

二、粤港澳大湾区现代产业发展存在的问题

（一）区域差距显著，地区协同性不高

粤港澳大湾区制造业的整体发展水平在我国主要城市群中位居前列。但是由于各城市经济实力和工业发展阶段不同，大湾区内部城市之间制造业发展水平的区域发展"极化效应"仍然突出。大湾区工业生产在空间上呈现走廊式的带状分布状态，制造业核心区集中在深莞广佛四市，总体呈现出明显的分化现象。这四市制造业发展较早，在区位条件和制造业规模上具有显著优势，是大湾区制造业发展的主动脉。其中，深圳规模以上工业增加值规模最大，佛山、东莞和广州相对次之，与其他城市形成明显梯度。而其他城市包括珠海、江门、肇庆、中山等制造业发展相对滞后，与深广莞佛4市差距较为明显。例如，2021年深圳规模以上工业增加值（9490.1亿元）分别约是珠海、江门、中山、肇庆的7.1倍、7.4倍、6.8倍、11倍，规模以上工业总产值（41341.3亿元）则分别是珠海、江门、中山、肇庆的7.9倍、7.8倍、6.4倍、11倍。①

大湾区内部城市之间制造业发展不平衡、协同性有待提升，并且主要城市对周边城市的辐射带动作用稍显不足，制约着大湾区内部制造业创新资源及生产要素的流动，导致大湾区城市制造业有效合作程度不高，对于粤港澳大湾区建设具有国际竞争力的先进制造业基地造成了一定阻碍。另外，大湾区内地9市之间制造业发展的统筹协调机

---

① 数据来源：各城市统计局。

制还未建立，尤其是珠海、江门、肇庆、中山等市之间产业同质化较严重，总体上良好的产业分工合作格局还未形成。

（二）结构尚存优化空间，工业转型升级压力较大

整体而言，粤港澳大湾区已经形成了以加工制造为主的产业基地，产业基础扎实、产业链完整。但是相较于世界一流湾区的定位，粤港澳大湾区高端制造业发展缓慢，部分城市产业结构的高端化和智能化程度还不够。从 2021 年各城市高技术制造业增加值占规模以上工业增加值的比重看，对照《广东制造业高质量发展"十四五"规划》提出的"到 2025 年，高技术制造业增加值占规模以上工业增加值的比重达到 33%"这一目标要求，除了深圳、珠海、东莞和惠州达到要求外，其他城市均有一定程度上的差距，实现该目标任重而道远。同时，在新兴产业的布局上，尤其是集成电路、新材料、工业装备等先进制造业领域，江苏已经建立了较为完善的产业体系，相对于广东有了一定的优势。总体来看，粤港澳大湾区制造业转型升级的压力仍然较大，产业结构的智能化和高级化水平亟待提升。

（三）研发投入相对偏低，创新要素支撑不足

与长三角地区相比，粤港澳大湾区在基础科学研究和高端人才培养等方面仍然存在一定短板。从基础研究投入看，2020 年，广东基础研究经费投入 204.1 亿元，应用研究经费投入 319.89 亿元，占同期 R&D 经费投入的比重分别为 5.9% 和 9.2%，低于北京（16% 和 24.54%）、上海（7.9% 和 11.82%）以及全国水平（6.0% 和 11.3%）。[①] 从 2020 年

---

① 数据来源：各省统计年鉴及《中国统计年鉴 2021》。

规模以上工业 R&D 经费支出占工业增加值比重也可以看出，大湾区制造业基础研究投入相对不足。除了深圳以 13.51% 的比重排名第一以外，其他城市均不足 8%，肇庆最低仅为 3.24%。① 科技创新需要深厚的技术积累，对于中小制造企业集聚的东莞、佛山、惠州等城市来说，仅靠单个企业难以实现科技创新。这也进一步导致了各城市在创新能力维度得分上表现差距较大，除深圳外，其他城市得分相对较低。

核心技术和创新人才相对匮乏，还不能满足企业日益增长的复合型人才和应用型人才需求以及产业转型需求，导致粤港澳大湾区制造业创新发展后劲不足。例如，2020 年，深圳规模以上工业企业 R&D 人员占规模以上工业从业人员的比重为 11.59%，其他城市均低于 10%，肇庆和中山仅为 4%。高校实力相对不足也在一定程度上影响了粤港澳大湾区制造业创新能力。在 2021 年发布的 QS 世界大学排名中，大湾区内地 9 市没有一所高校进入"世界高校百强阵营"，而长三角地区有 4 所进入世界百强高校。尽管香港有 5 所高校进入排名，但港澳高校与大湾区内地企业的产学研合作仍然面临着不少体制机制障碍。

三、粤港澳大湾区现代产业发展的对策建议

（一）实施优化布局工程，推动区域协同联动

一是发挥核心城市的辐射带动作用。以香港—深圳、广州—佛山、澳门—珠海为战略关联节点，加强核心城市与周边区域城市的深

---

① 数据来源：各城市统计局。

度合作，重视大湾区与粤东粤西粤北地区的产业链、供应链的有效协同，带动周边城市的工业发展。

二是优化协同创新环境。尽快建立并完善大湾区制造业发展的统筹协调机制，探索大湾区内创新要素跨境流动和区域融通的政策举措，努力实现粤港澳大湾区内的人才、技术、资本等创新要素的跨区域流动。

三是形成合理的产业分工格局。针对城市现有的经济基础和区位条件，梳理大湾区各城市产业链和优势产业，明确大湾区各城市的产业定位和发展重点，引导产业合理有序转移，拓展产业发展空间，加快形成有效竞争、高效合理的产业网络体系，努力实现大湾区制造业合理布局、协调发展。

（二）推动产业结构高级化，加快制造业高端化步伐

一是推进制造业与服务业双向融合。推进制造业服务化发展，重点支持先进制造业与现代服务业的深度融合，鼓励制造业与服务业企业双向融合转型，培育发展服务型制造新业态新模式，不断壮大生产性服务业根基。搭建制造业服务化的支撑平台，完善制造业服务化的政策体系，营造有利于两业融合的良好生态。

二是推动传统制造业的转型升级。鼓励广州、深圳、佛山、东莞等市加快制造业数字化转型示范城市建设，促进珠海、中山、东莞等传统制造大市开展产业升级，支持江门、肇庆等后起城市增强工业综合实力，形成自己的优势产业和特色产业，支持港澳在优势领域探索"再工业化"。

三是推动产业结构的高级化。提高大湾区各城市优势资源的利用

效率，尤其是提高主导产业的全要素生产率和科技贡献率。在创新型增值领域加快前瞻性部署，拓宽产业创新发展链条，关注战略性新兴产业和高技术产业对制造业结构的引领。持续优化产品质量和品种结构，带动产业结构高级化。

（三）强化要素支撑，增强制造业创新发展能力

一是实施技术创新系统工程。全力瞄准大湾区重点产业战略需求，发挥粤港澳综合优势，加强基础研究，加快突破关键核心技术，攻关一批"卡脖子"技术，储备更多颠覆性、战略性的前沿技术。

二是加强高端制造领域的领军人才、专业人才和高层次人才培养与引进。通过营造良好配套支持环境，加强与港澳地区的人才合作，既要挖掘大湾区内既有人才，也要吸引国际高水平创新人才落户，全面推进粤港澳地区产学研协同发展。

三是进一步完善科技基础设施布局。构建多种形式的产业创新平台、技术创新中心、综合性创新平台，加快 5G 和工业互联网等新兴基础设施建设，推进产业基础再造，推动现有基础设施的数字化改造。

四是加大金融及政策支持力度。对大湾区高新技术产业和高端制造业实施政策扶持，引导标杆龙头企业和社会资本在基础研究和应用基础研究方面增加投入，对企业技术研发投入实施税收优惠，引导和鼓励金融及社会资本扩大制造业创新投资。

第三节　构建多极网络空间发展格局

实现粤港澳大湾区共谋发展、共同繁荣的长远目标，亟须建立多极网络空间发展格局，坚持粤港澳三地优势互补、协调发展的原则，克服现实中客观存在的体制机制障碍。多极网络空间组织模式是基于对区域经济空间组织演进事实的观察和研究而提出的新认识。区域发展存在空间极化与空间经济网络发育并存的阶段，增长极与空间经济网络有机结合和共生，演化出一种新的空间组织模式——多极网络空间组织模式。增长极和空间经济网络是多极网络空间发展格局的基本构成要素，但多极网络空间发展格局并不是二者的简单加和，而是一个具有联动效应的有机整体。一个区域中多个增长极之间以及它们与空间经济网络之间的共生关系则是多极网络空间发展格局的重要内部特征。

粤港澳大湾区多极网络空间发展格局反映了粤港澳大湾区经济协调发展的一种重要机制。大湾区本质是协调发展，通过协调发展实现大湾区各个城市的功能提升、结构优化和转型升级，并进一步实现互利合作。多极网络空间发展格局为经济协调发展机制的实施重点、创新路径以及局部差异化发展提供支持，有利于解决大湾区经济协调发展中的同质竞争严重的问题，从而为解决粤港澳三地的经济协调发展难题提供新的思路。

一、多极网络空间发展格局的概念及意义

理解并识别粤港澳大湾区多极网络空间发展格局中的"多极网络"，是了解粤港澳大湾区多极网络空间发展格局的重要开端。从区域经济学的角度，增长极是指对区域内其他地区的整体经济发展具有带动作用的城市。区域的整体经济增长通常是从增长极逐步向其他地区传导而来，而网络即指代空间经济网络，反映了区域间的经济合作行为。"多极网络"的概念来源于增长极和空间经济网络间密不可分的共生联动关系。具体解释为，增长极具有两重属性，分别是经济属性和关系属性：就经济属性而言，增长极应具有优于其他城市的经济增长能力及趋势，例如增长极可能具有更大的经济规模；而就关系属性而言，增长极的经济发展需要从外部获得资源、要素以及市场，同时要对周围区域的经济发展产生组织和带动作用，这可以用增长极与腹地之间的关系进行衡量。在综合考虑了增长极的经济属性和关系属性之后，可以得出区位及其关系网络是影响一个区域多极增长演化的重要因素这一结论。原因是，增长极不仅仅是一个或多个具体的区位，还包含了这些区位的空间经济网络地位。于是，当讨论区域增长极的经济示范及带动效应时，自然将区位的空间经济网络地位纳入增长极测度指标中，最终就形成了多个增长极与空间经济网络会产生联动效应的理论，也即多极网络空间发展格局。

二、粤港澳大湾区多极网络空间发展格局的特征

（一）粤港澳大湾区主要增长极

多极网络空间发展格局中的"多极"是指其内部同时存在的若干增长极。多年来，相关学者已经证明了大湾区存在多个增长极共存的现象。[①] 本节主要描述多个增长极具体的共存现象及能够观察到的动态变化过程。

在探讨关于"多极"现象的问题时，本节使用不同的经济指标作为增长极测度标准，分别从人口数量、人均 GDP、规模加权经济增长率和城市夜间灯光数据出发，从不同角度寻找大湾区中的多个增长极并划定层级。

1. 以人口数量和人均 GDP 作为测度标准。图 3—1 是大湾区 2018—2020 年平均人口数量和人均 GDP 的组合图。从组合图中的排名情况上看，广州、深圳、香港、澳门是大湾区中的四个增长极，特别是从人均 GDP 的统计结果上看，其余城市与澳门、香港相比差距非常显著。大湾区的人口情况总体具有广深增量大，港澳密度大的特点，再结合各地人均 GDP 的发展情况，一定程度上表明了大湾区内广州、

---

① 详见覃成林、黄丹：《区域经济多极网络空间组织识别方法及应用——以广东为例》，《经济经纬》2022 年第 2 期。多指标集成法从增长极的经济属性和关系属性出发，按照一定规则结合了该地区所有城市相应的经济指标和在空间经济网络中的地位（即网络中心度水平），得到了一个判断增长极的综合指标。详见焦敬娟、王姣娥、金凤君等：《高速铁路对城市网络结构的影响研究——基于铁路客运班列分析》，《地理学报》2016 年第 2 期。城市位序—规模法则（Zip's Law）是以某个地区作为首位，考察其余地区与之相比的分布差异。分布差异大（即 Zipf 维数>1），则存在多个增长极。同时，根据组间差距大、组内差距小的原则对城市进行等级划分，找出作为增长极的城市。

深圳、香港、澳门的经济活力超越其他 7 市并遥遥领先的发展现状。

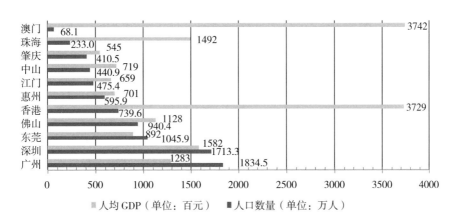

图 3—1 粤港澳大湾区 2018—2020 年平均人口数量及人均 GDP

数据来源：广东省统计局、香港特区政府统计处、澳门统计暨普查局。

2. 以规模加权经济增长率作为测度标准。使用规模加权经济增长率可以描绘城市的经济增长能力。图 3—2 反映了在 Zipf 城市位序—规模法则的判定条件下，大湾区各城市的平均位序—规模分布。以规模加权经济增长率作为测度标准，各城市按增长极测度值排名定级后形成了广深、港澳、佛山、东莞多个增长极。其中，广深、港澳位于第一层级（测度值均大于 0.5），其增长极特征与其余城市相比异常显著。佛山、东莞位于第二层级，与其余城市相比增长极特征较为显著，但它们与第一层级相比又差距明显。因此，从目前来看，佛山和东莞有成为大湾区增长极的潜质，但还不完全具备增长极的条件，相关学者将其定义为潜在增长极。

3. 以城市夜间灯光数据作为测度标准。与传统的经济统计数据相比，夜间灯光数据具有时空连续、独立客观的优点。夜间灯光数据不仅客观反映了地区经济发达程度，还可用于观察经济活动范围和空

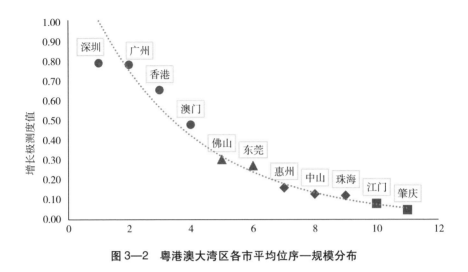

图3—2 粤港澳大湾区各市平均位序—规模分布

间聚集现象。相关学者通过夜间灯光数据的可视化结果发现，大湾区内一、二级增长极主要集中在广州、佛山及交界地区、香港维多利亚港沿岸以及深圳市的中部和西部。而粤港澳大湾区的外围地区，尤其是东北部、西南部和西北部则呈现出较弱的增长极特征。具体来说，共有5个一级增长极，分别是：①广州和佛山以及交界地；②深圳中西部和东莞中部连片区域；③香港维多利亚港沿岸；④珠海香洲区和澳门交界地；⑤中山西北部。而二级增长极围绕一级增长极在周围分布，多数出现在惠州、肇庆及江门等二、三线城市。

（二）粤港澳大湾区空间经济网络

城市群本身就是一种网络。由于城市间经济联系内容具有多样性特征，因此已有研究选择了不同的网络形式来描述空间经济网络。考虑到数据的及时性和可获取性，本节以高铁网络和政府合作网络为代表，基于网络结构特征的分析方法，具体描绘并分析大湾区空间经济网络特征。

1. 高铁网络。近年来，粤港澳大湾区各城市间的高铁线路逐渐完善，班次也不断增加以满足区域内经济要素流动的需求。将高铁站点所在的县域抽象为高铁网络节点，任意两个站点之间存在直达的列车则定义其所在的县域存在一条直接相连的直线，反之亦然。由此构建的空间经济网络为高铁建设网络。

已有研究结果反映出，在网络发育方面，2021年粤港澳大湾区高铁网络规模为38，即由38个节点组成，网络覆盖范围较小。网络密度从2018年起均小于0.5，说明网络中节点间的联系还不够紧密；在网络结构方面，中心度①指标显示出节点及其交通关联呈现出东南密集、西北稀疏的特征。高铁网络的核心区在珠三角。近年来珠三角地区重视基础设施的建设和省内各市间生产要素的流动，进而使大湾区高铁网络建设取得了显著成果。至于大湾区中相对特殊的香港和澳门，香港自2018年9月开通高铁后，虽然中心度排名不靠前，但是和中等程度的城市相差无几。相比之下，澳门一直孤立于粤港澳大湾区城市群的高铁网络之外。

2. 政府合作网络。政府合作网络是粤港澳大湾区空间经济网络中的重要组成部分。以累计政府共同新闻数为代理指标的政府合作网络，反映了政府间合作关系的密切程度，一定程度体现了双边的经济联系状况。图3—3展示了大湾区各市政府在2012—2021年10年间共同新闻数形成的网络，节点采用不同形状以区分增长极与其他城

---

① 中心度即点的度数中心度，反映节点处于网络中核心的程度，节点城市直接相连的其他节点数越多则点度中心度越大。度数中心度在有向图中可分为点入度和点出度，点入度是进入该点的其他点的数量，点出度是该点直接发出的关系数。

市，节点间采用粗细各不相同的连接以区分密切合作与偶发合作。广
州、深圳、香港、澳门作为四大增长极用圆表示，其他城市用三角形
表示，而连接越粗代表合作越密切，连接越细代表合作越稀松。由图
3—3可知，大湾区11市的政府均与其他城市建立了不同程度的政府合
作关系，从连接的粗细分布可见非增长极合作密集、增长极合作稀疏
的特征。大湾区政府合作网络的核心区在珠三角，说明珠三角在区域
经济一体化的宗旨下，建立了较为密切的区域政府合作关系。然而，
港澳与内地的政府合作与珠三角地区相比仍处于稚嫩和脆弱阶段。

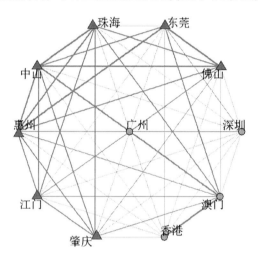

图3—3 2012—2021年粤港澳大湾区政府合作网络
（以累计共同新闻数为数据基础）

数据来源：谷歌搜索。

　　粤港澳大湾区政府合作已开展多年，并构建了"区域规划—行
政协议—联席会议—专责小组"式的合作机制，在粤港澳三地合作
中发挥了巨大作用，取得了很好效果，但是还存在许多问题。港澳与
内地在体制、法律、政府规划、自主决策权等方面都存在差异，这些
差异是阻碍粤港澳大湾区合作的主要障碍：①"一国两制"体制融

合的障碍。粤港澳三地存在不同的基本体制，存在中央集中统一领导和地方自治的矛盾，且粤港澳三地市场分割，港澳保留自由关税区，坚持自由市场经济，而内地坚持发展中国特色社会主义市场经济。②"三大法域"立法协调的困难。粤港澳三地分属不同法系，法律差异大且存在矛盾，在立法、司法、行政与经济管理法律制度等方面存在深层冲突，但目前缺乏解决法律冲突的高层协调机构与路径。③"9+2"形式的合作协调机制的不健全。区域合作的激励与约束机制不完善，相应合作组织不具权威性，且限于粤澳、粤港两地之间的沟通合作，粤港澳大湾区统一全面的组织机制尚未建立。

二、粤港澳大湾区多极网络空间发展格局优化

粤港澳大湾区多极网络空间发展格局可以概括为多个增长极和空间经济网络的联动变化过程。前述分别讨论了增长极和空间经济网络，而大湾区协调发展必然受到这两股势力的共同推动，其一是增长极发挥经济示范及带动效应，其二是交通、政府合作等多维联系及其差异化特征必然影响区域协调发展的进程，这两股力量同时通过空间经济网络传导、扩散、相互作用。本节以"广深增长极与高铁建设网络"和"广深、港澳增长极与经济质量差异网络"① 两种多极网络空间组织作为案例，具体展现粤港澳大湾区多极网络空间发展格局的状态。

———————————

① 详见孙启明、方和远、李垚：《湾区城市群空间经济网络与核心—边缘结构研究——粤港澳大湾区与北部湾比较分析》，《学习与探索》2021 年第 9 期。以经济作用密度、经济作用强度、关键辐射路径作为不同测度形成的经济质量差异网络可以在一定程度上反映各市在经济表现上（如 GDP、人口数量上）的明显差异。

相关研究结果已经表明，广深增长极与高铁建设网络之间存在非对称互惠共生关系，两者表现出"一荣俱荣"的共生关系，即多增长极的存在更有利于高铁网络的发育，而高铁建设网络的发育又促进了多增长极的演进。通过控制各市的 Zipf 维数可以控制各市在网络中的分布差异大小，进而控制网络呈现单极或多极格局。如表3—2所示，以2018年、2019年的高铁网络为例，无论是从网络密度①还是网络连通度②来看，单极格局下的高铁网络发育明显滞后于多极格局下的高铁网络，说明广州增长极、深圳增长极均促进了空间经济网络的发育，且广州的促进作用略强于深圳。而高铁网络与广州和深圳、东莞和佛山之间客观上存在一种相互依存关系，即各增长极间高铁班次不断增加后，引起高铁网络的发育，然后进一步促进增长极和潜在增长极的发展。

表3—2　2017—2019年粤港澳大湾区高铁网络发育情况对比

年份	网络连通度			网络密度		
	单极（深圳）	单极（广州）	多极	单极（深圳）	单极（广州）	多极
2017	8	9	10	0.34	0.36	0.38
2018	11	11	13	0.34	0.34	0.37
2019	14	14	16	0.39	0.39	0.42

多增长极的空间经济结构对湾区的经济运行机制有着积极作用，

---

① 网络密度即反映网络中各节点间关联的疏密程度，是测度网络整体性最基本的指标。网络节点间连接越多则网络密度越大，表明网络整体联系密切，传递和交互功能强。

② 网络连通度即节点之间的连通程度，反映网络自身的稳健性；如果网络的连通度低，则表明网络中的关联关系较多地通过其中一个核心节点产生，网络结构是"不稳健"的。

能够有效提升整体经济实力，更好地带动周边腹地的经济发展。由于增长极和非增长极的存在，粤港澳大湾区具有"非均衡"的核心——边缘二元结构特性，即意味着大湾区内部各城市具有明显的经济发展质量差异（见表3—3），而且结合经济作用密度、经济作用强度和关键辐射路径①这些不同测度，可以呈现出大湾区增长极与非增长极间的空间经济网络，该网络又与多个增长极一起，作为一种特定的大湾区多极网络空间发展格局。相关学者从中证明了除广州、深圳、香港占据整体的核心位置外，佛山、东莞也处于相对重要的中间层次（半边缘层级）。相关学者通过计算大湾区内部经济作用密度，考察了各增长极的辐射效应强度，得出了广州、深圳、香港的经济发展对区域中其他城市有巨大的推动作用，是推动区域经济发展的引擎这一基本结论。同时，广州、深圳、香港的综合经济质量遥遥领先，在经济总量、就业规模、投资水平、二三产业产值等国民经济指标上与其余城市拉开了较大的差距。

表3—3 粤港澳大湾区增长极与非增长极的经济发展质量存在差异

城市	经济质量	经济影响度	经济敏感度
广州	74	53894	24481
深圳	76	56180	29546
珠海	11	3693	10043
惠州	17	6279	12823
佛山	30	16677	21408
东莞	28	14888	20052

① 详见孙启明、方和远、李垚：《湾区城市群空间经济网络与核心—边缘结构研究——粤港澳大湾区与北部湾比较分析》，《学习与探索》2021年第9期。四个指标均是反映增长极与非增长极之间发送和接收经济带动作用的能力。

城市	经济质量	经济影响度	经济敏感度
中山	13	4437	11209
江门	14	4843	11233
肇庆	12	3288	8719
香港	77	51146	28015
澳门	11	3426	9538

资料来源：孙启明、方和远、李垚：《湾区城市群空间经济网络与核心—边缘结构研究——粤港澳大湾区与北部湾比较分析》，《学习与探索》2021年第9期。

从以上针对大湾区多极网络空间发展格局的分析结果可知，粤港澳大湾区城市群在协同发展、共同繁荣的背景下，增长极与非增长极城市的综合经济质量呈现出较大的不均衡特征，在经济总量、就业规模、投资水平、二三产业产值等国民经济指标上有较大差异。整体空间发展格局呈现"两头大、中间小"哑铃型结构，使得区域经济一体化的发展进程减慢。针对这一不容忽视的问题，坚持贯彻中共中央"平衡贫富差距，走一条实现共同富裕的道路"的重要思想是根本原则。具体主要有以下五点要求：①严格遵循宪法和港澳基本法，以立法、执法手段推进粤港澳大湾区共同富裕的实现。设立中央—广东省—珠三角9市三个层级的自上而下式专门机构，负责制定相关纲领性文件，并全面指导和监督各项决策的执行情况。②充分利用决策、执行、协商、利益调节、绩效评价、政策反馈等具体行政措施。在与党中央保持高度一致的前提下，大胆创新，彻底解决地方主义、各自为政的改革乱象。③坚持稳定价格、防止返贫、改善民生、开放并完善面向全社会的共同富裕动态评价渠道和优质公共服务的共享机制。④针对包括港澳居民在内的大湾区中低收入人群，出台相关优惠政策。例如，提供更多平价公共住房、房租补贴；促进港澳青年和内地人才的双向流动。⑤建设传统与数字化融合的治理体系，赋能粤港澳大湾区共同富裕的实现。在智慧交通、5G+领域，实现大湾区城际公路、铁路、机场群等重点交通枢纽间的"无障碍"对接或自由通行。探索区块链技术，着重服务于环境保护、城市管理、区域经济合作等领域。注重省级和市级层面在政务数据归集、应用、信息共享、审批事项和环节等方面的标准化建设，对标深圳、广州先进城市，高标准全面推进粤港澳大湾区数字化治理进程。

第四节　构建多层次区域合作网络

一、粤港澳大湾区内部合作网络

充分发挥粤港澳综合优势，深化内地与港澳合作，进一步提升粤港澳大湾区在国家经济发展和对外开放中的支撑引领作用成为"十四五"时期的重要任务和使命。粤港澳大湾区要推动经济运行的规则衔接、机制对接，以促进人员、货物等各类生产要素的高效便捷流动，提升市场一体化水平。大湾区内部合作网络主要包括珠三角内部合作网络、港澳的商贸合作网络以及两大网络之间的联动三个部分。除了整体的运输、通信等基建领域的合作外，还包括局部的经贸关系、改善民生、财税制度、人才流动、文商旅产业、生态安全等经济领域的合作，这些不同领域的合作关系共同形成了大湾区内部合作网络。

本节主要从三个层次讨论粤港澳大湾区的区域合作网络，即大湾区内部合作，大湾区外部合作，大湾区建设与其他区域重大战略的互动融合。其中，大湾区内部合作包括大湾区内地各城市间的合作以及粤港澳合作。大湾区外部合作包括在广东的"一核一带一区"战略框架下，粤港澳大湾区作为"一核"如何与"一带""一区"进行合作，广州都市圈、深圳都市圈、珠江西岸都市圈的合作，省内对口帮扶支持也可以纳入。

（一）粤港澳大湾区内地合作网络

粤港澳大湾区内地9市过去40多年的发展主要是吸引外资的招商引进模式。然而，在现今逆全球化及保护主义思想抬头的情况下，先进技术的引进往往受到许多政治、经济条件的限制。因此，内地9市的技术创新更应着眼于本地，培育自己的创新项目。目前，内地9市充分利用密集的科技园区及高校集中的优势，充分利用财政税收优惠政策鼓励科技园、高校与企业相互之间的合作，促进产学研一体化，最终促使其成为一个拥有自我创新能力、自主知识产权、自主产业结构战略性调整的地区，一个具有明确分工和层级的内部合作网络已然形成。

一方面，"十四五"时期以来，在内地9市全面产业升级的新形势下，促进文旅产业耦合发展和生态治理合作成为新的热点议题。内地9市不断强化广深"双核联动"，注重文旅产业和生态绿色产业融合。相关学者研究发现，虽然内地9市的旅游产业发展极不平衡，但文旅产业服务网络的整体协调程度良好且稳定，广州在网络中发挥带头作用。而在生态治理合作方面，从2016年起至2021年止，内地9市基本建成了林城一体、生态宜居、人与自然和谐相处的森林城市群，成为全国首个"国家森林城市群建设示范区"。通过开展森林城市群建设，内地地区天更蓝、山更绿、水更清、环境更优美，森林生态系统服务功能大幅提升，为粤港澳大湾区的高质量发展奠定了牢固的生态基础。

另一方面，粤港澳大湾区在航运物流业、科技产业、金融服务业和制造业方面均具有核心优势，借助广大腹地，通过加快产业转型升级，培育发展新型服务业态，加快节能环保与大数据等高科技智能化的融合，大湾区对粤东、粤西、粤北的经济发展均具有不同程度的示范效应及带动作用。特别是大湾区基于"飞地经济"模式，创造性地提出了增长极对省域副中心城市的精准帮扶机制，即深圳对汕头、广州对湛江、东莞对韶关的经济对口帮扶模式，成立相应的对口帮扶指挥部并对帮扶工作全权负责。具体而言：①在广湛合作方面，广州对湛江全面开展了产业扶持、乡村振兴、防疫扶持等多项工作。早在2008年，两市就签订了共建产业转移园协议，近年来，基础设施进一步完善，投资环境进一步优化，推进了广州（湛江）产业转移工业园建设，该产业转移工业园是粤东西北发展最好的产业园区之一。②在深汕合作方面，深汕合作区作为"飞地经济"的典型代表，由广东省政府、深圳市政府与汕尾市政府牵头，共同主导建设、引资入园，推动大湾区一体化与粤东西北振兴发展。区域治理上，合作区经历了深汕合作经营到全权托管于深圳的权力重构过程。深汕特别合作区的前身是2008年建成的深圳（汕尾）产业转移工业园。2011年，经广东省委省政府批复正式建设深汕特别合作区。治理模式上，2011—2017年，合作区采取深圳、汕尾两市合作共管模式，深圳市主导经济管理和建设，汕尾市负责征地拆迁及相关社会事务。2017年9月，合作区进行了重大体制机制调整，合作区建设管理转为由深圳全面主导，成为深圳的"第11个区"。权力的再地域化促进了区域空间生产及社会资本的流动。深圳推动了地区经济一系列重大成果的产出，如深汕科技生态园、优秀企业的入驻（比亚迪、麦轩食品、迈瑞德与福瑞康）。在合作区工作的人员可以享受深圳市民的全部待遇，落户合作区的海外人才同样可以申请深圳市孔雀人才计划，享受人才福利补贴。

（二）港澳的商贸合作网络

港澳两大特别行政区间的商贸合作网络是粤港澳大湾区区域合作网络中的特殊组成部分，包括双方货物贸易、服务贸易、投资、知识产权、经济和技术合作关系。香港和澳门在2017年10月27日签订了《香港特别行政区与澳门特别行政区关于建立更紧密经贸关系的安排》（简称《港澳CEPA》）。《港澳CEPA》于签署日生效，当中货物贸易和服务贸易自由化的承诺于2018年1月1日起实施。《港澳CEPA》涵盖商贸往来的方方面面，双方的承诺已经超越世界贸易组织水平，为两地业界的市场准入提供了最佳的法律保障。以在澳直接投资为例，香港对澳门的对外直接投资规模排名第一，大大超过排名第二、三位的广州和深圳。而港澳两大特别行政区间的对外直接投资额长期保持在高水平上，说明两地商贸关系紧密，投融资环境稳定。香港对澳门的直接投资多在娱乐业、旅游业及金融业，其中尤以博彩业和酒店服务业为主。

（三）内地与港澳两大合作网络之间的联动

粤港澳大湾区具备全球创新、金融中心及广阔的腹地和大规模人口数量，其发展目标是打造一个经济发展、技术集聚、人才流动、环境优美、设施完善、区域发展功能明确的世界一流湾区和城市群。这一目标既包括经济发展方面，也包括社会发展方面，同时为避免地区间同质化竞争，在合作过程中应明确粤港澳各自的总体定位，并充分发挥各城市的经济发展优势，互联互通、共同繁荣。

第一，从经贸关系看，港澳凭借金融、商贸、物流、旅游和资讯等各方面的优势，加上完善的法治和管理架构、灵活的营商环境和CEPA带来的便利，可继续作为内地与世界接轨的重要平台。而内地则凭借自身巨大的市场优势、劳动力成本优势、先行先试的政策优势和良好的区位优势，巩固港澳地区对外合作的桥头堡地位。

第二，从改善民生看，港澳特区政府一直积极向内地相关部门反映港人澳人诉求，争取为港人澳人在内地学习、工作和生活提供更多便利。从 2017 年至 2019 年，中央就推进粤港澳大湾区建设公布了涵盖市民生活、科技创新、招商就业等方方面面的惠及港澳政策。而且，截至 2019 年 9 月，香港安老院舍照顾服务总计床位数达到 33134 个。澳门数据则显示截至 2018 年，安老院宿舍床位为 2300 个。粤港澳大湾区机构养老取得了一定的成绩，供养能力显著提高。但随着老龄化进程的不断加深，与养老床位数占老年人口总数的比值应该在 5% 左右（每 100 名老人拥有 5 张床位）的国际惯例相比，湾区内的养老服务供给仍不能满足老年人口急速增长的需要。特别是为了缓解港澳逐步严峻的老龄化问题，深圳市政府于 2019 年 8 月 21 日宣布扩大敬老优惠待遇范围，年满 60 岁在深圳市居住并持有居住证的港澳人士均可享用。深圳也是继东莞、惠州、珠海、佛山、江门后第六个给予香港长者免费乘车等优惠的大湾区内地城市。

第三，从金融财税制度看，《粤港澳大湾区发展规划纲要》也为广深港澳 4 个增长极的金融和整体发展予以明确定位。从整体发展方面，大湾区要巩固香港国际金融中心地位，打造澳门为世界旅游休闲中心，增强广州国际商贸中心功能，培育深圳为创新创意之都。在金融发展方面，大湾区要发挥香港在金融领域的引领带动作用，巩固和提升香港国际金融中心地位；支持广州建设区域性私募股权交易市场，建设产权、大宗商品区域交易中心，加快建立有序、高效、规范的金融体系。同时，支持深圳依规发展以深圳证券交易所为核心的资本市场；支持澳门打造中—葡语国家金融服务平台，成为葡语国家人民币清算中心。

第四，从人才流动看，港澳正着力打造大湾区高等教育培训基地。香港和澳门拥有世界级的优质大学，是区内的教育枢纽。港澳大学在 Quacquarelli Symonds（QS）2022 世界大学排名基本跻身全球前 60 位，香港特区政府支持香港的专业院校在粤港澳大湾区办学，发挥香港高教界的特点及国际化的优势，这不单有助于把大湾区打造成国际化教育基地，也为粤港两地的学生开拓更多协同创新的机遇。姊妹学校计划为两地学校提供交流合作的平台，扩大学校网络，增强了解与沟通，加深认识两地文化，共同提升教育素质。

第五，从生态安全上看，粤港澳大湾区强化区域大气污染联防联控，实施多污染物协同减排，统筹防治臭氧和细颗粒物（$PM_{2.5}$）污染。加强生态环境保护合作，共同改善生态环境系统，加强湿地保护修复。打造生态防护屏障，加强绿色山体和蓝色海湾保护，建设森林生态屏障和海洋生态防护带。开展珠江河口区域水资源、水环境及涉水项目管理合作。积极推进被污染土壤的治理与修复示范。

二、粤港澳大湾区与其他区域的合作

（一）与其他都市圈的合作

为贯彻落实习近平总书记关于推动长三角一体化发展的重要讲话和指示批示精神，粤港澳大湾区内的一些城市主动对接长三角一体化和粤港澳大湾区建设两大国家战略，积极推进长三角—粤港澳大湾区产业创新合作试验区建设，全面深化互利合作，扎实推动跨区域产业创新合作取得新成效。这包括，积极推动粤港澳大湾区与长三角城市群在科教资源、科创人才、科研成果上的互融互通，开展科技创新合作交流活动，加强与香港科技大学、香港城市大学、中山大学、南方科技大学、华南理工大学等大湾区高校开展科研合作。从法治角度，粤港澳大湾区的法治一体化可以借鉴京津冀及长三角的成功经验，包括但不限于：从组织上，以立法工作联席会议为主，辅以大湾区的立法协调机构；程序上，先起草示范法，再延伸为地方性法律规范；策略上，从具体领域着手，先易后难，并且重视利益补偿和公众参与。然而，大湾区内由于"一国两制"和不同法系冲突，立法的协调机制设计要比京津冀和长三角复杂得多，且有其自身特色。应通过大湾区的立法协调，尤其是技术性协调，消解因制度鸿沟、资源差异和利益竞争而形成的内在壁垒。

2021年，粤港澳大湾区商业联合会组织跨行业代表团到成渝考察，加强与成渝地区双城经济圈的合作。在2021年底，粤港澳大湾区与成渝地区双城经济圈建设对接交流论坛在成都举行。四川省委统战部、重庆市委统战部和广东省相关部门、香港相关商协会联合发起成立川渝—粤港澳企业家合作联盟，成员包括川渝和粤港澳近千名民营企业家、港澳侨资企业主要负责人。该合作联盟的主要任务是通过搭建政商沟通对接、科技创新驱动、企业交流合作、银企互助共赢、青年创业扶持、公益慈善等多种平台，履行社会责任，助力成渝双城经济圈与粤港澳大湾区建设。

（二）与周边省份的合作

由于地缘文缘相近、发展历史相似、改革开放步调一致，粤港澳大湾区与福建渊源深厚。广东与福建两省原住民均是古越人种，地理相邻，方言相通，且具有共同的移民文化背景。两省同是因港而兴、因贸而盛，海洋经济非常活跃。两省同处中国对外贸易、海上交通的前沿，同为古代海上丝绸之路的重要起点。改革开放以来，广东和福建在贯彻落实国家重大发展战略上步调基本一致，都走在全国改革开放的前列。1979 年 7 月，党中央和国务院把广东和福建列为最早实行对外开放的两个省份。新基建方面，粤港澳大湾区与福建信息、数据之间的互联互通，更多地借助信息化、大数据等手段，促进福建高质量发展。同时，华为、腾讯、大疆等大湾区高科技企业在 5G 通信、云计算、无人机等科技创新、数字技术、数字经济方面与福建对接和融合发展，加快提升福建数字经济的发展速度，使数字经济成为促进福建经济转型升级的新动能。粤港澳大湾区政府做好闽籍、粤籍企业信息收集、跟踪和服务工作，增进交流，吸引他们回归，共谋两地发展，充分发挥闽籍、粤籍商会、社团互相对接的桥梁纽带作用。

粤港澳大湾区与桂湘赣正着力打造"桂湘赣——粤港澳命运共

同体"。从相似而又具异质性的景观背景和毗邻的地理位置上看，构建系统的交通廊道和层次性开发两个地区的旅游资源，以启动旅游地系统协作的战略是可行的。

三、粤港澳大湾区与"一带一路"沿线国家的合作

粤港澳大湾区与"一带一路"沿线国家在经贸方面开展了深度合作。在大力推进"一带一路"倡议的背景下，粤港澳大湾区通过加强与沿线国家的商贸合作来探索新的对外开放模式，有着重要的实践意义。

加强与"一带一路"沿线国家的合作有助于拓展粤港澳大湾区的发展空间，进一步发挥粤港澳大湾区的产业优势，获取更多的商业发展机会，助力粤港澳大湾区进一步建设成为国际一流湾区和世界级城市群。同时，粤港澳大湾区建设对"一带一路"倡议的实施上也具有带动作用。其中，一项不可忽视的优势是粤港澳大湾区强大的空运及港口贸易潜力。如表3—4所示，从粤港澳大湾区整体机场群的国际航班统计数据看，近三年来旅客数量破亿人次，货邮吞吐量稳定在700万吨以上，而从粤港澳大湾区整体港口的货物吞吐量统计数据看，2018—2020年的数量水平都保持在15亿吨以上。已有新闻报道称，2017年粤港澳大湾区5大机场（香港、澳门、广州、深圳、珠海）的总体旅客吞吐量超过2亿人次，货邮吞吐量近800万吨，并于当年（2017年）超过纽约、伦敦、东京等世界级机场群，位于全球湾区机场群之首。粤港澳大湾区有香港和澳门两个自由港，有深圳和珠海两个经济特区，有南沙、横琴和前海蛇口3个自由贸易试验区，

从客观条件上看，具备建设世界一流湾区的基础条件。

表3—4　粤港澳大湾区机场群及港口群的旅客及货邮吞吐量

年份	粤港澳大湾区旅客吞吐量（万人次）	粤港澳大湾区货邮吞吐量（万吨）	港口货物吞吐量（万吨）
2018	21521.2	832.4	156279.1
2019	22292.3	801.0	154979.9
2020	10148.9	771.2	156832.0

数据来源：前瞻产业研究院、交通运输部、香港特别行政区统计处、澳门统计暨普查局。

参考文献

焦敬娟：《高速铁路对城市网络结构的影响研究——基于铁路客运班列分析》，《地理学报》2016年第2期。

刘会、桑晓明、宋文雅：《粤港澳大湾区工业空间分布现状、问题及路径研究》，《中国经贸导刊（中）》2020年第10期。

邵立国、乔标、张舰：《正视粤港澳大湾区工业发展突出问题》，《中国工业和信息化》2019年第6期。

孙启明、方和远、李垚：《湾区城市群空间经济网络与核心—边缘结构研究——粤港澳大湾区与北部湾比较分析》，《学习与探索》2021年第9期。

覃成林、韩美洁：《中国区域经济多极网络空间发展格局分析》，《区域经济评论》2022年第2期。

覃成林、黄丹：《区域经济多极网络空间组织识别方法及应用——以广东为例》，《经济经纬》2022年第2期。

万晓琼、王少龙：《数字经济对粤港澳大湾区高质量发展的驱动》，《武汉大学学报（哲学社会科学版）》2022 年第 3 期。

闫梅、刘建丽：《"十四五"时期粤港澳大湾区工业高质量发展的思路与对策》，《企业经济》2020 年 12 期。

周权雄：《粤港澳大湾区制造业高质量发展的对策思考》，《探求》2022 第 2 期。

第 四 章

大融合

——粤港澳大湾区协调发展

珠三角与港澳地理一体，文化同根同源，经济发展相互依赖，社会互动频繁，生态治理相互关联，有融合发展的良好基础和条件。改革开放以来，粤港澳三地合作推动了珠三角的快速工业化和城市化，也带动了香港和澳门的经济转型及其在全球经济中的角色转换。尽管珠三角内部也存在一定差距和发展不平衡，但从区域发展的总体来看，粤港澳大湾区的协调发展关键在"粤港澳"，重点在于三地合作关系的深化以及香港、澳门如何融入粤港澳大湾区建设，共同促进粤港澳大湾区一体化发展。实践表明，相互开放，交流合作，优势互补，是粤港澳发展成功的重要原因，也是其未来发展的重要基石。因此，实施粤港澳大湾区建设重大战略，必须有效利用粤港澳共生共荣的有利条件，以协调发展为主线，推动港澳更好地融入国家发展大局，加快大湾区一体化进程，抓住"一带一路"建设和《区域全面经济伙伴关系协定》①（简称 RCEP）实施的重要机遇，携手"走出

---

① 经过历时 8 年的谈判，2020 年 11 月 15 日，东盟 10 国（文莱、柬埔寨、印度尼西亚、老挝、马来西亚、缅甸、菲律宾、新加坡、泰国和越南）和澳大利亚、中国、日本、韩国、新西兰正式签署了《区域全面经济伙伴关系协定》（RCEP）。这项协定是一项前所未有的由域内发达国家、发展中国家和最不发达国家参与的大型区域贸易安排，涵盖了拥有22 亿人口（占全球总人口的近 30%）的市场、26.2 万亿美元 GDP（约占全球 GDP 总量的 30%）和将近 28% 的全球贸易（基于 2019 年数据）。作为世界最大的自由贸易安排，RCEP 的签署标志着人类朝着构建理想全球贸易投资规则框架迈出了重要一步。

去"发展，共拓开放合作新空间。

第一节　粤港澳大湾区共生共荣关系

在长期的发展过程中，珠三角与港澳之间形成了共生共荣的关系。这是促进粤港澳大湾区协调发展的一个重要条件。

一、地理一体

广东珠三角地区与港澳空间毗邻，同属珠江三角洲，在地理上是一个有机整体。珠江三角洲"三江汇流、八门入海"①，三条分支水系，分别是北江、东江和西江，三江汇聚形成一个入海口，八门均匀分布在珠江三角洲自东向西450公里的海岸线上。以珠江为界，珠江三角洲东岸的城市包括广州、深圳、东莞、惠州，西岸则是肇庆、佛山、中山、江门、珠海。香港和澳门两个特别行政区分别位于珠江入海口东西两侧，香港北接深圳，澳门北连珠海，与珠三角9市共同构成了粤港澳大湾区。

粤港澳大湾区地势平坦开阔，平原面积占全区总面积的66.7%，另有山地、丘陵、台地、岛屿等分布其间。珠三角9市中海拔超过500米的山地主要分布在肇庆、惠州等湾区边缘，其他城市较平坦。香港和澳门属于珠江三角洲半岛和岛屿型地貌，没有高山、峡谷和大

---

① 八门：指的是虎门（东莞市）、蕉门（广州南沙）、洪奇沥门（广州南沙）、横门（中山市）、崖门（珠海和江门）、磨刀门（珠海）、虎跳门（珠海）、鸡啼门（珠海）。

河，水电资源都相当有限。香港和澳门的城市用水分别有 70% 和
98% 以上主要依靠珠江水资源补给。① 2021 年，珠三角 9 市向香港和
澳门的供水量达到 9.1 亿立方米，占供水总量的 4%。电能供应方面，
香港、澳门与珠三角的电力联网越来越紧密。20 世纪 80 年代以来，
珠三角的南方电网就开始向澳门和香港输送电力。截至 2022 年 6 月，
南方电网通过 11 条高压输电线路，将大亚湾核电站 80% 的发电量源
源不断输送到香港，输送电量累计高达 3043 亿千瓦时，约占香港用
电总量的四分之一。对澳门供电方面，南方电网公司通过 6 回 220 千
伏线路、4 回 110 千伏线路实现对澳门供电。截至 2021 年底，向澳门
输送电量突破 600 亿千瓦时，实现对澳门供电量的新突破。珠三角的
水电供应，为港澳经济发展注入强劲动能。

粤港澳大湾区内水系发达，河涌交错，水网密布，有大小河道
324 条，城市河涌 12259 条，河道总长度约为 3.14 万公里。密集分布
的水网自古以来都是重要的运输通道，有利于内河航运和海运联动发
展。大湾区港口串珠成链，以香港、深圳、广州为枢纽港，东莞港、
珠海港、惠州港、佛山港、中山港、江门港、肇庆港等珠江沿江及内
河港口为支线港的"大湾区组合港"模式逐渐成形。同时，大湾区
拥有世界级公路、轨道交通和机场群，综合立体交通网络越来越密。
广深港高铁、港珠澳大桥、广珠澳高铁等陆地交通设施和香港机场、
广州白云机场、深圳宝安国际机场、澳门机场和珠海金湾机场等机场
群，连通港澳和珠三角东西两岸多个城市，形成"一小时生活圈"，
"一小时通勤圈"促进湾区内各城市间人才、货物和资源流动。

---

① 崔树彬、贺新春、董延军等：《珠江三角洲向港澳供水的水权水价及管理探讨》，《水利
发展研究》2008 年第 12 期。

二、文化同根同源

珠三角与港澳同根同源，有不可分割的地缘、文化血脉，同属开放包容，兼收并蓄的岭南文化。文化认同是粤港澳大湾区内部紧密联系、交流合作的血脉纽带，也是建设人文湾区的重要基础。

粤语、粤菜、粤剧等是岭南文化中的重要组成部分。粤语是粤港澳大湾区除普通话以外通用的中文语言，在香港和澳门地区更是具有官方语言地位。粤菜作为知名菜系，粤饮食文化传播至世界各地。粤剧作为世界非物质文化遗产、岭南文化瑰宝，被誉为"南国红豆"，也是连接粤港澳三地天然的文化纽带。

粤港澳大湾区具有代表性的历史建筑也都完好保留了岭南文化基因。始建于清末的郑家大屋、卢家大屋，作为澳门历史城区的一部分被列入世界遗产名录，它们都是岭南风格名宅，保留了最为完整的岭南西关大屋形制，如此完好的西关大屋和岭南风格园林在广州也并不多见。位于香港湾仔的蓝武建筑群也是典型的岭南特色建筑，较好保留了唐楼风格，与广州恩宁路附近的竹筒屋风格相似。这些都体现了岭南建筑中西合璧的风格特色，见证了华洋杂处的文化特征和粤港澳共同的城市文脉和记忆。

孙中山、林则徐等中国近代史上的杰出人物在粤港澳三地都活动过，留下了历史足迹。以孙中山史迹为例，中山是伟人故里，澳门是孙中山行医的地方，香港是孙中山早年求学和革命根据地，广州是孙中山革命圣地，这些都是粤港澳历史文化中宝贵的共同财富。

深厚的文化底蕴和璀璨的文化遗产，见证、诠释了粤港澳大湾区文化一脉相承和悠久历史。粤港澳大湾区文博界合作也日益增多，藏品、人才和研究交流已经形成较好的联动机制。相通的方言、记忆和传统，也更有利于粤港澳以文化为纽带，凸显城市气质，进一步推动湾区交融合作。

三、经济发展相互依赖

改革开放以来，港澳在内地经济和世界经济之间一直都扮演着重要角色，发挥着窗口和桥梁作用。改革开放初期设立的3个经济特区中，3个都在广东，其中深圳经济特区直接对接香港，珠海经济特区直接对接澳门。港澳给珠三角地区树立了市场经济的示范，带来新观念、先进管理制度和经验，为企业改革、土地制度改革，体制改革助力。珠三角的廉价劳动力和土地、优惠的招商引资政策吸引了大量来自香港和澳门的直接投资，港澳的电子、服装、玩具、纺织、塑料等制造业和工厂转移到珠三角地区，形成一种港澳接单，珠三角生产的"前店后厂"模式。港澳地区为珠江三角洲提供丰富的资金、技术和管理经验，通过控制产品质量、进行市场推广和对外营销扮演"店"的角色，而珠三角为港澳地区提供土地、资源和劳动力，进行产品加工、制造和装配，扮演"厂"的角色。这种模式使珠三角地区通过承接港澳地区的产业转移，发展出口导向型工业，开启了快速工业化进程。这一时期，港澳与珠三角充分利用各自的资源禀赋条件，发挥比较优势有效促进了各自的经济发展。香港、澳门扩大了位于珠三角的出口导向型工业对金融、保险、物流及进出口贸易的需求，逐渐形成以服务业为主导的经济。珠三角地区吸收了大量港澳资本，出现了大量三资企业和加工贸易企业。1995 年，珠三角地区有来料加工、合作生产及合资企业 8044 家，创造了 2530 亿元人民币的产值，相当于整个珠三角地区工业产值的 68%。①

2003 年以来，随着《内地与香港关于建立更紧密经贸关系的安排》实施，珠三角和香港、澳门的高端服务业合作势头强劲。香港大量服务业企业借助政策东风向内地拓展发展空间，金融、商贸、物流、律师、会计、影视娱乐、投资理财等领域的企业大批到内地发展，提升了珠三角经济质量，改善了经济增长结构。港澳地区一直稳居珠三角外资来源地第一位，历来都是珠三角重要的贸易伙伴。2020 年，珠三角来源于港澳地区的外资占实际利用外资总额的 82.2%，其中珠海市位居榜首，97.3% 的外资来源于香港和澳门。在贸易方面，珠三角对港澳地区的进出口贸易高达 1368 亿美元，占对外贸易总额的 15.2%，其中出口 1348 亿元，占出口总金额的 25.3%。深圳与港澳地区的进出口总额为 8856029 万美元，是全市总额的 20%。从产业发展看，香港、澳门和珠三角的产业分工体系已经从早期制造业的垂直产业分工转向制造业和服务业并进的水平分工。从合作模式上看，在"前店后厂"基础上，香港、澳门与珠三角已经进入共同"办店"，把"店"往做大做强方向发展的新阶段。

总之，珠三角地区市场经济体制的建立，对外开放格局的形成，经济发展模式的变化在很大程度上受到港澳地区影响。港澳地区的繁荣稳定和国际金融、贸易航运中心地位的保持，为珠三角提供了大量

---

① 薛凤旋：《香港与内地——回顾香港的经济发展》，《当代港澳研究》2017 年第 1 辑。

资金、贸易，辐射和带动了珠三角经济的崛起，推动珠三角世界制造中心地位的形成。对于港澳地区来说，珠三角的发展，也为其高端服务业提供了进一步拓展的空间，有利于增强香港高端服务业与内地制造业之间的关联性，为高端服务业扩大经济服务腹地，提供更广阔的市场。

四、社会发展互动频繁

粤港澳大湾区城市之间在科技、教育、文化等方面进行着频繁的交流、互鉴、合作和相互促进。

科技及创新交流合作方面，珠三角城市之间以及珠三角和香港、澳门之间都形成了良好的协同发展趋势。珠三角已经形成以广州、深圳为核心，向佛山和东莞延伸的"佛—穗—莞—深"创新走廊，珠海、江门、肇庆、惠州向走廊集聚。[①] 珠三角和港澳的科创合作以产业发展的实际需求为导向，创新科研合作模式。香港、澳门的高校与珠三角高校联合创办教育基地和研究院，共同培育高端人才，支撑高新技术产业的发展，并与企业紧密合作，将前沿的科技成果落地转化，积极构建"高校+研究院+行业联盟"的产学研融合方式。2019年12月，由粤港澳三地的高校和企业共建的粤港澳联合实验室正式授牌，其中广州6个、深圳2个、东莞1个，研究领域集中在人工智能、新材料、先进制造、生物医疗、环境科技等应用基础方面（见表4—1）。围绕国家发展战略，粤港澳大湾区汇聚资源，打造高水平

[①]　覃成林、黄龙杰：《创新合作与广州建设粤港澳大湾区创新增长极》，《城市观察》2019年第1期。

科技创新载体和平台。以深港、广珠澳"两廊"为主骨架的大湾区创新布局正加快形成，融研发、转化、制造为一体的"广深港澳科技创新走廊"正快速打通，共同推动粤港澳协同创新。

表4—1　2019年首批粤港澳联合实验室名单

联合实验室名称	共建单位	研究所属领域	所在地
粤港澳光热电能源材料与器件联合实验室	南方科技大学、深圳市瑞丰光电子股份有限公司、深圳新宙邦科技股份有限公司、深圳市比亚迪锂电池有限公司、澳门大学、香港大学、香港科技大学、香港理工大学	新材料	深圳
粤港澳光电磁功能材料联合实验室	华南理工大学、香港大学、澳门大学、香港理工大学、香港城市大学、香港科技大学	新材料	广州
粤港澳离散制造智能化联合实验室	广东工业大学、深圳前海信息技术有限公司、深圳中集智能科技有限公司、博创智能装备股份有限公司、泰斗微电子科技有限公司、澳门科技大学、香港城市大学、香港理工大学	先进制造	广州
粤港澳人机智能协同系统联合实验室	中国科学院深圳先进技术研究院、澳门大学、香港中文大学	先进制造	深圳
粤港澳中子散射科学技术联合实验室	散裂中子源科学中心、香港城市大学、澳门大学、东莞理工学院	新材料	东莞
粤港澳呼吸系统传染病联合实验室	广州医科大学附属第一医院、香港科技大学、广州金域医学检验中心有限公司、澳门科技大学、香港大学—巴斯德研究中心、中国科学院广州生物医药与健康研究院	生物医疗	广州
粤港慢性肾病免疫与遗传研究联合实验室	广东省人民医院、中山大学附属第一医院、深圳华大生命科学研究院、华南理工大学、香港中文大学	生物医疗	广州
粤港澳环境污染过程与控制联合实验室	中国科学院广州地球化学研究所牵头联合香港理工大学、广东省生态环境技术研究所	环境科技	广州

续表

联合实验室名称	共建单位	研究所属领域	所在地
粤港澳环境质量协同创新联合实验室	暨南大学、广东雪迪龙环境科技有限公司、广州伊创科技股份有限公司、广东省广业环保产业集团有限公司、广州禾信仪器股份有限公司、澳门科技大学、香港科技大学、广东省环境科学研究院	环境科技	广州

资料来源：根据有关新闻报道整理。

教育交流合作方面，珠三角和香港、澳门开展多层次教育合作，逐步走深走实。珠三角已经有 4 所港澳子弟学校，还有 29 所学校开设了港澳子弟班。职业教育也通过合办高级文凭课程等形式得到进一步加强。2008 年以来，香港职业训练局就已经与深圳职业技术学院进行联合培训。2020 年，双方又签署新协议，在酒店管理、服装设计、养老护理等专业开展合作办学。高等教育方面，珠三角地区高校类型齐全、生源质量高、产业条件好，香港名校众多，基础研究实力强，国际化水平高，澳门拥有中医药、旅游等一批高水平、特色鲜明的学科。粤港澳三地校际合作加强，共建优势学科、实验室和研究中心，推动高等教育融合发展。① 粤港澳高校联盟已汇聚三地 41 所高校，并设立有专项博士、硕士研究生招生计划，开展研究生联合培养。2022 年，已有 3 个港澳合作办学机构落户珠三角，包括香港中文大学（深圳）、香港科技大学（广州）、香港浸会大学—北京师范大学联合国际学院（珠海）。香港城市大学东莞分校、香港理工大学

---

① 陶燕琴、李柯柯、赵章等：《打造南方教育高地　推动高等教育融合发展——2021 年第三届粤港澳大湾区高等教育合作发展圆桌对话会议综述》，《教育导刊》2022 年第 1 期。

佛山分校、香港都会大学肇庆分校、香港大学深圳分校均已经在筹备中①。澳门大学珠海横琴校区也设立了联合实验室、产学研示范基地等，推动大湾区产学研合作。珠三角内部的教育合作、跨市办学也取得实质性进展，中山大学、华南理工大学、暨南大学在深圳、珠海、佛山、澳门等都开展了办学活动。同时，珠三角与香港、澳门的学校还缔结为姊妹学校，校方共同开展中华经典美文诵读比赛、学生体育节、音乐节、艺术节等系列活动。

在文化交流合作方面，粤港澳三地坚持以文促旅，以旅彰文，推动人文湾区建设。文化旅游路线建设成为促进三地文化交流的新理念和模式。粤港澳三地共同保护和活化利用文化遗产，加快建设鸦片战争海防遗址公园等一批文化遗产保护项目，加强对粤剧、龙舟、醒狮、武术等共有共享非遗项目的保护力度，推动粤港澳青年开展文化之旅。同时，粤港澳文艺界联动频密，以艺术为桥梁共同推动文化繁荣发展。深珠港澳粤剧粤曲交流展演已连续举办6届，吸引成千上万名粤剧粤曲迷近距离感受名家名腔魅力。2020年底在广州中山纪念堂举行的《粤剧表演艺术大全·唱念卷》首发晚会上，近200位粤港澳艺术家携手合作共同演绎传统排场例戏。2022年粤港澳大湾区艺术节成功举办，11座城市联动，广泛开展了文学、影视、音乐、舞蹈、戏曲、杂技、美术、书法等交流合作活动，文化交流演出超过150场。各种形式的文化交流合作充分展现湾区新活力，为人文湾区画卷增添光彩。

---

① 刘亮：《大湾区教育合作空间大》，《经济日报》2022年4月25日。

五、生态环境协同治理

生态是统一的自然系统，是相互依存、紧密联系的有机链条，这使生态环境具有公共性、外部性、整体性等特点。同时，生态环境问题是一个复杂的系统性问题，需要整体协作，跨区域共同治理。跨区域生态环境协同治理是相邻一些区域在共同治理、共同利益的原则下，对当前已经存在的区域生态环境问题和威胁生态环境发展的活动，采取切实有效的协同方式加以解决，是应对跨区域生态问题的新思路。

珠三角与港澳地理相连，同属珠江水系，有共同的生态系统和生态保护屏障。同时，在经济发展差异和资源分布不平衡、过度开发等的影响下，粤港澳大湾区出现了不少生态环境问题，主要包括水质性缺水问题凸显，珠江三角洲河网水质较差，饮用水源安全长期面临水污染和湖库富营养化的影响。区域大气污染呈现出区域性、复合型特征，臭氧超标、细颗粒物连片污染特征明显，2018 年，$PM_{2.5}$ 年均浓度是同期国际一流湾区水平的 3 倍左右。珠江口海域污染严重，富营养化状况严重，红树林、珊瑚礁等海洋生态系统受损明显。[①] 这些问题一方面影响大湾区生态系统健康，降低了人民生活质量；另一方面也将极大阻碍大湾区经济社会可持续发展，影响了绿色低碳生态湾区建设。由于生态环境的复杂性、系统性和嵌套性，单个城市难以解决粤港澳大湾区的生态环境问题，需要多元主体共同发挥作用。

① 许乃中、奚蓉、石海佳等：《粤港澳大湾区生态环境保护现状、压力与对策》，《环境保护》2019 年第 47 期。

目前，粤港澳三地主要依托现有的联席会议制度，进行区域规划编制和落实，不断推进生态环境保护和治理合作深入。三地以协同推进生态文明建设为主线，重点落实《2016—2020年粤港环保合作协议》《2017—2020年粤澳环保合作协议》，已经基本形成以联席会议制度为基础、区域规划和行政协议为引领、环境合作小组（"粤港持续发展与环保合作小组"和"粤澳环保合作专责小组"）为依托、环保工程为推力的环境治理体系。2020年12月，《粤港澳大湾区生态环境保护规划》已经编制完成。2021年粤港澳三地进一步加强大气污染联防联控，深入实施粤港珠三角空气质素行动计划，统筹大湾区水源地保护和水体污染防治。粤港澳大湾区将在落实生态环境保护规划的同时，充分发挥粤港澳三地各自优势，强化生态环境保护责任，系统优化湾区跨区域的生态环境协同保护和治理政策体系，共同支撑区域绿色、低碳、高质量发展。

第二节　港澳融入大湾区建设

港澳发展与国家的发展紧密相连。改革开放40多年来，香港、澳门同内地优势互补、共同发展，共享国家繁荣富强。《粤港澳大湾区发展规划纲要》明确提出："支持香港、澳门融入国家发展大局，增进香港、澳门同胞福祉，保持香港、澳门长期繁荣稳定，让港澳同胞同祖国人民共担民族复兴的历史责任、共享祖国繁荣富强的伟大荣光"。这为香港、澳门融入国家发展大局指明了方向。粤港澳大湾区建设是港澳培育新优势、发挥新作用、实现新发展、作出新贡献的重大机遇，也是珠三角改革开放的大机遇。

一、港澳融入国家发展大局的重要意义

"香港、澳门融入国家发展大局是'一国两制'的应有之义，是改革开放的时代要求，也是香港、澳门探索发展新路向、开拓发展新空间、增添发展新动力的客观要求。"[①] 建设粤港澳大湾区，将进一步丰富"一国两制"实践内涵，为港澳经济社会发展以及港澳同胞到内地发展提供更多机会，从而保持港澳长期繁荣稳定。

（一）丰富"一国两制"实践内涵

"一国两制"是香港、澳门保持繁荣稳定和在融入国家发展大局中发挥独特作用的制度基础。一方面，香港、澳门作为特别行政区，享有国家赋予的"高度自治"权利，为香港、澳门灵活自主制定政策提供空间，中央政府也在国家发展规划中给予香港、澳门众多政策优惠，确保香港、澳门可以发挥其在国际营商规则、高度开放的市场体制、国际文化交流等方面的独特优势。另一方面，香港、澳门和珠三角在"一国两制"框架内依照宪法和基本法，坚守"一国"之本，善用"两制"之利，进一步建立互利共赢的区域合作关系。[②] 粤港澳大湾区建设是在一个国家、两种制度、三个关税区、三种货币条件下的一种合作机制探索，需要善用市场机制和法治手段破解发展难题，通过体制机制创新，促进要素流通，降低合作制度成本，增加制度互

---

① 《习近平谈治国理政》第 3 卷，外文出版社 2000 年版，第 400 页。
② 陈广汉：《如何更好发挥"一国两制"的优势》，《社会科学报》第 1657 期。

补收益，筑牢"一国两制"社会、经济、政治基础，把国家所需和香港、澳门所长结合起来。

（二）分享国家发展新机遇，探索发展新路向

2008 年金融危机后，中国加快转变经济发展方式，把扩大内需作为基本立足点，发挥国内大规模市场优势、完整工业体系和强大生产能力优势，逐渐进入高质量发展阶段，主要表现为从"数量追赶"转向"质量追赶"，从"规模扩张"转向"结构升级"，从"要素驱动"转向"创新驱动"。中国整体经济实力、科技实力和综合国力跃上新台阶。2022 年中国内地 GDP 为 121 万亿元，稳居全球第二大经济体。与此同时，世界正经历百年未有之大变局，经济全球化逐渐转入低潮，国际贸易增速放缓，全球产业链、供应链收缩，新冠疫情的冲击，更加剧了国际形势的复杂程度。在各种因素影响下，香港、澳门的经济实力与内地差距逐渐拉大。港澳地区与中国内地经济总量的比值也在不断下降。1993 年，香港 GDP 总量相当于内地 GDP 总量的27%，澳门约为 1.4%，到 2021 年，这一比例则分别下降为 2% 和0.2%（见图4—1）。

作为发达经济体，港澳地区经济总体发展水平较高，与其他发达国家和地区相比，增长速度也并不低。1997—2021 年，香港经济年均增速约为 3%，澳门经济年均增速约为 4%。但与内地改革开放后的高速增长相比，港澳地区增速放缓趋势明显。同时期，内地经济年均增长速度约为 8%，是港澳地区的两倍多。相比于中国内地的稳定增长，香港和澳门地区增长率的波动幅度较大，1998 年、2008 年和2020 年，在金融危机、新冠疫情等外部冲击影响下，出现较大的负

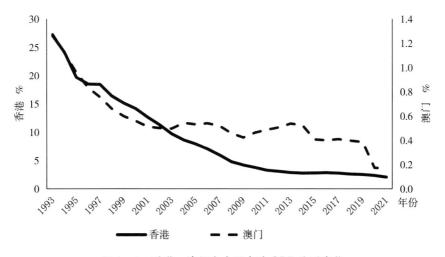

图 4—1　香港、澳门占中国内地 GDP 比重变化

数据来源：1994—2020 年《中国统计年鉴》，《2021 年国民经济和社会发展统计公报》。

增长。尤其是澳门，2020 年博彩旅游业一蹶不振，经济增长率为 -56%，抗风险能力弱。

当前，中国正积极构建以国内大循环为主体、国内国际双循环相互促进的新发展格局。通过加强自主创新能力，提升产业链稳定性，扩大内需，高水平对外开放等措施进一步发挥超大规模经济体的作用，释放超大规模市场红利，重塑国际合作与竞争优势，促进经济发展。香港、澳门融入国家发展大局，有利于其搭上国家发展的快车，分享发展新机遇。着眼于国家构建新发展格局，香港可以加强与内地的科技合作，建设国际创新科技中心。同时，充分发挥自由港优势，建设全球贸易枢纽，巩固金融中心地位，推动亚太法律及争议解决服务中心建设，成为中国与世界之间的超级联系人。澳门则可以通过建设世界旅游休闲中心，搭建中国与葡语国家商贸合作服务平台，成为以中华文化为主流、多元文化共存的交流合作基地。

（三）寻找发展新动力，提升经济发展质量

香港和澳门的经济结构存在较为明显的不平衡问题，同时经济发展韧性不足，容易受到外部冲击影响，抗风险能力较弱。

香港经济结构在 20 世纪 70 年代之后，开始从工业化经济转向服务型经济，并逐步走向高度服务化，服务业增加值占 GDP 比重逐年上升。1997 年香港服务业增加值占 GDP 比重为 85.9%，到 2004 年服务业增加值占 GDP 比重达到 90.5%，首次超过 9 成。此后则小幅增长，一直维持在 93% 左右。经济全面服务化的另一面，是制造业的大规模转移和萎缩。制造业增加值从 1997 年的 776 亿港元，下降到 2003 年的 390.2 亿港元，约为 1997 年的 50%。到 2020 年，制造业增加值仅为 251 亿港元，占 GDP 比重下降到 0.98%。[①] 制造业空心化使香港高端服务业缺乏来自于本地制造业的支撑。服务业的四大支柱行业分别是金融服务业、贸易及物流业、专业及工商业支持服务和旅游业，在疫情冲击下物流运输及旅游业衰退严重。这种严重的结构失衡，使香港面临传统产业动力匮乏，新产业发育不良的困境。这种结构失衡也削弱了香港经济发展的韧性。由于没有制造业的支撑，香港在全球金融和贸易网络中主要以依附于欧美跨国公司和市场的方式嵌入[②]，缺乏自主掌控风险能力。香港金融、贸易、航运中心战略地位的维持，需要进一步融入国家发展大局，加强与内地的经济联系，提高香港高端服务业与内地制造业之间的关联性。同时，在国家支持下，香港将强化全球人民币业务枢纽、国际资产管理中心及风险管理

---

① 数据来自香港特区政府统计处（https://www.censtatd.gov.hk/sc/）。
② 刘逸：《粤港澳大湾区经济韧性的特征与空间差异研究》，《地理研究》2020 年第 9 期。

中心功能。这些功能可以使香港进一步释放已有优势，提振升级已有优势产业，培育医药、新工业和创新科技等新兴产业，获得更多人才和资金支持，加快香港产业多元化进程，使香港产业结构趋于合理。

澳门经济结构单一，严重依赖博彩业，呈现出一业独大的产业格局。澳门经济转型主要思路是适度多元化，已取得一些进展，但与预期仍然有明显差距。2010年以来澳门产业结构中博彩业比重从43.44%下降到2019年的33.92%。图4—2显示了新冠疫情前澳门典型的产业结构，博彩业仍有绝对主导地位。其他比重较高的则主要是传统服务业部门，如批发零售业，酒店业，运输、仓储及通讯业，银行业，租赁及工商服务业，新兴产业部门较少。2020年以来在疫情影响下，博彩业受重创，比重下降到10.3%，但同年澳门GDP下滑56%，失去博彩业支撑的澳门经济一蹶不振。总体上看，产业结构单一，且博彩和旅游业高度依附于跨国酒店和博彩集团使澳门经济韧性

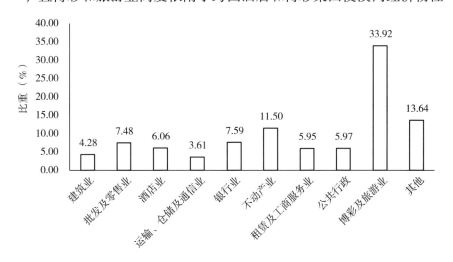

图4—2 新冠疫情前澳门的产业结构

数据来源：澳门统计暨普查局网站：https：//www.dsec.gov.mo/zh—MO/。

始终处于较差水平。[①] 澳门亟需新发展机遇，深化与珠三角地区的产业合作，以进一步促进经济适度多元化，提高发展韧性，解决当前面临的经济发展困境。

（四）拓展新空间，改善港澳居民生活环境

香港生活成本较高。据经济学人智库发布的《全球生活成本调查》显示，2020 年、2021 年香港生活成本都位居世界前五。在各项物价指数中，香港租金指数亚洲第一。除租金高外，香港居住环境较差，生活空间狭小，人均居住面积仅为 15.8 平方米。澳门也面临类似的问题，面积仅为 32.9 平方公里，居民超过 68.32 万人，人口密度高达 2.07 万人/平方公里。澳门人均住房面积为 24.55 平方米，高于香港，但低于中国内地 39 平方米的平均水平。通过一小时生活圈的建设，缩短不同城市之间的通勤时间，香港、澳门居民可以有更多的选择，将居住地扩展到港澳邻近的城市，获得更优质的生活居住环境。

在养老方面，港澳地区人口老龄化问题日益突出，尤其是香港，老龄化速度在显著加快。2020 年，香港 65 岁及以上老人的比例为 18.3%，15—64 岁人口对 65 岁以上老人的扶养比例为 262%。根据香港统计局发布的人口推算数据显示，未来 40 年，香港将进入深度老龄化社会。2024 年，65 岁及以上人口占比将上升到 22%，2039 年突破 30%，到 2069 年比重将达到 35%。快速老龄化给社会带来沉重的养老负担，长者扶养比也在节节攀升。2024 年，扶养比达到 323%，

---

① 刘逸：《粤港澳大湾区经济韧性的特征与空间差异研究》，《地理研究》2020 年第 9 期。

2039 年突破 500%，到 2069 年达到 606%（见表 4—2）。按照每千名 65 岁及以上老人设立 21.3 个住宿位的标准计算，香港 2026 年需要 46200 个住宿位，和实际相比，缺口为 11567 个。尽管特区政府制订养老特别计划，养老院缺口仍有 62—70 个。另外，港澳地区的医疗成本高，土地及专业人手不足，优质养老院等养老服务缺乏。通过与珠三角其他地区合作，加强跨境公共服务和社会保障衔接，改善港澳地区福利医疗制度安排，在港澳地区邻近城市提供更多设备完善的养老院，港澳地区的长者可以用更便宜或相同的价格享受更优质的环境和养老服务。

表 4—2 香港人口老龄化推算

年份	2010	2015	2016	2017	2018	2019	2020	2024	2029	2034	2039	2049	2059	2069
65 岁及以上人口占总人口比重（%）	13.1	15.3	15.9	16.4	17	17.6	18.3	22	26	29	31	34	35	35
社会扶养比（%）	175	208	218	228	238	249	262	323	408	462	508	569	614	606

数据来源：香港特区政府统计处，香港人口推算 2020—2069 年。

二、港澳融入粤港澳大湾区建设的路径

粤港澳大湾区建设为港澳地区融入国家发展大局提供了新机遇。从顶层设计来说，国家已经发布了一系列发展规划，为港澳地区积极融入指明了方向。

（一）加快基础设施互联互通，促进通关便利化

基础设施互联互通是推动区域要素流动的基础。强化港澳与珠三角的交通联系，既是促进人才流通的需要，也有利于增强港澳对珠江口西岸经济辐射能力。广深港高速铁路、港珠澳大桥、粤澳新通道等相继投入使用，大湾区一小时生活圈已初步形成。在此基础上，香港和澳门还需进一步加强高速公路、高速铁路、城际轨道交通的建设，推动港深、珠澳两地公路、轨道衔接，形成大湾区城际快速交通网络。香港要进一步推进粤港澳大湾区的物流信息互联互通，完善多式联运，建设智慧物流、智慧港口，提升国际航运中心地位。

通关便利化方面，香港、澳门要完善跨境口岸基础设施建设，推广实施"一地两检""合作查验、一次放行"等人员通关新模式。推进国际贸易"单一窗口"报关机制和粤港、粤澳海关跨境快速通关对接项目，提升货物通关效率。推进和完善港澳小汽车经港珠澳大桥珠海公路口岸入出政策，推进"澳车北上""港车北上"，促进湾区人员流动。

（二）吸引创新要素集聚，形成开放的创新高地

科技创新作为港澳地区的优势之一，在融入国家发展大局中，有突出的地位和作用。《粤港澳大湾区发展规划纲要》提出将粤港澳大湾区打造成为"具有全球影响力的国际科技创新中心"；《中华人民共和国国民经济和社会发展第十四个五年规划和2035年远景目标纲要》中进一步明确加强粤港澳产学研协同发展，完善广深港、广珠澳科技创新走廊和深港河套、粤澳横琴科技创新极点"两廊两点"

架构体系，推进综合性国家科学中心建设。

从香港和澳门在粤港澳大湾区协同创新中的分工和定位来看，香港要加强与珠三角的合作，贯通科创产业的上、中、下游，重点打造深港科技创新合作区，形成粤港澳大湾区的国际科创中心。澳门在中医药、芯片、物联网与人工智能、太空科学等方面，要进一步融入大湾区科技创新发展，重点打造珠海横琴创新合作区。粤港澳协同创新需要突破制度、法律、文化等差异，推动人才、资本、技术、科研物资等创新要素跨境流动与有效整合。通过设立专用通道、发放特殊通行证等方式畅通人才跨境流动。支持珠三角通过税务减免或豁免行政许可等政策措施推动跨境科研物资和设备共享，落实科研物资在大湾区便捷流通。健全科研资金跨境使用便利措施。推动粤港澳三地超级计算中心、大数据中心、国家和地方重大科技基础设施、产业创新平台、公共服务平台等创新资源的开放共享。发挥香港和澳门重要创新合作功能节点的支撑作用，推动科技创新协同发展。

对香港来说，还可以发挥其金融方面的优势，拓宽直接融资渠道，建设科技创新金融支持平台。支持香港私募基金参与粤港澳大湾区创新科技企业融资，允许符合条件的创新型科技企业进入香港上市集资平台，将香港发展成科技走廊高新基础产业融资中心。

（三）推动金融发展，助力大湾区国际金融枢纽建设

粤港澳大湾区作为产业集聚和创新高地，需要国际化金融体系支撑。建设国际金融枢纽也是国家赋予粤港澳大湾区的战略使命。香港作为国际金融中心，要进一步提升国际金融中心的竞争优势，这是香港融入国家发展大局的重要切入点，也是香港对国家发展价值的重要

体现。通过进一步推进与内地金融市场的互联互通，加快建设离岸人民币枢纽。随着人民币国际化和数字人民币的推进，香港应加快完善市场基础设施配套，扩大跨境人民币资金双向流通管道，提升并创新人民币产品及服务，更好地满足全球客户对人民币资产的需求。扩大离岸人民币资金池，提高人民币在离岸市场的使用率，积极配合数字人民币国际化推广，巩固香港全球离岸人民币业务枢纽地位，进一步提升香港国际金融中心的多样性和关联性。[①] 强化国际资产管理中心、风险管理中心功能，发展绿色金融和金融科技，构筑国际金融中心新优势。通过定期发行绿债并扩大"政府绿色债权计划"规模，推动绿色金融发展，提升香港债券市场的发展空间。同时，用科技为香港国际金融中心赋能，通过构建"商业数据通"（CDI）数据平台改进银行服务，加快推动跨境金融科技，与内地共建一站式沙盒联网。[②] 香港作为内地资本市场对外联通的主渠道，可以为内地与国际金融市场互联互通提供多样性选择。

澳门围绕加强中国与葡语国家之间合作平台建设的定位，在电商、金融、会展、物流等领域，打造中国—葡萄牙国家金融服务平台，发展中葡数字贸易。通过金融服务平台，拓展离岸人民币业务，吸引具有资质的内地及葡语国家机构在澳门发展，推动葡语国家机构参与澳门的人民币投融资业务。落实中央关于金融支持粤港澳大湾区建设的各项政策措施，推进现代金融业发展。完善本地货币市场人民币流动性安排，支持离岸人民币业务的稳健发展。鼓励内地金融保险机构以澳门为区域总部，拓展葡语国家市场业务。鼓励大湾区企业来

---

① 鄂志寰：《构筑香港国际金融中心新优势》，《光明日报》2021 年 12 月 10 日。
② 林郑月娥：《2021 年施政报告：齐心同行　开创未来》，2021 年 10 月 6 日。

澳发行债券，落实跨境双向"理财通"试点，促进跨境投资便利化，实现澳门与内地理财产品市场的互联互通，助力人民币跨境流动和使用。①

（四）以跨境边界区和自贸区为突破口，建设高水平合作示范区

高水平合作示范区建设有利于香港、澳门探索融入大湾区建设的新模式，推动香港、澳门与珠三角进行机制体制对接和创新。2021年，中共中央、国务院发布《横琴粤澳深度合作区建设总体方案》《全面深化前海深港现代服务业合作区改革开放方案》，就支持横琴粤澳深度合作区发展、推动前海合作区全面深化改革开放作出重要部署，这对于提升香港、澳门与珠三角的合作水平有重要意义。香港和澳门要按照中央的部署，扎实做好深度合作区方案的实施工作，用开放和创新的思维，打造结合"两制"优势与国际规则高度衔接，服务国家开放的创新合作区。

香港要加快推进深圳前海深港现代服务业合作区开发建设，打造现代服务业集聚区和高水平科技服务平台，衔接国际科技创新规则，推进粤港澳科技服务协同新机制。同时，依托河套深港科技创新合作区打造高端科技创新合作高地。河套地区的建设也紧密对接香港北部都会区规划。根据《北部都会区发展策略》，港深创科园与落马洲/新田一带将整合为新田科技城，新田科技城与深圳科创园区组成深港科创合作区，扩展现有合作区规模。香港北部都会区的建设，将在香港本地打造融入粤港澳大湾区的重大平台，有利于香港更好融入

---

① 澳门特区政府：《澳门特别行政区经济和社会发展第二个五年规划》，2021年12月16日。

大湾区建设，形成新增长极①。

澳门积极推进横琴粤澳深度合作区建设，促进澳门经济适度多元发展。具体来说，澳门要深化与横琴在旅游、科创、民生等领域的合作，开发更多澳门—横琴旅游路线，探索开发中医养生和大健康服务的旅游产品。逐步实现公共服务、社会保障延伸至横琴。加快建设横琴"澳门新街坊"项目，有序落实相关社会服务的配套安排，持续推动两地各项合作工作。

（五）完善执业、生活、养老等政策措施，共建粤港澳大湾区优质生活圈

香港、澳门与珠三角经济合作的深入必然伴随人员流动和社会融合。解决香港、澳门居民在内地工作、学习、养老和生活的制度性障碍是共建粤港澳大湾区优质生活圈的重要内容。第一，推进职业资格互认，支持香港和澳门居民在粤港澳大湾区创新创业就业。要加强与粤港澳大湾区城市在职业技能认定方面的合作。在现有项目基础上拓展更多元及更高级别的"一试多证"考证课程及技能测试，增加香港、澳门居民在大湾区的执业选择。发挥粤港澳大湾区旅游教育培训基地的作用，开办港澳职业技能认可基准培训和考核。第二，落实香港、澳门与内地高等教育领域学历互认便利，支持香港、澳门高校到内地合作办学。第三，强化社会保险衔接，推进粤港澳大湾区跨境养老合作，协助推动符合资格的香港、澳门居民参加内地保险制度。

---

① 覃成林、贾善铭：《探索香港北部都会区建设思路》，《中国社会科学报》，2022年2月21日。

第三节 粤港澳大湾区一体化发展

一、粤港澳大湾区一体化发展的含义

粤港澳大湾区一体化是国家内部的区域一体化，区域合作机制从以珠江三角洲一体化为标志的区域合作组织结构和协议开始向香港、澳门开放的区域合作发展①，包括基础设施、创新产业以及相应的制度建设和整合。同时，由于粤港澳大湾区涉及到两种制度、三个单独关税区的特殊区情，粤港澳大湾区的一体化发展也是多个不同关税区的相对独立经济体的一体化发展，这就包括了贸易、投资、关税及非关税措施、相关货币财政金融等宏观调节政策的相互协同和一体化发展的内容。由此可见，粤港澳大湾区的一体化发展具有其他国内区域不同的更具有多样化的目标、任务和路径②。

粤港澳大湾区一体化需要建立在一体化发展战略共识基础之上，结合大湾区经济、社会发展的内在客观规律和粤港澳三地政府推动一体化的主观发展理念系统推进。通过发展战略和顶层设计合理划分各城市在粤港澳大湾区一体化中的功能和角色定位。通过制度性软环境建设使粤港澳三地在基本适用法律、商事规则、行业标准、仲裁机制等方面进行全面衔接与融合，实现"软联通"，结合基础设施层面的

---

① 曹小曙：《粤港澳大湾区区域经济一体化的理论与实践进展》，《上海交通大学学报》2019 年第 27 期。
② 刘云中：《粤港澳大湾区如何一体化？打造多层次合作平台》，澎湃新闻，2020 年 9 月 9 日。

"硬联通"进一步推动要素资源的自由高效流通与合理配置。一体化的过程性决定了它不是一蹴而就的，很多一体化的内容和措施需要在大湾区范围内逐步分阶段地尝试、改革和实施，这使粤港澳合作发展平台成为现实需求。通过重点区域和重点领域先行先试，打造粤港澳三地紧密合作的结合点和经济发展支点。通过重点平台建设，逐步推动全域一体化是大湾区一体化发展的现实路径。大湾区发展战略共识、制度保障、基础设施和重点平台建设共同支撑粤港澳大湾区一体化发展（见图4—3）。

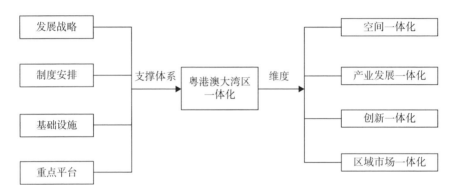

图4—3　粤港澳大湾区一体化的逻辑思路

资料来源：作者绘制。

　　大湾区经济一体化发展格局主要从四个维度呈现：第一，推进空间一体化，形成多极网络空间发展格局；第二，在产业方面协同发展，各城市优势互补，形成分工合理、差异化的生产体系，避免无序竞争；第三，在创新等方面分工合作，以水平型创新合作关系为主导，形成特色鲜明创新经济体系；第四，生产要素自由有序流动，形成区域市场。

二、粤港澳大湾区一体化发展基础

从经济发展水平、产业发展基础和交通等情况来看，粤港澳大湾区具有良好的一体化发展基础。

（一）经济体量庞大，高水平开放优势明显

粤港澳大湾区是我国经济活力最强、开放度最高的地区之一。改革开放以来，珠三角9市GDP和进出口总额一直位居全国前列，累积了雄厚的经济实力，是有全球影响力的先进制造业基地和现代服务业基地。在开放水平方面，珠三角地区也一直是中国改革开放的最前沿，深圳、珠海均为中国最早设立的经济特区。香港和澳门作为国际自由贸易港，经济发展水平一直居于世界前列。表4—3显示，2021年大湾区整体实现地区生产总值12.63万亿元，同比增长8.97%，高于广东省12.43万亿元的规模，GDP占全国的比重为11.04%。珠三角9市人均GDP为12.82万元，约为全国平均水平的1.6倍，香港和澳门的人均GDP分别高达32万元和28.25万元，远高于全国平均水平。粤港澳大湾区以不足全国1%的土地面积、6%的人口，创造了11%的国内生产总值，经济体量庞大。

表4—3 2021年粤港澳大湾区经济发展情况

	GDP（亿元）	人均GDP（万元）
中国	1143670.00	8.10

续表

		GDP（亿元）	人均GDP（万元）
粤港澳大湾区	东莞市	10855.35	10.37
	佛山市	12156.54	12.80
	广州市	28231.97	15.12
	惠州市	4977.36	8.24
	江门市	3601.28	7.51
	深圳市	30664.85	17.34
	肇庆市	2649.99	6.44
	中山市	3566.17	8.07
	珠海市	3881.75	15.91
	香港	23740.00	32.00
	澳门	1929.27	28.25
	湾区总计	126254.53	14.59
与全国相比		占11.04%	1.80倍

数据来源：珠三角9市的数据来自各市2021年国民经济和社会发展统计公报，香港数据来自香港特区政府统计处网，澳门数据来自澳门统计暨普查局网。

（二）产业基础好

20世纪80年代香港和珠三角地区的前店后厂模式为大湾区产业发展打下坚实基础。产业结构总体呈现出第一产业占比低，第二、第三产业形成"双支柱"的特点。2018年—2021年，粤港澳大湾区广东9市第二产业比重基本维持在40%，第三产业比重基本维持在57%（见图4—4）。

经过多年发展，粤港澳大湾区基本形成以纺织、电子、家电等轻工业为主，电子信息、生物科技等高新技术产业和先进装备制造

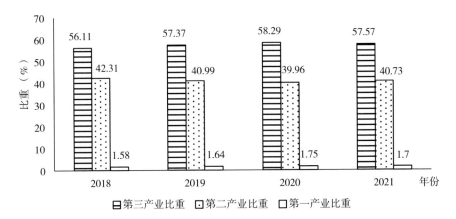

图4—4　2018—2021年珠三角9市产业结构变化

数据来源：2018—2021年《广东省统计年鉴》。

业共同发展的产业格局，具备较为完整的产业集群。例如，中山市的轻工业制造产业集群，包括机械电子、塑料制品、灯具和休闲服饰；东莞、惠州形成以机械电子为主的产业集群。装备制造业方面，珠三角的优势也十分明显，通信、计算机及系统、医疗仪器设备、仪器仪表、汽车、船舶海洋工程装备产业都已经形成较大规模，并在国内处于领先地位。城市之间的产业合作和产业链融合也在逐步推进中，东莞、广州、深圳、香港、澳门在新一代信息技术、高端装备制造、新材料、新能源、生命科学和生物技术等重点新兴产业领域合作势头强劲。

（三）交通便利，物流能力国际领先

粤港澳大湾区基础设施正在加速互联互通，陆海空立体化交通网络已形成。陆路方面，铁路网、公路网密布，城际交通发达。截至2020年底，粤港澳大湾区已建成通车高速公路约4894公里，核心区高速公路密度达每百平方公里 8.9 公里。虎门大桥、南沙大桥、港珠澳大桥的贯通使被珠江相隔的东西两岸形成完整的交通闭环，有效促进了城市间的交流合作。除了广深港高铁、厦深、南广、贵广等国家级高速铁路外，湾区内的城际铁路也已经初具规模。截至 2022 年 3 月，粤港澳大湾区的城际铁路有多条运营线路及 10 多个在建项目，开通及在建城际路项目共 842 公里，城际铁路骨干框架已经形成。①资料显示，除香港、澳门外，其他湾区城市都有至少一条城轨相通，轨道上的大湾区初现雏形。海运方面，大湾区拥有广州、深圳、香港、东莞、珠海、中山 6 个亿吨大港，港口航运为物流发展提供了有力支撑。2021 年，深圳港以 2876 万标箱位居世界第 4，广州以 2418 万标箱紧随其后，香港以 1778 万标箱位居第 10。航空运输方面，大湾区有 13 座机场，其中包括白云机场、深圳宝安国际机场、香港机场、澳门机场、珠海金湾机场 5 大干线机场，有利于建设世界级机场群，发展临空经济，提高国际物流能力。

三、粤港澳大湾区一体化发展的障碍

（一）制度差异和行政壁垒

粤港澳大湾区一体化发展与长三角不同，存在内部制度差异的问题。大湾区在"一国两制"框架下呈三个独立关税区、三种货币、三种法律制度的发展格局，既是特点也是实现一体化发展的难点。独立关税区使粤港澳三地的税制大不相同，在税种、税率、征税模式等

---

① 蒋家乐：《高水平建设"轨道上的大湾区"》，《中国交通报》2022 年 3 月 10 日。

方面都存在较大差异。例如，珠三角 9 市实行内地税制，税种较多，港澳地区税种相对较少，各个税种的税率低，累进幅度小，豁免和优惠的范围较多；税收管辖权方面，内地实行"属地+属人"原则，而香港和澳门则按照单一的属地来源原则，征税范围较窄；对商品生产销售，内地要求企业按规定缴纳增值税并开具发票，而香港则没有流转税。粤港澳三地税制不统一，税法级次不同，实施中容易产生矛盾和区域税收竞争问题。[①] 大湾区的港币、澳币和人民币三种货币体系也使跨境支付税务管理监管难度加大。法律制度方面，内地实行的是中国特色社会主义法律制度，香港沿用英美法系，澳门为大陆法系。不同的税制、经济制度和法律体系使各类要素难以实现自由流动。

粤港澳大湾区行政主体是多元的，涉及到中央政府、具有法定管理权限的中央有关部门、副省级城市、其他地级城市以及两个享有高度自治权的特别行政区。中央层面已经成立了粤港澳大湾区建设领导小组，广东省以及广州、深圳等分别成立了推进粤港澳大湾区建设领导小组，香港、澳门特区政府也组建了相应的办公室。这些行政主体的权责不同，产生了错综复杂的治理关系和一定的行政壁垒，尚未形成健全有效的合作机制。

（二）城市分工不明确，无序竞争

与世界其他湾区的单中心结构不同，粤港澳大湾区形成多中心网络化空间格局，包括香港、广州、深圳 3 个中心城市。2021 年，这 3 个城市的 GDP 都超过 2 万亿元，其中深圳 3.06 万亿元，占湾区比重

---

① 民盟中央：《关于加强粤港澳大湾区税收合作与服务的提案》，人民网，2021 年 2 月 27 日。http://cpc.people.com.cn/n1/2021/0227/c436820-32038394.html。

高达 24%，广州以 2.82 万亿元位居第二，占湾区比重为 22%，高于香港 3 个百分点。这 3 个城市经济总量占整个湾区的 60% 以上，都是非常重要的中心城市。在对外开放水平、国际化程度方面，澳门也具有中心城市的地位，从制造业体系及先进性来看，佛山和东莞则具有准中心城市的潜力。这种多中心的空间格局，给区域统筹协调带来一定的困难。

粤港澳大湾区各城市发展定位不够明确，部分城市之间出现了一定的功能重叠，湾区城市群仍处于一定的无序状态。以广州、深圳、香港为例，深圳的目标是打造湾区发展的动力引擎，"一带一路"交通枢纽，科技创新中心和具有全球影响力的国际化城市；香港特区政府的目标是建设国际科创中心、金融中心、商贸中心、国际航运中心；广州的目标是国际贸易枢纽，湾区经济增长极，国家科创中心。而珠三角的其他城市，如惠州、东莞、中山等产业结构相似，缺乏统一的功能定位和规划，城市的产业发展重点都集中在科技、金融、医疗、教育及保险等产业，区域间城市规划同质性明显，产业、人才以及资金在城市间被多重争夺。① 此外，湾区有多个世界级港口群，港口腹地范围延伸广，相互之间也缺少明确的分工和职能定位，深圳港和香港功能交叉，广州港、深圳港之间存在部分外贸航线和珠江转运业务竞争，广州与东莞、珠海等港口之间存在内贸业务竞争。港口货源竞争激烈，重复建设严重，部分集装箱码头产能过剩，加剧市际无序竞争。

---

① 林先杨：《粤港澳大湾区城市群经济整合研究》，广东人民出版社 2017 年版，第 86—89 页。

（三）内部产业同质化问题突出

粤港澳大湾区城市的资源禀赋类似，部分城市之间的产业结构相似度较高。广州和深圳第三产业占比均较高，2021年第三产业比重分别为71.56%、62.9%；东莞、惠州、佛山、中山则以制造业为主，第二产业略高于第三产业，2021年第二产业比重都在50%及以上。

同时，在制造业细分领域，出现了行业同质化问题。广东省制造业产值最高的十大行业是：纺织服装服饰业、食品制造业、通用设备制造业、化学原料和化学制品制造业、专用设备制造业、橡胶和塑料制品业、金属制品业、非金属矿物制品业、电力、热力生产和供应业、汽车制造业、电气机械和器材制造业、计算机、通信和其他电子设备制造业。这些行业在珠三角9市制造业生产总值中占70%以上。

表4—4　2020年珠三角9市高产值行业　单位:%

行业	广州	深圳	珠海	佛山	惠州	东莞	中山	江门	肇庆
食品制造业	4.67	0.22	2.41	2.15	0.14	0.65	1.06	6.82	2.08
纺织业　纺织服装服饰业	3.13	1.00	0.81	5.52	1.36	2.78	3.86	3.86	3.05
化学原料和化学制品制造业	6.72	0.58	5.51	4.12	9.97	2.06	4.77	5.01	6.03
橡胶和塑料制品业	2.83	2.16	3.27	4.67	5.18	5.17	5.65	3.64	3.05
非金属矿物制品业	1.85	1.10	2.03	6.70	4.55	2.23	3.29	6.20	13.75
金属制品业	1.45	1.84	2.14	9.07	2.53	4.48	5.43	11.45	19.78
通用设备制造业	3.41	3.03	3.06	4.07	1.33	3.99	5.68	3.73	1.92
专用设备制造业	2.97	5.59	4.44	3.88	1.66	3.58	2.19	1.45	2.08
汽车制造业	27.09	1.34	1.72	5.45	2.93	1.02	2.95	2.55	4.35

续表

行业	广州	深圳	珠海	佛山	惠州	东莞	中山	江门	肇庆
铁路、船舶、航空航天和其他运输设备	1.17	0.55	0.97	0.39	0.43	0.34	0.20	5.92	0.05
电气机械和器材制造业	3.52	7.37	25.51	28.71	9.62	8.31	28.91	9.90	3.32
计算机、通信和其他电子设备制造业	9.75	59.22	16.75	2.86	38.98	45.06	13.45	9.69	5.51
电力、热力生产和供应业	5.71	3.13	4.30	2.43	5.62	2.97	5.36	8.29	5.36
合计	74.26	87.13	72.92	80.02	84.28	82.64	82.80	78.52	70.33

数据来源：2021 年广东省统计年鉴。

同质化较为严重的行业集中在计算机、通信和其他电子设备制造业，除了肇庆和佛山以外，其他城市的比重都超过 9%，其中深圳、东莞、惠州比重均超过 38%。电器机械和器材制造业，在珠海、佛山、中山比重超 25%（见表 4—4）。此外，化学原料和原材料、橡胶塑料、金属制品、通用设备、专用设备领域都集中了较多资源，在每个城市都占一定的比例。产业发展战略方面，也出现了一定的同质现象。近年来，各城市纷纷加大力度发展电气机械、电子信息、新材料、高端装备制造等行业，区域内产业发展的统筹协调机制仍未建立，资源竞争频现，协同发展程度低，特色化不明显，难以形成良性分工格局。

（四）要素跨境流动存在较大障碍

粤港澳大湾区资源要素流动存在机制体制障碍，流通不顺畅且联动机制不健全，集中表现为资金跨境、税制衔接、人员往来、数据流动、货物通关等方面的问题。

跨境资金方面，香港银行体系有大量人民币资金，通过 CEPA、自贸区等制度措施流入内地，在实际运行过程中存在很多阻碍因素，同时由于外汇管制等因素，实际流通进入内地的资金很少，"大资金、小流通"现象明显。① 对企业来说，内地对境外募资和跨境资金划转审核严格，内地总部企业通过香港将境外资金回流到境内存在较大制度障碍；内地港资企业利润回港程序烦琐。

税制衔接方面，两地税制差异较大。港澳地区税制较为简单，税率低，累进幅度小，而内地税制复杂，税率较高；内地实行"属地+属人"的税收管辖权，而港澳地区按照单一的属地来源；内地企业需要缴纳增值税，而港澳地区没有流转税。

影响人员跨境流动的主要障碍在于：内地居民赴港澳在时间及频率方面存在限制，尤其是内地人员赴港澳地区商务签注门槛偏高，粤港澳三地科研人员的流动也面临多重审批的问题；港澳居民在内地发展仍存在投资、执业范围限制、执业资格互认、医疗保险、社会保障衔接等准入限制和隐形门槛② （见表4—5），这些差异在一定程度上限制了港澳及境外高端人才到粤就业。此外，粤港澳三地的通关效率还有待提升。尽管粤港澳大湾区推出旅客通关"一地两检"等创新举措，但整体通关便利化水平距离同城化、通勤化的区域协同目标尚有较大差距。

---

① 广东外语外贸大学课题组：《新时代粤港澳大湾区协同发展》，《国际经贸探索》2019 年第 9 期。
② 杨丽：《关于推进粤港澳大湾区建设、支持香港更好融入国家发展大局的思考和建议》，《港澳研究》2022 年第 1 期。

表4—5　港澳居民在内地发展的影响因素和具体表现

影响因素	具体表现
执业资质	两地行业技术标准或监管措施存在较大差异，专业技术领域包括：金融、会计、规划、设计、建筑、教育、法律、医疗等行业，港澳执业人士在内地执业需参加内地执业考试并取得相关执业证书，同时对居住时限和固定住所有一定的限制条件。内地专业人士在香港执业，考试的标准更高，范围更大
执业范围	在内地的港澳律师执业范围仅限于非诉业务和办理涉港澳民商事诉讼案件
医疗保险	内地医院不接受境外医疗保险，港澳居民在深圳看病需要自行解决医疗费用
社会保障	粤港澳社保政策未关联。香港强制性公积金与内地社保制度无法直接关联，医疗保险和工伤保险关系互不转移或关联

资料来源：作者整理。

货物流动方面，当前广东与香港间的跨境贸易面临的最主要问题是贸易监管政策和便利化措施尚不能适应以跨境贸易电子商务为代表的新业态和新模式的发展。数据流动方面，粤港澳三地间的数据标准规范不统一，数据安全管理的政策要求不一致，数据出境的安全监管机制不具备，以及内部"信息孤岛"尚未打通。[1]

四、粤港澳大湾区一体化发展对策

从粤港澳大湾区一体化含义和逻辑思路出发，立足于大湾区当前发展基础并针对存在的障碍因素，提出以下推进粤港澳大湾区一体化发展的对策。

---

[1] 杨丽：《关于推进粤港澳大湾区建设、支持香港更好融入国家发展大局的思考和建议》，《港澳研究》2022年第1期。

（一）健全统筹协调制度，完善多中心网络空间格局

粤港澳大湾区一体化发展的统筹协调既要从战略层面做好顶层设计，也需要健全统筹协调制度体系，通过联席会议、大湾区发展办公室等协同发展机构，形成"顶层设计、分层对接、落地实施"的稳定保障结构。加强城市之间多层次的区域合作，完善多中心网络空间格局。

从发展战略着手，就是要加强粤港澳大湾区经济社会发展规划对接。中长期经济社会发展规划是区域发展的战略指南，有利于引导多中心区域协同错位发展，激发合作潜能，避免恶性竞争。[①] 区域内各政府主体要从粤港澳大湾区的发展总体战略着手，形成协同思维，协调制定和对接各自的区域经济发展规划。因地制宜制定跨区域产业规划、创新协作规划等，并制定协同发展的清晰定位和行动指南。区分粤港澳大湾区城市间的不同关系，合理设定各城市的功能和角色定位，避免粤港澳大湾区内部的过度竞争、重复建设和资源浪费。

完善多中心网络空间格局方面：首先，要发挥核心城市的引擎功能。发挥好广州—佛山、深圳—香港、澳门珠海区域合作的龙头作用，促进珠江东西两岸协同发展，完善极点带动、轴带支撑的网络结构。通过加强香港、广州、深圳这三个核心城市和其他城市之间的专业分工，提高整体网络的互补性。其次，非核心城市要结合自身优势和特色，如肇庆的生态环境优势、江门的海洋开发优势等对接大湾区整体网络。第三，通过整合珠中江、广佛肇、深莞惠三大经济圈，发

---

① 蔡春林、陈雨：《探索粤港澳大湾区协同发展新格局》，《中国社会科学报》2022 年 3 月 3 日。

挥外部规模经济作用，提升多中心网络的效率。

（二）建立差异化生产体系，促进创新链产业链融合发展

基于粤港澳大湾区各城市的优势和特点，建立差异化生产体系是解决产业同质化问题，推动产业一体化的基础。以创新赋能产业，以产业带动创新，推动创新链和产业链融合，是提升大湾区一体化发展水平的关键。

建立差异化的生产体系，使城市的资源禀赋与产业分工合理匹配，形成粤港澳大湾区产业链、供应链集群优势。依托香港、澳门、广州、深圳等中心城市的科研资源密集优势和高新技术产业基础，打造湾区研发中心、管理中心、运营总部等产业链、价值链高端环节。发挥珠海、佛山、惠州、东莞、中山、江门、肇庆等地制造能力强、产业齐全的优势，加强大湾区产业对接，提高协作发展水平。推动制造业从加工生产环节向研发、设计、品牌、营销、再制造等环节延伸。推动制造业智能化发展，以机器人及其关键零部件、高速高精加工装备和智能成套装备为重点，大力发展智能制造装备和产品。把装备制造、汽车、石化、家用电器、电子信息等优势产业做强做精，以珠海、佛山为龙头建设珠江西岸先进装备制造产业带，以深圳、东莞为核心在珠江东岸打造具有全球影响力和竞争力的电子信息等世界级先进制造业产业集群。

加强产业升级转型与创新的有机融合以及不同地区之间的创新协同发展。通过优化区域内的产业分工协作来引导创新的区域合作，形成功能明确、层次合理、各有侧重的区域创新协作网络。首先，建设粤港澳大湾区创新联盟，以产学研合作为轴线，实行同一产业在不同

地市之间主导与协同式的创新协作，促进行业的全产业链创新与制造协同提升。其次，注重不同城市特色优势产业的创新融合，尤其要加强各城市具有竞争力和结构优势行业，如交通运输设备制造、化学原料与化学制品、家具制造、纺织等产业的创新培育与科技成果转化工作，提高创新优势与产业优势的融合度。第三，以产业协作促进创新协作，鼓励港澳的高新技术产业、现代服务业和珠三角的先进制造业结合。香港和澳门在计算机、生物医药等领域的基础研发和产业应用技术水平仍处于国际领先位置，而珠三角地区的一些城市拥有广阔市场和完备产业链，可以通过优势互补形成"港澳孵化+珠三角产业化"的格局，推动珠三角地区制造业在全球产业链和价值链上由中低层向中高端攀升。[①]

（三）创新机制体制，畅通要素"软联通"，推进市场一体化

加强大湾区的规则衔接、机制对接，关键在于保持粤港澳两种制度、三个单独关税区的独特性基础上，积极融合协调，达到衔接对接的要求，以实现不同制度的特点在空间上的相互结合，使制度差异带来的红利在更广阔的区域内释放。要创新机制体制，在合作模式及管理制度和规则标准上，结合内地和港澳的优势，形成一套具有大湾区特色的模式，打造一套大湾区制度和大湾区标准。2020 年 10 月，中央发布《深圳建设中国特色社会主义先行示范区综合改革试点实施方案（2020—2025 年）》，深圳应充分把握开展综合授权改革试点的重大历史机遇，勇于和善于进行制度创新，更好地解决改革的体系性

[①]　马丽、龚忠杰、许堞：《粤港澳大湾区产业创新与产业优势融合的时空演化格局》，《地理科学进展》2022 年第 9 期。

和全局性问题，推动规则衔接、机制对接。另一方面，以大湾区重大项目为抓手，先行先试，逐个突破。在具体项目推进过程中不断发现问题，解决问题，逐个积累经验，形成一套标准，并通过集成和系统化上升为湾区标准。

推动畅通要素流动的"软联通"，围绕便捷高效的目标向前推进包括人员、物资、资金、信息数据等方面的规则衔接、机制对接，推动市场一体化。加快推进通关便利化，逐步缩小区域内规则和政策差异。完善高层次人才居留便利制度和医疗服务跨境衔接机制，完善便利港澳居民在内地发展和生活居住的政策，使其在大湾区内地城市发展享受同等待遇。搭建合作平台，鼓励香港年轻人到内地求学、创业，加快构建粤港澳三地人才综合管理平台，鼓励大湾区各市、各地区根据自身发展需求和特点，引进和培养所需的科技创新人才、组织管理人才、投资运营人才等；加快推进粤港澳职业资格互认试点，逐步取消对港澳专业科技人员的执业、从业等各类限制。探索完善国际法律服务和协作机制，探索建立泛亚太地区破产重整中心和粤港澳大湾区国际仲裁中心等。建立大湾区数据安全共享交换机制，以医疗、工业、民生、金融等重点应用领域为牵引，整合粤港澳城市群中积累的海量数据，推动建立大湾区国际数据安全流动试验区，促进数据在湾区高效流动。

（四）加强基础设施协同规划，提高空间一体化水平

加快构建现代化综合交通运输体系，推进各种运输方式一体化融合发展，提高网络效应和运营效率。统筹粤港澳三地主要港口之间的资源优化组合，避免新增重复建设，构建互惠互利的港口、航运、物

流和配套服务体系。加大力度推进港珠澳三地机场合作，尽快开通珠海机场国际口岸，与香港机场、澳门机场形成错位发展、相互补充的组合机场群，并通过公路、铁路、水运等设施形成三地机场之间的联程联运，为粤港澳大湾区打造现代化高质量综合立体交通网提供重要支撑。推动干线铁路与城际铁路、市郊铁路、城市轨道交通互联互通，加快珠三角人口稠密地区轨道交通"四网融合"，构建多层次、大容量、通勤式、一体化的快捷轨道网，推进交通基础设施硬联通。

建立新一代信息基础设施，推进信息资源集成共享，发展物联网、人工智能等高新科技，建设粤港澳大湾区大数据中心，健全大湾区数据基础设施体系。探索运用区块链、隐私计算等新技术强化数据安全防护。完善数据交易流通平台和机制，加强数据要素相关标准和技术研究，探索构建个人和法人数字空间。

（五）构建多层次、多领域的粤港澳合作发展平台，以点带面加快一体化进程

粤港澳大湾区是典型的多中心区域，各城市有不同的功能和定位。因此，粤港澳合作发展平台的构建需要综合考虑"城市层级"和"合作领域"两方面因素，构建多层次、多领域的发展平台。

城市层级方面重点突出核心城市，在核心城市建设功能齐全、具有全局重要性的合作发展平台，同时也要适度考虑在其他条件适宜的城市建设功能多样、不同层面的粤港澳合作发展平台。一是继续在香港、澳门、广州和深圳四个核心城市支持重大平台建设。根据《粤港澳大湾区发展规划纲要》《中华人民共和国国民经济和社

会发展第十四个五年规划和 2035 年远景目标纲要》，重点推进深圳前海深港现代服务业合作功能区、广州南沙粤港澳全面合作示范区和珠海横琴粤港澳深度合作示范区、落马洲河套港深创新及科技园的建设，将这四大平台打造为破解大湾区建设难题的试验场，充分发挥其辐射带动作用。二是在珠三角内各城市建设功能多样、不同层面的粤港澳合作发展平台。结合城市禀赋和优势，在佛山南海区、江门银湖湾滨海新区、东莞滨海湾新区、惠州大亚湾新区、中山翠亨新区、肇庆新区等地进行合作示范，共同推进产业发展、文化传承。

在领域的选择上，要优先选择代表大湾区未来发展实力和方向的重大战略性领域，同时适当考虑具有湾区特色的领域，为系统推进政治、经济、生态、文化等全面一体化积累经验。一是建设国际科技创新中心，深化粤港澳创新合作。香港可以发挥在科创链前段积累的技术和专利成果，依托珠三角 9 市发达的制造业，推动成果转化落地，转化为产品。同时，整合全球科技资源，带动湾区科技创新进入全球创新网络，形成具有世界影响力的科创中心，推动湾区产业升级。二是在金融领域，探索建设大湾区资本市场，逐步放宽资本的跨境流动，统一交易规则，形成区内证券、债券、外汇交易的一体化，吸引国际企业到大湾区内投资、融资，建设一流的国际金融中心。提升香港国际金融中心的功能和地位，建设人民币国际结算体系，扩大人民币在国际贸易与投资中的比重，增加人民币债券的发行，推动人民币国际化进程。此外，还可以按照宜居生活、创新活力、产业合作、教育医疗、司法行政等不同领域，探索合作平台的领域和内容的类型，为大湾区城市在政治、经济、文化、社会和生态方面的全面一体化发展积累不同层面的经验，分步骤、分阶段、有重点地推进大湾区一体化发展。

第四节　粤港澳联合"走出去"发展

粤港澳大湾区作为中国的开放前沿和产业高地，具有重大的战略地位。《粤港澳大湾区发展规划纲要》指出："深化粤港澳合作，进一步优化珠三角九市投资和营商环境，提升大湾区市场一体化水平，全面对接国际高标准市场规则体系，加快构建开放型经济新体制，形成全方位开放格局，共创国际经济贸易合作新优势，为'一带一路'建设提供有力支撑。"《中华人民共和国国民经济和社会发展第十四个五年规划和2035年远景目标纲要》也提出，支持港澳参与、助力国家全面开放和现代化经济体系建设，打造共建"一带一路"功能平台。可见，粤港澳大湾区建设的任务之一就是建立与国际接轨的开放型经济新体制，建设高水平参与国际经济合作新平台，提升创新策源能力和全球资源配置能力。

粤港澳联合"走出去"发展，既是推动大湾区产业升级转型和高质量发展的重要途径，也有利于提升中国在全球价值链中的地位，形成开放包容、更具有竞争优势的经济体系。粤港澳大湾区具有诸多成为"一带一路"高质量发展重要引擎的潜在优势。2020年11月15日，中国签署了《区域全面经济伙伴关系协定》（简称RCEP），为粤港澳大湾区开放发展提供了新的机遇。对于粤港澳大湾区来说，走出去发展要利用好"一带一路"的红利，要抓住RCEP的发展机遇，为贸易、投资、创新赋能。

一、粤港澳大湾区"走出去"发展的重大机遇

2015 年，国家发展改革委、外交部、商务部联合发布了《推动共建丝绸之路经济带和 21 世纪海上丝绸之路的愿景与行动》，"一带一路"倡议正式实施。"一带一路"倡议坚持共商、共建、共享原则，积极推动沿线国家发展战略对接。共建"一带一路"旨在促进经济要素有序自由流动、资源高效配置和市场深度融合，推动沿线各国实现经济政策协调，开展更大范围、更高水平、更深层次的区域合作，共同打造开放、包容、均衡、普惠的区域经济合作架构。"一带一路"的互联互通项目将推动沿线各国发展战略的对接与耦合，发掘区域内市场的潜力，促进投资和消费，创造需求和就业，增进沿线各国人民的人文交流与文明互鉴。在粤港澳大湾区中，香港金融优势突出，是现代服务业高度发达的国际化都市，澳门是中葡经贸合作平台，珠三角作为世界制造业高地具有产能优势。"一个国家、两种制度、三个单独关税区"的特殊区情和发展实力，有利于发挥粤港澳大湾区在国际经济贸易合作中的独特优势。

RCEP 是全球最大的自由贸易协定，经济贸易规模最大，市场容量庞大。RCEP 的目标在于"期望通过本协定，在缔约方之间现有经济联系的基础上，扩大并深化本地区经济一体化，增强经济增长和公平的经济发展，推进经济合作；希望增强缔约方的经济伙伴关系，以创造新的就业机会，提高生活水平，改善各国人民的普遍福利；寻求建立清晰且互利的规则，以便贸易和投资，包括参与区

域和全球供应链"①。从内容方面看，表4—6显示RCEP涵盖货物、服务、投资各方面，及4个市场准入承诺，整合了区域内的经济贸易规则，如原产地、贸易便利化、贸易救济、竞争、知识产权保护等，能够有力支持自由贸易和多边贸易体制，进一步推动区域产业链、供应链稳定，促进各成员国的贸易发展，为疫情影响下的全球经济注入新的增长动力。

表4—6　RCEP文本主要内容

	原产地规则
	海关程序与贸易便利化
	卫生与植物卫生措施
规则	标准、技术法规和合格评定程序
	贸易救济
	竞争
	知识产权保护
	电子商务
投资	投资
	货物贸易
贸易	服务贸易（金融服务、电信服务、专业服务）
	知识产权
	关税承诺表
	服务具体承诺表
市场准入承诺	投资保留及不符措施承诺表
	自然人临时流动具体承诺表

资料来源：根据https：//cn.rcepnews.com/整理。

---

① 中华人民共和国商务部：《区域全面经济伙伴关系协定》序言。http：//fta.mofcom.gov.cn/rcep/rceppdf/xy_cn.pdf。

RCEP 为粤港澳大湾区企业开拓全球市场提供巨大的机遇。一方面，作为全球最大的自贸区，为企业提供了足够的市场容量，而这些市场与中国经济高度互补；另一方面，RCEP 与中国"一带一路"倡议的方向高度重叠，可以相互促进，共同推进区域合作，增强联通性。"一带一路"倡议在推动基础设施互联互通方面发挥着重要作用，而 RCEP 则通过协调跨境贸易和投资规则，加强"软联通"，这两者具有很强的互补性。

二、"一带一路"和 RCEP 给粤港澳大湾区提供的机遇

在"一带一路"建设与 RCEP 实施的双重机遇下，粤港澳大湾区可以依托空间上的区位优势、雄厚的经济总体实力以及高水平的开放度，成为中国与东盟开展深入合作的重要突破口。RCEP 框架下的规则协议有利于粤港澳大湾区更便利地与"一带一路"沿线国家合作，有利于强化粤港澳大湾区在"一带一路"建设中的支撑地位。大湾区在走出去的过程中，可以充分整合"一带一路"和 RCEP，产生 1+1>2 的效能，形成双轮驱动的经济合作发展格局。[①]

（一）深化贸易投资合作

投资贸易合作是"一带一路"建设的重点内容。通过解决投资贸易便利化问题，消除投资和贸易壁垒，构建区域内和各国良好的营商环境，积极同沿线国家和地区共同商建自由贸易区，激发释放合作

---

① 中国商务新闻网：《当一带一路遇上 RCEP》，2020 年 11 月 26 日，见 https：//baijiahao. baidu. com/s？id=1684386577761322406&wfr=spider&for=pc。

潜力。RCEP 以贸易自由化与便利化作为首要任务,将大幅降低关税和非关税壁垒,提高区域内生产要素和商品自由流动,有利于区域一体化大市场的形成。根据 RCEP,各成员国在货物贸易、贸易便利化、投资、服务等领域作出了比 WTO 相关协议及已有中国—东盟"10+1"自贸协定更高的开放承诺。[①] 近90%的货物贸易将在 10 年内逐步分阶段实现零关税,在贸易便利化措施中,大大简化了通关手续,采取预裁定、抵达前处理,结合信息技术提高通关效率。采用负面清单推进投资自由化,提升了投资政策透明度。因此,在"一带一路"和 RCEP 的带动下,将进一步打破市场与要素流通障碍,大湾区将迎来与 RECP 成员国之间商品、要素及服务市场的融合,带动粤港澳大湾区与 RCEP 成员国双向投资,推动更多本地企业走出去,也将吸引更多外资进入大湾区。

海关数据显示,2022 年第一季度,广东对已生效的 11 个 RCEP 成员(印度尼西亚、菲律宾、缅甸除外)进出口总额为4571.51 亿元人民币,占全省进出口总额的 25.03%,其中,出口 2034.98 亿元,同比增长 5.16%,高于一季度全省出口的平均增长率 3 个百分点,RCEP 为出口企业带来的市场效应初显。[②]

(二)提升大湾区在价值链中的位置

"一带一路"倡议致力于促进区域产业链相互连通,这与 RCEP 互相配合、互为补充。RCEP 通过贸易投资便利化和经济技术合作措

[①] 中华人民共和国商务部:解读《区域全面经济伙伴关系协定》(RCEP),2020 年 11 月 15 日,见 http://www. mofcom. gov. cn/article/ae/sjjd/202011/20201103015927. shtml。

[②] 南方网:《一季度广东对 11 个 RCEP 国家进出口总额超 4500 亿元》,2022 年 4 月 29 日,见 http://static. nfapp. southcn. com/content/202204/29/c6448494. html。

施，改善区域产业发展环境，深化域内产业链、价值链，推动区域产业链的重构。在原产地规则方面，RCEP 使用区域累积原则，使得产品原产地价值成分可在 15 个成员国构成的区域内进行累积，来自 RCEP 任何一方的价值成分都会被考虑在内，这将显著提高协定优惠税率的利用率。例如，根据此前成员间双边自贸协定原产地规则不能算作某国原产的某一产品，经过区域价值累积后，将可能被认定为 RCEP 区域原产，享受 RCEP 优惠关税。这不仅有助于扩大 RCEP 成员国之间的贸易，还将极大地促进区域供应链、价值链的深度融合和发展。

　　粤港澳大湾区加工贸易业比重较高，机械、电子、轻工、纺织、建材、家电、家具等行业是珠三角较为传统的劳动和资源密集型产业，通过与"一带一路"沿线国家，尤其是东南亚国家共建经贸合作园区为这些行业的企业"走出去"提供了有力支撑①，为这类企业带来更好的转型升级空间，推动中间品的加工生产能力提升，推动加工贸易环节转型升级，不断提升大湾区在价值链的位置。同时，也为粤港澳大湾区企业参与区域产业链的重构提供机遇。RCEP 在关税削减、原产地规则以及贸易便利化规则等方面体现出"高质量"特征，能够整合区域内贸易投资，形成更大规模的贸易创造效应，促进域内的产业分工合作，有利于大湾区优化区域产业链、供应链布局。大湾区原有供应链产业链将基于整个 RCEP 各成员国的比较优势重新调整布局。② 通过建立更精细更完善的产业链分工体系，降低产品的生产

---

① 汪一洋：《广东参与"一带一路"战略研究》，南方日报出版社 2017 年版，第 9 页。
② 马飒、张二震：《RCEP 下粤港澳大湾区一体化发展思路》，《开放导报》2021 年第 5 期。

成本。这也将带动大湾区往产业链的上下游不断延伸，形成更稳固和完善的供应链和价值链。

（三）助力粤港澳大湾区金融中心建设

在"一带一路"倡议框架下，粤港澳大湾区与东南亚地区在基础设施互联互通、工业园区建设、经济走廊建设方面有很好的合作基础和需求。而推进这些领域的合作需要大量的资金。香港作为成熟的国际化资本市场，具有强大的直接融资功能，有条件成为"一带一路"建设中的融资平台，解决合作中的资金融通问题。香港作为全球最大的人民币离岸中心，可以开发出更多人民币投资产品，进一步助力人民币国际化进程，尤其是推动人民币在"一带一路"沿线国家的国际化，逐步推动人民币作为这些国家投资和储备货币的功能。香港作为国际金融中心、国际大都会的地位也将得到进一步巩固和发展。

RCEP 生效以后，香港成为大湾区企业拓展贸易的助力平台，为内地企业和外国企业提供多元化的专业贸易和金融服务。跨境电商、金融结算、物流、信息服务需求显著增加，服务贸易行业获得更广阔的市场。2022 年 1 月，香港已经正式提交 RCEP 申请，约 18 个月以后加入，未来香港可以凭借强大的国际金融业和全球供应链，成为世界贸易融资中心。①

（四）加速创新要素集聚

在新一轮科技革命与产业变革中，人工智能、大数据、云计算、

---

① 中央人民政府驻香港特别行政区联络办公室经济部贸易处：《香港可借 RCEP 成为世界贸易融资中心》。

5G 等新技术加速应用，极大地推动生产方式变革，重塑全球产业竞争和分工模式。[①]"一带一路"遵循共商共建共享原则，坚持创新驱动发展，推动资本、技术、人才等要素流动，促进生产与创新要素自由流动，有利于粤港澳大湾区创新要素集聚，吸引"一带一路"沿线国家的先进制造业和高新技术产业开展投资合作。

RCEP 在知识产权、服务、投资及自然人移动等领域均高于已有自贸协定的承诺标准，有利于促进创新要素的流动，提升对全球创新资源的吸引力。按照 RCEP 知识产权规则，将为著作权、商标、地理标志、专利、外观设计、遗传资源、传统知识、民间文艺和商业秘密等提供高水平保护，全面提升知识产权整体保护水平。在服务业方面，中国在 RCEP 项下服务贸易的开放承诺相比 WTO，新增了研发、管理咨询、制造业相关服务、空运等 22 个部门，并提高了金融、法律、建筑、海运等 37 个部门的承诺，将进一步促进专业人才的流动，有助于进一步提升粤港澳大湾区的专业服务人才国际化水平。RCEP 条款中扩大了自然人移动承诺适用范围，除服务提供者外，还涉及投资者、随行配偶及家属等所有可能的跨境流动人员，并对专业资质互认作出合作安排，为大湾区引进国际专业人才，在关键技术和重要支柱行业实现全球人力资源配置提供了有力支撑。[②]

---

① 商务部国际贸易经济合作研究院课题组：《共建合作机制"一带一路"经贸合作逆势前行》，《国际经济合作》2021 年第 5 期。

② 谢宝剑：《RCEP 下的粤港澳大湾区面临哪些机遇与挑战？》，暨南大学经济学院网，2022 年 3 月 15 日，见 https：//ec. jnu. edu. cn/2022/0315/c24917a684841/page. htm。

三、"一带一路"和 RCEP 给粤港澳大湾区发展带来的挑战

"一带一路"和 RCEP 给大湾区带来不少机遇，但同时带来的挑战也不容忽视。开放竞争的新形势，产业加快转移造成经济下行和产业衔接的压力都是粤港澳大湾区"走出去"面临的挑战。

（一）产业转移加速

在"一带一路"倡议下，企业对外投资的步伐加快，出现从单个企业走出去向全产业链输出的转型。RCEP 的签订，提高了中国与东亚"一带一路"沿线国家间的产业关联性，在投资和贸易便利化规则的推动下，为产业转移和扩散提供了有利环境，可能导致部分生产环节转移出去。新冠疫情暴发后，全球产业链和供应链的安全性问题在国家政策中的地位凸显。因此，在 RCEP 创造的产业扩散的良性环境与新冠疫情暴露的产业链安全性的相互叠加影响下，一些跨国企业倾向于将部分生产，甚至研发部门转移出去，向"一带一路"沿线的东亚和东南亚国家分散布局。同时，关税减免也将大大降低成员国之间产业转移的成本，推动产业转移加速。在这个过程中，也可能会使一部分高端制造业和研发环节转移出去。

（二）开放竞争的新形势

"一带一路"沿线 60 多个国家中，有不少发达经济体和新兴市场国家，是中国、美国、欧盟、日本等国家贸易竞争的重要地区，竞争激烈。同时，部分发展中国家和地区贸易保护主义抬头，由于产业

结构相似、产品趋同，双方之间在双边和全球层面的竞争关系比较明显，贸易摩擦呈现增多的趋势。

RCEP 的成员国中，日本、新加坡、澳大利亚等发达国家在先进制造业、贸易和航运、国际营商环境等领域的实力都较强，这使粤港澳大湾区将面临开放竞争的新形势。按照 RCEP 相关协议内容，区域内的货物贸易最终零关税产品数整体上将超过 90%，服务贸易和投资总体开放水平显著高于原有"10+1"自贸协定，还纳入了高水平的知识产权、电子商务、竞争政策、政府采购等现代化议题。由于区域内贸易将几乎没有任何阻碍，出口行业竞争加剧，低效率的企业将被淘汰退出。

RCEP 涉及 15 个国家，各国产业优势不同，竞争力也不同。日本、韩国、新加坡、澳大利亚、新西兰等发达国家在科技创新、先进制造、营商环境和现代服务、贸易和航运领域技术领先，拥有很强实力；而越南、泰国、马来西亚等新兴发展中国家则廉价劳动力丰富，在劳动密集型产业方面具有显著的成本优势。对粤港澳大湾区来说，更加开放的同时，也意味着将面临全方位的全产业链竞争态势。[1]

四、联合"走出去"发展的对策

第一，优化国际市场布局，推动对外贸易高质量发展。

珠三角应以实施贸易高质量发展十大工程为抓手，持续优化国际市场布局，加快推进进出口贸易均衡发展。把握"一带一路"和

---

[1] 商务部：《迎接 RCEP 生效　粤港澳大湾区以开放姿态把握机遇与挑战》，2021 年 3 月 2 日，见 http：//fta. mofcom. gov. cn/article/rcep/rcepgfgd/202103/44580_ 1. html。

RCEP 机遇，继续深挖东盟、日韩等传统市场潜力，同时综合研判未来市场格局和消费群体提前布局新市场。充分发挥澳门平台优势，开拓与葡语国家新市场，深化与拉美国家贸易合作。

第二，推进外贸新业态发展。

在全方位优化外贸结构，在稳定传统外贸优势基础上，以粤港澳大湾区建设全球贸易数字化领航区为契机，加快发展数字贸易。落实好《国务院办公厅关于加快发展外贸新业态新模式的意见》，大力支持跨境电商、市场采购、离岸贸易等新业态发展，高质量建设好跨境电商综合试验区。

第三，提高外资利用质量，推动贸易投资一体化。

粤港澳大湾区应发挥港澳优势，打造稳定、公平、透明、可预期、法治化的一流营商环境，全面提高利用外资质量。加强协同联动，因地制宜制定完善"产业链图谱"，创新升级投资促进平台，提升招商引资效能。积极对接中欧投资协定，促进与欧洲国家在新能源汽车、人工智能、云计算、医疗健康等领域合作。

推动贸易投资一体化发展，进一步扩大与亚洲周边、非洲、拉美等新兴市场合作，在稳定供应链的同时提升全球配置资源能力。例如，在亚洲，以 RCEP 生效为机遇，加快推进纺织服装业、轻型制造业等区域内布局，大力发展跨境电商、现代服务业。精准衔接中欧班列、西部陆海新通道，用好我国境外经贸合作区，联手港澳共同拓展沿线贸易投资合作。

第四，探索对接国际高标准市场规则体系。

全力做好 RCEP 各项条款的梳理工作。通过对标 RCEP 的经贸规则来推进大湾区规则制度改革，不仅是充分利用 RCEP 规则红利的现实需求，还有利于完善大湾区开放型经济新体制，提升开放水平，也为逐步对接《全面与进步跨太平洋伙伴关系协定》（简称 CPTPP）的高标准规则打下基础。通过自贸试验区和开发区等各类平台，对标国际高水平经贸规则，在服务贸易、投资自由便利、知识产权保护、金融服务、绿色发展等领域积极探索规则创新、机制创新、管理创新，在湾区打造国际领先的营商环境和高水平制度型开放格局。

参考文献

曹小曙：《粤港澳大湾区区域经济一体化的理论与实践进展》，《上海交通大学学报（哲学社会科学版）》2019 年第 27 期。

蔡春林、陈雨：《探索粤港澳大湾区协同发展新格局》，《中国社会科学报》2022 年 3 月 3 日。

陈广汉：《大湾区建设，发挥"一国两制"优势是关键》，《中国社会科学报》2022 年 9 月 11 日。

崔树彬、贺新春、董延军等：《珠江三角洲向港澳供水的水权水价及管理探讨》，《水利发展研究》2008 年第 12 期。

广东外语外贸大学课题组：《新时代粤港澳大湾区协同发展》，《国际经贸探索》2019 年第 9 期。

蒋家乐：《高水平建设"轨道上的大湾区"》，《中国交通报》2022 年 3 月 10 日。

林先杨：《粤港澳大湾区城市群经济整合研究》，广东人民出版社 2017 年版。

刘亮：《大湾区教育合作空间大》，《经济日报》2022 年 4 月 25 日。

刘逸：《粤港澳大湾区经济韧性的特征与空间差异研究》，《地理研究》2020 年第 9 期。

马丽、龚忠杰、许堞：《粤港澳大湾区产业创新与产业优势融合的时空演化格局》，《地理科学进展》2022 年第 9 期。

马飒、张二震：《RCEP 下粤港澳大湾区一体化发展思路》，《开放导报》2021 年第 5 期。

覃成林、黄龙杰：《创新合作与广州建设粤港澳大湾区创新增长极》，《城市观察》2019 年第 1 期。

商务部国际贸易经济合作研究院课题组：《共建合作机制"一带一路"经贸合作逆势前行》，《国际经济合作》2021 年第 5 期。

陶燕琴、李柯柯、赵章等：《打造南方教育高地　推动高等教育融合发展——2021 年第三届粤港澳大湾区高等教育合作发展圆桌对话会议综述》，《教育导刊》2022 年第 1 期。

许乃中、奚蓉、石海佳等：《粤港澳大湾区生态环境保护现状，压力与对策》，《环境保护》2019 年第 47 期。

薛凤旋：《香港与内地——回顾香港的经济发展》，《当代港澳研究》2017 年第 1 辑。

杨丽：《关于推进粤港澳大湾区建设、支持香港更好融入国家发展大局的思考和建议》，《港澳研究》2022 年第 1 期。

粤港澳大湾区战略研究院：《2020 粤港澳大湾区发展报告》，科学出版社 2020 年版。

第 五 章

大突破

——粤港澳大湾区迈上发展新台阶

粤港澳大湾区建设作为国家区域重大战略，是中国区域经济实践的又一重大创新，成为理论和决策咨询研究的一个热点。这一方面说明了中国区域经济实践进入了自主探索的新时代；另一方面也意味着作为中国自主探索的区域经济发展模式，粤港澳大湾区建设必须实现大突破，由此迈上一个新的发展阶段。本章从粤港澳大湾区积极探索区域经济新实践，助力中国重回世界经济舞台中央的角度，分析粤港澳大湾区迈上发展新台阶的主要举措，包括建设中国特色的世界级城市群、打造高质量发展典范、率先建成智慧社会、发挥"一国两制"制度优势四个方面。

第一节　粤港澳大湾区实现大突破的思路

　　大突破主要是指粤港澳大湾区未来发展必须能自主探索适合粤港澳大湾区的发展道路，主要体现在三个方面。一是成为中国经济持续稳定发展的增长极，二是成为引领中国区域经济发展模式的示范地，三是跻身世界一流湾区行列。由此可见，实现大突破对于粤港澳大湾区未来发展至关重要，同时也面临很大的挑战。因此，就需要把握湾区发展规律，提出粤港澳大湾区实现大突破的思路。基于这样的认识，本节在回顾湾区的演变历程基础上提炼湾区演变的特点，然后分析湾区经济的推动力，最后提出粤港澳大湾区实现大突破的思路。

一、湾区演变历程

结合区域经济演变相关研究，从辩证唯物主义的视角看，一个区域的经济发展是多种因素共同作用的结果，会呈现阶段性的特征，而在每一个阶段，影响区域经济发展的主导因素会有所不同。因此，把握区域经济演变的历程，对于一个区域谋划未来发展具有重要的意义。在一定程度上，只有把握了演变历程的规律，才能保证未来发展策略的成功。从区域经济发展理论看，湾区发展大致经历了三个阶段，分别是初步形成、快速发展、成熟稳定，同时湾区的演变过程主要体现在以下三个方面：一是产业结构的演变，二是经济形态的演变，三是空间结构的演变。

（一）湾区产业结构的演变

产业是区域经济发展的基础和推动力。只有产业兴旺，区域才能繁荣发展。而产业发展也是区域内部条件和外部影响因素共同作用的结果。综观世界主要湾区的发展历程，湾区产业结构主要经历了三个重要阶段，分别是临港工业为主导产业的初步形成阶段、服务业为主导产业的快速发展阶段、"创新+"产业为主导产业的成熟稳定阶段

（见表5—1）。

表5—1　湾区产业结构演变阶段

发展阶段	主导产业	主要特点
初步形成	临港工业	湾区成为一个具有自我发展能力的工业区
快速发展	服务业	湾区产业发展带有明显的服务业特征，对内和对外联系更加紧密
成熟稳定	"创新+"产业	湾区产业发展引领经济体产业发展和转型，并成为经济体产业转型的策源地

第一，临港工业主导的初步形成阶段。在此阶段，湾区首先借助良好的自然条件，成为所在国家重要的港口。在海洋经济时代，天然良港具有明显的发展优势，湾区正是凭借这一优势奠定了发展的基础。同时，为了疏散货物，疏港公路和铁路开始建设。此后，湾区在装卸运输业运输货物的基础上，开始发展以运输货物初步加工和深加工为主的工业，临港工业开始形成。从产业发展来看，以临港工业为基础，湾区不仅仅是一个货物中转站，而是成为一个具有自我发展能力的工业区。

第二，服务业主导的快速发展阶段。湾区产业以服务业为主导。在此阶段，随着城市规模日益扩大，"城市病"开始出现，环境污染治理的需求日益增大，同时随着区域分工范围的扩大，工业经济竞争日益激烈，这就为湾区重新选择产业提供了动力，湾区开始走上对环境更加友好、辐射范围更大、增值能力更强的服务业发展之路。从产业发展的角度看，湾区经历了从工业发展向服务业发展的转型，湾区带有了明显的服务业特征，对内和对外的联系更加紧密。

第三，"创新+"产业主导的成熟稳定阶段。湾区产业以"创新+"产业为主导。在此阶段，随着创新成为驱动产业发展的主要动力，新兴产业不断涌现，同时产业发展呈现产业与产业之间的界限日益模糊、产业链不断延伸、产业全球布局不断深化三个特点。这就使得创新真正成为湾区发展的推动力，并不断渗透到经济发展的各个领域，以"创新+"为核心的产业集聚成为湾区发展的重要基础，并成为影响湾区未来发展的关键。这是因为创新带来的不确定性使得湾区发展存在多种路径，至于湾区未来会进入哪条发展路径，主要取决于创新的方向、规模，以及与其他湾区在创新中的关系等。同时，湾区产业发展开始引领经济体产业转型和发展。

（二）湾区经济形态的演变

随着湾区主导产业的不断演变，湾区的经济形态也随着产业结构的调整呈现出相应的变化。与之相对应，湾区的经济形态也经历了三个阶段，分别是工业经济、服务业经济和创新经济（见图5—1）。

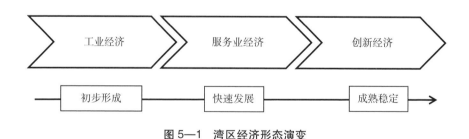

图5—1 湾区经济形态演变

一是工业经济为主要特征的初步形成阶段。在此阶段，湾区的经济形态主要是以工业经济为基础。工业经济是整个湾区经济的主体，也是经济系统运转的核心。以临港工业为基本形态，其他配套工业以产业链上游和下游为基础进行发展，人口的分布、其他业态的发展都是以工业经济发展的规模和工业经济的布局为基础展开。由于工业经济需要大量的劳动力、原材料和基础设施建设，随着工业经济的不断发展，以工业经济为主要特征的公共基础设施建设、公共服务体系也在不断建立。因此，湾区此阶段发展带有明显的工业经济特征，为湾区未来发展奠定了良好的经济基础。

二是服务业经济为主要特征的快速发展阶段。随着工业的不断发展，工业给城市所带来的环境污染、交通拥堵、生活成本高企等问题开始显现。同时，随着交通方式的不断完善，湾区与外界的联系更加紧密，为工业产业链布局和工业有序转移提供了更为广阔的空间。湾区经济开始向工业设计、金融服务、产品销售等高附加值环节转变，湾区经济形态开始向服务业经济转型，主要体现在零售业、金融业、保险业、租赁业、旅游业、餐饮和住宿业开始蓬勃发展，并逐步超过工业，在湾区产业结构中占据重要地位，并开始形成以服务业经济为核心的湾区经济系统，人口结构、就业形态和公共服务提供方式都开始呈现以服务业为主导的特点。因此，湾区此阶段发展带有明显的服务业特征，服务业带来的高附加值推动了湾区的快速发展。

三是创新经济为主要特征的成熟稳定阶段。随着服务业经济的发展，湾区与外界的联系更加紧密，湾区开放的特征更加明显。但是，随着湾区生活成本的进一步提高，湾区发展需要新突破。为了满足湾区内部以及其他区域对于产品的更加多样化需求，就需要湾区不断创新，创造更多更高质量的产品和服务，创新带来了新业态、产生了新就业形态、推动了湾区经济进入以创新经济为主要特征的发展阶段。从产业与城市的关系看，创新以其强大的附加能力，推动了产业的创新+和城市的创新+，打破了产业与产业之间的边界，产业与产业之间的界限由原有的产业类型的划分，开始转向产业凝聚了多少创新要素。只有那些凝聚了更多创新要素的产业才会在湾区保留并继续发展下去。因此，湾区此阶段发展带有明显的创新经济特征，同时创新所带有的不确定性，吸引着创新人才流向湾区，也让湾区发展充满无限可能，湾区由此进入了充满活力的成熟稳定阶段。

（三）湾区空间结构的演变

区域经济发展的历程表明，城市发展与产业发展和经济形态演变是相辅相成、相互推动的过程。随着湾区产业的不断演进，湾区经济形态的不断转变，湾区空间结构演变也经历了三个阶段，分别是临港工业区+区域商业中心为基础的初步形成阶段、多中心城市和城市多中心共同发展为基础的快速发展阶段、城市群为基础的稳定繁荣阶段（见表5—2）。

表5—2　湾区空间结构演变阶段

发展阶段	空间结构	主要特征
初步形成	临港工业区+区域商业中心	进出口贸易实现对外联系，临港城市出现并开始扩张，人口规模扩大催生了产业集聚，城市功能区和区域商业中心开始出现，对内聚集趋势明显形成。
快速发展	多中心城市和城市多中心共同发展	各类产业迅速发展；城市规模扩大，以临港城市为中心的新城市不断出现，城市内部出现了不同的功能区，城市进入多中心阶段，城市间联系日益紧密。
成熟稳定	城市群	中心城市产业直接服务整个经济腹地范围；城市功能分工更加明显，城市群形成。

首先，临港工业区+区域商业中心为基础的初步形成阶段。在这

个阶段，湾区港口的优势得以显现并不断维持，成为城市形成中的历史和偶然因素。此时，借助进出口贸易，临港工业区实现了对外联系。同时，因为要为从事装卸运输业人员的衣食住行服务，商业开始发展，进而形成了最初的临港城市，并随着人口规模的不断扩大开始扩张。随着临港城市人口规模的扩大、临港工业的发展，临港工业和其他商业开始出现集聚发展态势，城市功能区开始形成，最显著的标志就是开始出现区域商业中心。并且，随着城市功能区的分工合作，"工业+商业"所形成组合的作用显现，使得城市对内集聚的能力得以释放，湾区发展实现了初步的积累。湾区空间结构主要表现为临港工业区与区域商业中心两大类型城市为主体的空间结构，为湾区空间结构未来优化奠定了基础。

其次，以多中心城市和城市多中心共同发展为基础的快速发展阶段。在这个阶段，随着服务业开始逐步取代工业，成为湾区的主导产业，在推动湾区空间结构演变过程中，"工业+商业"的组合开始向"城市+产业"转变。在"城市+产业"组合的推动下，临港城市不断扩大，并且随着疏港公路和铁路的建设，以临港城市为中心，开始出现新的城市，湾区功能分工的空间范围进一步扩大。同时，城市内部区域也开始出现功能的分化，出现了不同的功能区，城市也进入了多中心发展阶段，并以此引导城市功能和结构的优化。在城市多中心和多中心城市的双重作用下，湾区空间结构不断优化，成为吸引物流、人流和信息流的重要区域，要素流的快速流动又进一步强化了城市之间和城市内部功能区之间的联系，使得多中心城市和城市多中心并存成为此阶段湾区空间结构的主要特征。

最后，以城市群为基础的成熟稳定阶段。在这个阶段，湾区的主动选择性开始显现。区域经济学的研究表明，区域是经济主体与区位共同组成的，经济主体与区位之间的相互作用是区域发展的重要推动力，也是主要制约。湾区多中心城市阶段虽然处在快速发展时期，但是也存在一些无序发展的情况，主要原因是此阶段经济主体的作用超过了区位的要求。湾区进入成熟稳定阶段时，湾区作为区位的主动选择性开始体现，主要表现在湾区会运用政策，引导与之匹配的要素更多流入湾区，同时发挥市场作用，引导不符合湾区未来发展的要素流出湾区。城市与城市之间的分工合作呈现功能更加合理、结构更加优化的特点，湾区进入城市群发展阶段。

二、湾区发展动力

只有认识了湾区发展动力，才能更好把握湾区演变的历程，也才能为湾区未来发展策略的谋划提供理论指导。目前，关于湾区发展动力形成了两种认识，一是系统动力学的认识，二是基于增长极理论的认识。

（一）基于系统动力学的湾区发展动力认识

系统动力学理论的基本观点鲜明地表明了它的系统、辩证的特征，它强调系统、整体的观点和联系、发展、运动的观点。[1] 基于系统动力学关于湾区发展推动力的研究，认为湾区发展有三个动力，分别是基础性动力、内生性动力和外源性动力，并且三个动力是相互影

---

[1]　王其藩：《系统动力学》，上海财经大学出版社 2009 年版，第 1 页。

响、相互支撑，共同推动湾区不断发展。其中，基础性动力是指湾区的自然资源和基础设施等的驱动力；内生性动力是指湾区发展中形成的内在力量，主要包括分工、知识共享、规模经济、网络创新、降低交易费用等；外源性动力是指推动湾区发展的外部性力量，主要包括政府规划和引导、市场的兼并和整合等。

随着湾区的不断发展，上述三个动力之间的关系也在不断发生变化。按湾区的演变历程，在湾区初步形成阶段三个动力之间的关系是，基础性动力发挥关键作用，内生性动力逐步增强，外源性动力起重要推动作用；在湾区快速发展阶段，内生性动力发挥主导作用，基础性动力作用下降，外源性动力逐步增强；在湾区成熟稳定阶段，内生性动力保持主导作用，外源性动力居第二位，基础性动力退居第三位。由于湾区的不同城市处于不同发展阶段，因此在湾区未来发展中要想实现大突破，必须处理好整体与部分之间的关系，合理利用三种动力，使其形成发展合力。

（二）基于增长极理论的湾区发展动力认识

从区域功能的基本构成单元来看，增长极与经济腹地是区域的一种空间组织形态。湾区作为区域的一种类型，在国家经济发展大局中占据重要地位，是国家经济发展的增长极。同时，从湾区内部来看，湾区也形成了以中心城市为增长极，以节点城市和特色城镇为经济腹地的区域空间格局。从区域经济学关于区域的认知来看，湾区更多体现的是区域的经济属性。换句话说，海湾的经济发展水平只有达到一定程度才能成为湾区，也就是海湾只有发展为推动国家甚至世界经济的增长极才能实现地理属性向经济属性的转变。因此，增长极理论可以为研究湾区发展动力提供很好的理论基础。

法国经济学家弗郎索瓦·佩鲁指出，经济增长并非同时出现在所有的地方，它以不同的强度首先出现在一些增长点或者增长极上，然后通过不同的渠道向外扩散，并对整个经济产生不同的最终影响，在经济空间中起着支配和主导作用的部门称之为增长极。此后，佩鲁的弟子布代维尔进一步指出，增长极不是主导部门，而是主导部门所在的城市，它通过扩散效应带动所在区域腹地的发展。并且，布代维尔进一步提出不同等级的增长极与其腹地是构成区域经济空间的最基本结构单元。基于这一认识，海湾要发展为湾区，必须创造一个对内集聚和对外扩散的环境，才能通过累积因果循环的不断作用，成为国家经济大局的重要增长极。因此，湾区要想更好发展，必须创造一个更加有利于要素流动的环境。

综合系统动力学和增长极理论关于湾区动力的研究，可以发现，湾区发展是一项系统工程，需要处理好各种关系，同时也表明无论制约湾区的各种关系如何改变，推动要素的更加自由流动都可以为更好处理制约湾区的各种因素提供前提。区域经济学的研究表明，区域之间的关系会随着经济和社会发展而不断演变，政策只有顺应演变的过程，才能实现与市场的良性互动，引导经济社会长期稳定发展，而其中起关键作用的因素就是各类要素与区域比较优势的匹配。从区位选择的视角看，就是经济主体与区位的匹配。这是因为，区域本质是经济主体与区位相互作用形成的空间单元，经济主体与区位之间的匹配程度是区域发展的根本。区域发展的程度和经济主体与区位的匹配程度密切相关。因此，粤港澳大湾区要实现大突破，必须以区域经济学理论为指导，把握区域经济演变的规律，以大力推动形成经济主体与区位更好匹配为基础，实现发展思路的突破。

三、总体思路

结合湾区演变历程和发展动力的分析，粤港澳大湾区建设作为国家区域重大战略，要确定未来发展实现大突破的思路，就需要对粤港澳大湾区在国家发展大局中要起的作用进行分析，将粤港澳大湾区放在世界经济发展的大背景下，放在中国已经进入新时代，正处在贯彻新发展理念、构建新发展格局、推动高质量发展的关键时期，分析粤港澳大湾区实现大突破需要满足的要求，进而提出未来的发展思路。

（一）实现大突破的要求

从湾区演变的历程来看，粤港澳大湾区发展已经进入了以"创新+"产业为基础，以推动市场一体化为发展目标的阶段。从湾区发展的动力来看，粤港澳大湾区未来发展需要合理处理好政府与市场的关系，需要实现政府与市场的良性互动、互为支撑。从世界经济的大趋势来看，世界经济进入了经济转型时期，也进入了发展格局调整时期。可以预见的是，中国将重回世界舞台的中央，成为世界经济和社会发展的中心，而粤港澳大湾区发展是开启这一进程的重要一步。因此，粤港澳大湾区在未来发展过程中，就需要满足中国经济社会发展进入新时代、落实新发展理念、构建新发展格局的要求，先行先试，实现自身发展大突破的同时探索经济发展的新模式。粤港澳大湾区要实现这个目标，需要找准突破口。

一是显著增强经济发展实力，成为中国经济发展的动力源。进入新时代，对全国区域空间结构调整提出了更高的要求。从目前的区域空间结构来看，国内循环必须以国家级增长极为依托，培育其发展动能，提升其发展水平，为畅通国内循环提供"发动机"。粤港澳大湾区是中国重要的国家级增长极，是加快构建新发展格局的重要动力源。经过改革开放40多年的发展，粤港澳大湾区经济发展进入了新阶段，同时也进入了更具挑战的时期，这就要求其必须尽快由跟随者向引领者转换，通过一系列的创新举措提升经济发展活力。

二是继续增强辐射带动能力，成为辐射全球的增长极。从加快构建新发展格局的要求看，要畅通国内国际双循环，需要有链接国内国际双循环的节点，而国家级增长极是最符合这一条件的载体。粤港澳大湾区是"一带一路"建设的重要支撑和内地与港澳深度合作示范区，在对内和对外开放方面具有很好比较优势，具有探索对内和对外开放新模式的良好条件，是链接国内国际双循环的重要节点，可以通过产业链、创新链和供给链合作与共享，进一步增强对内和对外的辐射带动能力。

三是系统优化城市分工合作，加快推进市场一体化。从粤港澳大湾区城市之间的关系来看，尽管中心城市与节点城市之间尚存在较大的发展差距，但是城市与城市之间的功能分工格局已经基本形成，同时随着连接珠江口东西两岸的交通基础设施的持续完善，城市之间分工合作的条件和基础将更加成熟。因此，粤港澳大湾区未来可以更好地处理城市之间的关系，通过城市分工合作，建立多层次、多领域的高效城市联系网络，打通湾区内部的产业链、供应链和创新链，消除不合理的无序竞争，杜绝功能重叠的设施建设，积极推进市场一体化水平建设。

（二）发展思路

从区域经济理论来看，区域空间结构优化，主要是因为区域经济多极增长是以增长极理论为基础，在充分认识区域属性要考虑经济主体与区位匹配前提下，从处理增长极与增长极之间，增长极与自身经济腹地之间，经济腹地与经济腹地之间，以及增长极与其他增长极的经济腹地之间关系的角度，提出合理认识和处理区际关系的一种区域空间结构形式，其具有动态演变性、空间依赖性和时空交互性三个基本特征，三者之间的基本关系为动态演化性和空间依赖性共同决定了时空交互性，而动态演化性与空间依赖性之间又是相互依存的关系。[①]

基于以上认识，推动粤港澳大湾区建设实现大突破，必须基于湾区经济发展已经进入了从市场竞争和要素竞争阶段过渡到空间竞争的阶段。同时，区域经济多极网络空间组织已经成为区域经济空间组织的新模式。因此，粤港澳大湾区资源的空间配置将成为影响其未来发展的关键，合理的区域空间结构将是决定湾区未来发展的重中之重。这是因为，在构建更加合理的区域空间结构时，随着中心城市经济规模的不断扩大，节点城市的快速崛起，特色城镇的日益专业化，区域之间的关系变得更加复杂，市场区的叠加与争夺将成为区域发展中必须要解决的问题，这就对区域分工合作提出了更高的要求。区域合作时必须要合理处理增长极与增长极之间，增长极与自身经济腹地之间，经济腹地与经济腹地之间，以及增长极与其他增长极经济腹地之

[①] 贾善铭、覃成林：《区域经济多极增长的概念界定与辨析》，《兰州学刊》2015年第5期。

间的关系。

因此，粤港澳大湾区实现大突破的发展思路应坚持以增长极功能分工更加合理、增长极与经济腹地发展阶段有效衔接、不同空间尺度增长极层级更加协调为指导，建立合理处理多层次区际关系的体系，打造粤港澳大湾区经济多极增长格局，推动粤港澳大湾区空间结构优化为基础。

首先，结合城市分工合作的新要求，以及《粤港澳大湾区发展规划纲要》对 4 个中心城市和 7 个重要节点城市的功能定位（见表5—3），从增长极功能的角度认识并处理好粤港澳大湾区内部中心城市与中心城市之间，中心城市与节点城市之间的关系，并积极发展特色城镇，促进城乡融合发展。

表5—3　粤港澳大湾区各城市的功能定位和发展要求

功能定位	城市	目标	具体内容
中心城市	香港	国际大都会	巩固和提升国际金融、航运、贸易中心和国际航空枢纽地位，强化全球离岸人民币业务枢纽地位、国际资产管理中心及风险管理中心功能，推动金融、商贸、物流、专业服务等向高端高增值方向发展，大力发展创新及科技事业，培育新兴产业，建设亚太区国际法律及争议解决服务中心，打造更具竞争力的国际大都会。
	澳门	世界旅游休闲中心	建设世界旅游休闲中心、中国与葡语国家商贸合作服务平台，促进经济适度多元发展，打造以中华文化为主流、多元文化共存的交流合作基地。
	广州	国际大都市	充分发挥国家中心城市和综合性门户城市引领作用，全面增强国际商贸中心、综合交通枢纽功能，培育提升科技教育文化中心功能，着力建设国际大都市。
	深圳	创新创意之都	发挥作为经济特区、全国性经济中心城市和国家创新型城市的引领作用，加快建成现代化国际化城市，努力成为具有世界影响力的创新创意之都。

续表

功能定位	城市	目标	具体内容
节点城市	珠海、佛山、惠州、东莞、中山、江门、肇庆		充分发挥自身优势，深化改革创新，增强城市综合实力，形成特色鲜明、功能互补、具有竞争力的重要节点城市。增强发展的协调性，强化与中心城市的互动合作，带动周边特色城镇发展，共同提升城市群发展质量。

资料来源：根据《粤港澳大湾区发展规划纲要》整理。

其次，强化粤港澳大湾区辐射带动能力。处理好大湾区与广东省其他12个地市以及与泛珠三角之间的关系，按照《粤港澳大湾区发展规划纲要》的要求，"发挥粤港澳大湾区辐射引领作用，统筹珠三角9市与粤东西北地区生产力布局，带动周边地区加快发展"。

第三，积极做好对内和对外开放。按照《粤港澳大湾区发展规划纲要》的要求，"构建以粤港澳大湾区为龙头，以珠江—西江经济带为腹地，带动中南、西南地区发展，辐射东南亚、南亚的重要经济支撑带"，打通粤港澳大湾区对内和对外开放的通道。

第四，进一步提升网络联系强度。推动交通基础设施互联互通，为要素更加快速流动提供基础，积极推动对内和对外交通网络建设，为区域合作发展提供条件，特别是加强粤港澳大湾区与海峡西岸城市群、北部湾城市群、中南地区、长江中游地区和西南地区的互联互通，发挥粤港澳大湾区国家级增长极的辐射带动作用。

基于上述实现大突破需要满足的要求和发展思路，结合世界经济发展的趋势，中国经济发展的环境，以及粤港澳大湾区所处的发展阶段，推动粤港澳大湾区建设实现大突破应该着力做好4项互为支撑的工作，分别是：建设中国特色的世界级城市群，为中国乃至世界城市群发展探索新路径；打造高质量发展典范，积极探索"城市+产业"联动新模式，在不断推动经济转型过程中，实现空间结构的优化；率先建成智慧社会，在经济社会发展已经进入"创新+"的背景下，为更好发挥数字化服务经济社会发展和发展成果共享探索发展路径；发挥"一国两制"制度优势，积极探索更好发挥"一国两制"优势的方式，推动粤港澳大湾区一体化发展（见图5—2）。

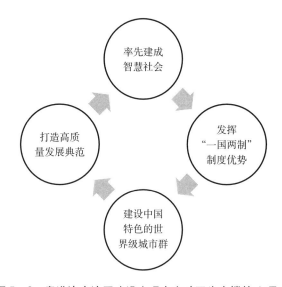

图5—2　粤港澳大湾区建设实现大突破互为支撑的4项工作

第二节　建设中国特色的世界级城市群

建设世界级城市群是粤港澳大湾区的目标。但是，通过分析可以看到，城市群的概念由来已久，这就促使我们深入思考，在此基础上再提出"大湾区"概念的深层次含义是什么？结合中国经济社会发展的现实，以及粤港澳合作发展的历程，我们认为，粤港澳大湾区在推进世界级城市群建设过程中，需要更多的自主探索，建设具有中国特色的世界级城市群，为中国经济发展注入新的活力。

一、发展目标

粤港澳大湾区建设中国特色的世界级城市群的目标就是要打造带动全国、辐射全球的国家级增长极，同时积极探索粤港澳大湾区建设世界级城市群的经验。在推进中国特色世界级城市群建设过程中，粤港澳大湾区要以形成要素更加快速流动为立足点，按照《粤港澳大湾区发展规划纲要》的要求，"坚持极点带动、轴带支撑、辐射周边，推动大中小城市合理分工、功能互补，进一步提高区域发展协调性，促进城乡融合发展，构建结构科学、集约高效的大湾区发展格局"。具体而言，粤港澳大湾区经济联系日益紧密，除了在城市层面建立协调机制以外，从区域经济多极增长的角度看，可以在珠三角已有三个组团基础上，积极谋划粤港澳大湾区"广佛肇""港深莞惠""澳珠中江"三大组团，形成多层次区域经济多极增长格局，实现粤港澳大湾区空间结构优化，推动世界级城市群建设，并积极总结建设经验，形成湾区、城市群建设的中国方案（见图5—3）。

二、主要举措

以形成要素更加快速流动为立足点，在空间竞争日益激烈的情况下，要通过优化粤港澳大湾区空间结构优化，推动中国特色世界级城

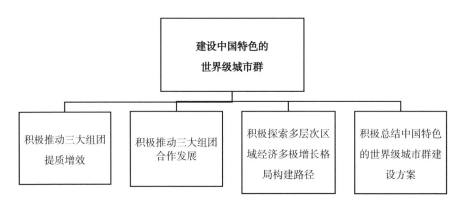

图5—3 粤港澳大湾区建设中国特色世界级城市群的思路

市群建设。

一是积极推动三大组团提质增效。香港、澳门、广州、深圳是大湾区的四大中心城市，也是每个组团的核心城市，要紧密围绕《粤港澳大湾区发展规划纲要》提出的目标，香港积极推动经济转型升级，澳门大力推进适度多元化发展，广州和深圳着力提升国际化和现代化水平，共同发挥好中心城市和组团相互支撑的核心引擎作用。

二是积极推动三大组团合作发展。组团之间要探索多渠道的合作，包括组团与组团之间、中心城市之间、中心城市与其他组团的节点城市之间。要针对这三类不同关系的异同，制定针对性政策，积极引导三大组团之间联系的强化，形成发展的合力。同时，大力推动四个中心城市之间的合作，以此带动三个组团之间的合作。尤其是要推动深圳与香港、广州与香港、广州与佛山、珠海与澳门等进一步深化交流与合作，以此推动空间一体化，为粤港澳大湾区实现珠江口东西两岸融合互动发展、优势互补、错位发展的城市群发展格局，为打造市场一体化提供良好的空间组织基础。

三是积极探索多层次区域经济多极增长格局构建路径。通过空间结构优化，加快构建开放型经济新体制，形成全方位开放格局，成为国内大循环的重要引擎，链接国内国际双循环的重要节点，共创国际经济贸易合作新优势，为"一带一路"建设提供有力支撑。

四是完善中国特色的世界级城市群建设方式。从内地与港澳合作的演变过程以及粤港澳大湾区建设的情况来看，中国特色的世界级城市群建设的最大特点是实现了有为政府与有效市场的良好互动。主要体现在市场机制在要素配置中起到决定性作用，政府积极为要素合理有序流动和优化配置创造条件，政府牢牢抓住了硬联通和软联通两个关键点，发挥了基础设施建设的先导性，通过高速铁路、桥梁和高速公路等基础设施建设，引导要素合理和有序流动。因此，在遵循城市群、湾区发展规律的前提下，中央政府从国家发展全局出发，制定和实施粤港澳大湾区发展战略，统筹协调城市群内的地方政府、企业和社会组织等发展主体的行为，形成发展合力。同时，引导城市群各城市有序竞争、合作发展，继续加大基础设施建设的力度和规模，加快构建大湾区"一小时交通圈"的步伐，并加大新型通关模式的应用，实施通关便利化改革工程，进一步减少体制机制的障碍，形成政府与市场良性互动、共促发展的新模式。

第三节　打造高质量发展典范

高质量发展是新时代中国特色社会主义的重要标志之一，表明中国在新发展理念指导下，在更高的起点上推进改革开放、全面参与更高层次的国际合作、切实提高科技自主创新能力、实现产业结构优化升级、加强生态环境保护、完善社会主义市场经济体制，实现更有效率、更加公平、更可持续的发展。因此，构建高质量的发展模式、打造高质量的发展动力、谋划高质量的发展思路，全面提升经济发展的整体质量和效益，是新时代推进发展的重要途径。粤港澳大湾区要紧密结合国家经济社会发展实际，积极探索高质量发展之路，成为高质量发展的典范，为全国其他城市群高质量发展提供借鉴。

一、发展目标

在湾区经济发展已经进入"创新+"阶段，粤港澳大湾区要打造高质量发展的典范，必须以科技创新联动发展为基础，推动传统业态与新业态融合发展、青年创新创业深度合作、优质生活圈建设。科技创新联动发展的主要目标是，实现大湾区内部科技创新成果共享和共同开发，构建以基础科技创新为基础的科技创新联动发展生态链，发挥集聚优势，同时避免重复投入和重复建设。传统业态和新业态融合发展的主要目标是，在产业界限日益虚化的背景下，引导人们形成新的产业业态观，打破传统业态和新业态的界限，实现传统业态与新技术，新业态与传统工艺的融合发展，推动形成新的业态环境。青年创业深度合作的主要目标是，在进一步推动创新创业的同时，推动内地和港澳在创新创业领域的深度合作，并逐步消除因身份所带来的政策差异和不便利性，为港澳和内地创新创业深度合作奠定基础。优质生活圈建设的主要目标，是通过打造宜居宜业宜游的优质生活圈，推动新型消费的形成和消费理念的转变，以此带动生产和流通环节的创新，从而打通高质量发展的各个环节，构建覆盖生产、流通和消费全链条的高质量产品体系（见图5—4）。

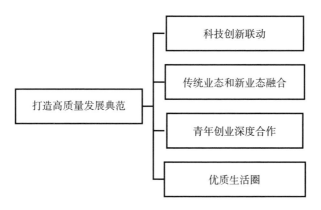

图5—4　粤港澳大湾区打造高质量发展典范的思路

二、主要举措

为实现打造高质量发展典范的目标，粤港澳大湾区未来要实施4大工程，分别是科技创新联动工程、传统产业和新业态融合发展工程、创新创业深度合作工程、优质生活圈优化工程。

第一，大力实施科技创新联动工程。以粤港澳大湾区建设国际科技创新中心为目标，在深入实施科技创新驱动战略和建设区域协同创新共同体的同时，大力推动科技创新联动工程。首先，以科技成果共享推动香港和澳门尽快融入国家科技创新体系，尤其是在科技创新成果转化领域，大力推动体制机制创新，引导科技成果的双向流动。其次，全面推进与科技创新相关的要素自由流动，尤其是积极构建人才、资本、信息、技术等创新要素跨境流动和区域融通的体制机制，合作建设国际化的科技创新平台和科技转化平台。最后，拓宽科技创新合作领域，抓住科技创新的关键环节，合作建设科技创新平台，尤其是基础研究平台，推动港澳与内地在基础研究领域的深度合作，通过建立大湾区知识产权信息交换机制和信息共享平台，加快知识产权证券化步伐。

第二，大力实施传统产业和新业态融合发展工程。将传统产业升级改造与培育新产业、新业态、新模式有机融合，实现产业模块之间的深度合作，大力推进传统产业和新产业融合发展集群工程。特别是，树立新的产业理念，打破传统产业划分带来的人才培养和就业问题，率先在全国建立新的产业分类标准，并积极引导产学研教的融合发展。在此基础上，积极扩大新兴产业规模，从新产业自身发展和为传统产业发展注入新活力的角度，统筹谋划产业发展新路径。特别是在大力发展数字经济的同时，将数字经济发展作为一种媒介，将产业发展、贸易发展、消费升级链接起来，大力推进数字贸易和重大贸易平台的融合发展。同时，进一步发展以金融服务为核心的现代服务业，为产业发展提供良好的金融服务，推动数字人民币的发展，打通跨境支付的瓶颈，率先在金融领域实现自由流动、自由支付和自由联通。

第三，大力实施创新创业深度合作工程。积极发挥"一国两制"优势，通过推动内地和港澳在创新创业领域的深度合作，实现创新创业规模的提升和效益的提高。以青年创新创业为例，目前面临的一个重要问题是，内地青年创业无法享受港澳青年创新创业的优惠政策，而港澳青年到内地创新创业则面临着子女上学、医保结算和社保结算不顺畅等问题。因此，粤港澳大湾区应该积极探索以属地管理为主导的创新创业合作模式，打破以身份为基础的创新创业优惠政策模式，打造以"湾区人"为共同身份认定的模式，推动创新创业的深度融合，为全面实现民心相通找到突破口。

第四，大力实施优质生活圈优化工程。优美的生活环境、优良的生态环境和优质的公共服务是一个区域实现以人民为中心的发展理念的重要基础。只有打造了优质的生活圈，区域内的人民才能真正实现安居乐业，展现更多的发展活力，特别是能释放更多的消费活力，推动经济社会转型升级和发展。粤港澳大湾区要在教育、文化、旅游、社会保障等领域实现更深层次合作，按照《粤港澳大湾区发展规划纲要》的要求，积极打造教育和人才高地，同时推动内地与港澳学生流动由以港澳向内地流入为主向双向流动转变，真正实现教育资源的共享。同时，以民心相通为目标，全力建设人文湾区，积极挖掘文化、人文精神在粤港澳大湾区发展和民众交流中的作用，共同推动大湾区文化的建设和传播。特别是积极探索大湾区基本公共服务共享的体制机制，推动优质公共服务资源的合理布局和流动，为打造优质生活圈提供更好的公共服务保障。注重消费在优质生活圈建设和推动大湾区经济转型升级中的作用，将粤港澳大湾区建设成为国际消费枢纽和超级旅游目的地。

第四节　率先建成智慧社会

随着科技创新的不断发展，科技已经成为人们生活的一部分，给人们带来了更好的生活体验和生活感受。从科技融入生活的规模和方式来看，我们已经开始进入依靠科技提升生活品质的阶段。这也就意味着，一个区域必须积极谋划智慧社会建设。粤港澳大湾区作为中国的重要增长极，经济发展已经进入了"创新+"的发展阶段，具备了率先建成智慧社会的基础和实力。因此，借助科技创新的力量，率先建成智慧社会，是粤港澳大湾区自身发展的需要，也符合粤港澳大湾区自身发展的规律，还可为其他区域建设智慧社会提供借鉴。

一、发展目标

粤港澳大湾区建设智慧社会不是一蹴而就的，而是一个系统工程，需要分步骤、有次序扎实推进。粤港澳大湾区建设智慧社会，应该采用智慧制造为基础，智慧交通、智慧社区和智慧城市建设共同推进的方式（见图5—5）。其中，智慧制造的目标就是不断提升制造业的智慧化水平，实现智慧化设计、生产、质量控制全流程覆盖。智慧交通的目标就是在交通领域大力推进智慧化改造，应用科技创新和智慧制造的成果，推进数字应用，不断实现智慧驾驶+智慧交通管理的发展模式。智慧社区建设则是在社区公共服务领域大力推进数字化改造，实现社区公共事务的电子化，最终实现管理智能化和人性化的共同发展。智慧城市建设，就是通过统一规划，将智慧社区统一纳入管理，为城市决策提供智慧化支撑，为提升城市人民生活品质提供更好的智慧化服务。

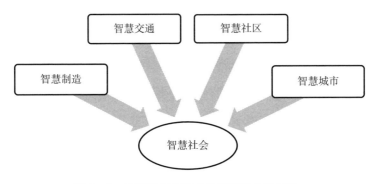

图5—5　粤港澳大湾区建设智慧社会的思路

二、主要举措

按照上述建设智慧社会的思路，粤港澳大湾区要想率先建成智慧社会，需要充分发挥科技创新的作用，利用科技创新带来的规模经济效应，有计划、分步骤地推进智慧制造、智慧交通、智慧社区和智慧城市建设。

首先，积极建设智慧制造高地。抓住数字经济发展的窗口期，加大全产业领域的智慧化改造。在工业领域，积极推动数字化技术在工业领域的全方位应用，打造智慧工业方案提供、智慧场景应用、智慧平台共享三大平台，实现智慧化管理理念和技术的共享。以三大平台为基础，重塑工业企业的联系方式，打造更加多样化、更大规模的、以智慧化为核心的工业集群。同时，积极打造一批专精特新企业，持续加快5G、大数据等新基建建设，以云网融合、5G+工业互联网助力工业智慧发展。在服务业领域，以数字化重塑服务业模式，积极推动服务业新业态发展，利用数字技术、终端平台等技术，在金融、保险、证券等领域大力推进无接触化服务，通过技术更新，实现业务全流程可监控可追溯，降低交易成本，为湾区资金要素快速流动提供支持。在衣食住行医等与民生密切相关的服务领域，推动数字技术对关键环节的流程改造，打通制约行业快速发展的难点和痛点，消除因信息不对称造成的市场化不足问题等。在农业领域，积极推动智慧农业建设，将数字化应用到农产品生产、运输、销售和售后服务各个环节，保障绿色农产品从地头到餐桌的全过程监控和管理，尤其是通过数字化管理的提前介入，减少农产品在流通环节的损失，降低农产品运输成本在所有成本中的占比；积极推动农业集约化发展，打造"创新+农业"示范区，推动产学研深度融合，将农业科研成果及时转化为产品，并积极探索农业工业化生产的途径，减少农业对土地的依赖的同时，实现对优质土地的高效利用。通过智慧工业、智慧服务业、智慧农业建设，实现"智慧+"产业业态，打通全产业链的智慧化通道，打造智慧制造高地。

其次，积极打造智慧交通示范区。全面推进湾区智慧交通建设，借助数字技术解决交通硬联通和软联通中的痛点和难点问题，为粤港澳大湾区要素更加自由流动提供坚实保障，为粤港澳大湾区市场一体化建设提供基础。在硬联通方面，推动数字技术在跨市交通、城市公共交通之间的应用，在汽车制造过程中，预先为汽车装载相应结算设备、应急状态下的体温识别元器件等，减少后续办理的成本和时间，同时在付费结算交通领域推行预先支付制度，将线路查询与支付平台衔接，实现车费支付的预先办理，减少支付时间，同时建立应急状态下的信息识别联网平台，实现上车前的状态识别，减少上车填报信息的时间。建设粤港澳大湾区交通管理平台，为大湾区交通管理提供基础性服务和数据整合服务，以交通管理统一平台为基础，向社会管理和人员管理平台延伸，充分发挥交通管理平台的作用，提升交通管理平台的规模效应和安全保障能力。在软联通方面，积极利用数字技术推动交通管理的智能化，全面实现交通信息系统与身份认证系统、医保系统和社保系统的联网，大力推进覆盖粤港澳大湾区的电子驾驶证制度，推动电子证件的一号通和全网通。同时，推动数字技术在交通应急管理中的全面应用，推动交通管理系统在应对突发事件中的先导性作用，减少自然灾害、重特大的风险事件对社会的冲击和影响。

再次，积极推进智慧社区全覆盖。社区是居民生活的基础，推动公共服务下沉到社区，是推动民生改善的关键，也是创新公共服务模式的重要基础。粤港澳大湾区人口基数大，民生需求规模大。如何保障社区在保障民生中的先导性作用，实现社区功能的升级和提升是粤港澳大湾区民生领域创新的重要突破口。利用数字技术，实现社区管理的智慧化，提升社区管理人员可以服务社区民众的规模，提升社区管理人员的管理水平，是一条可行性路径。通过构建社区智慧服务平台，实现社区人员管理的数字化和智慧化，针对社区管理中的难点问题重点进行跟踪和监测，实现社区管理的全方位覆盖。例如，居家养老、小病不出社区、就近上学、突发事件应急管理的监测与管理、与其他社区的互动与联系等，都可以通过数字化技术的应用，实现动态管理和动态服务，及时掌握重点民生领域的动向，及时回应民生领域的关切。

最后，积极推动智慧城市建设迈上新台阶。以智慧制造、智慧交通和智慧社区建设为基础，打造智慧城市综合管理平台，发挥城市综合管理平台的引导作用和整合作用，推动智慧管理向基层的延伸，尤其是向人口密度相对较少的社区的延伸。同时，要加强智慧社会宣传，积极引导民众积极参与智慧社会建设；探索建立智慧制造、智慧交通和智慧社区的联通机制，以智慧制造为基础，推动智慧制造的成果不断注入智慧交通和智慧社区建设，将智慧交通和智慧社区建设过程中需要解决的问题，及时向智慧制造领域反馈，推动智慧制造不断满足人民群众的需求。并且在智慧终端设备领域，积极引导企业在预装智慧城市 App，加强资料填报端的管理，尽量实现数据一次填报就可以使用，减少不必要的纸质材料提交和重复填报工作。

第五节　发挥"一国两制"制度优势

良好的制度是保证经济和社会稳定发展的基础，也是实现经济和社会稳定发展的重要保障，良好的制度设计可以有效地避免区域经济和社会发展中出现颠覆性的问题，也可以对可能出现的问题提前预警，进而保障区域沿着正确的方向不断发展。但是，制度优势的发挥也会受很多因素的影响。因此，为了能更好地发挥"一国两制"优势，推动粤港澳大湾区发展，本节将回顾世界其他三个湾区在发展历程中的区域规划情况，并以此为借鉴，阐明"一国两制"制度的优势，并就进一步发挥"一国两制"制度优势提出建议。

一、世界其他三个湾区的区域治理情况

湾区在发展的各个阶段，都会面临一些问题。通常的做法是通过

区域治理来解决湾区发展中遇到的问题，特别是区域无序竞争、市场失灵等问题。

（一）旧金山湾区的区域治理

为解决湾区合作难题，旧金山湾区主要采取了以下措施。1945 年，旧金山湾区委员会成立，委员会至今拥有超过 275 家大型企业的 CEO 成员，由企业赞助，针对湾区面临的问题，推动成立专门的区域公共监管机构予以解决。旧金山湾区设立了很多区域协调机构，包括政府协会、大都市交通委员会、湾区空气质量控制局、海湾保护和开发委员会、区域水资源质量控制委员会、可持续发展联盟、水上应急运输管理局、跨湾区联合权力机构等。透过旧金山湾区区域治理的经验可以发现，在不同发展阶段，湾区发展所面对的问题和所要解决的问题都会有所不同，因此在成立协调机构时，要注重发挥各个领域参与主体的作用。

（二）纽约湾区的区域治理

纽约湾区在发展过程中运用区域规划不断推动湾区空间结构的优化。如：第一次规划主要解决的是交通基础设施建设的问题，为湾区要素流动提供良好基础，促进人口流动合理化；第二次规划主要是解决第一次规划后出现的问题，即郊区化的过快发展影响到了中心城市的发展，为更好实现中心城市与其他城市的关系，开始为人口流动提供公共服务；第三次规划主要解决经济发展到一定阶段后，湾区宜居的问题，开始从提升居民的满意度出发统筹谋划经济、环境和社会发展；第四次规划主要解决湾区更好满足居民需求的问题，开始关注湾区发展的多重目标（见表5—4）。通过纽约湾区区域规划的历程，我们可以发现，湾区的区域规划是与湾区演变的历程密切相关的。影响湾区发展的主要因素在发生不断变化。这就意味着，某一个问题的解决可能会引起新的问题，因此区域规划必须具有前瞻性和动态性，要有效处理发展中的经济、社会和环境之间的关系。

表5—4　纽约湾区区域规划的主要情况

区域规划	时间	主要内容
第一次	1929年	对高速公路、铁路网络建设、公共空间、居住、商业和工业中心建设、基础设施人文发展等提出建议，旨在通过联通缓解中心城区压力。韦拉札诺海峡大桥的建设、乔治华盛顿大桥的选址，以及主要港口迁出曼哈顿等。
第二次	1968年	郊区化：中心城区空心化、环境污染。恢复区域公共交通体系。目的是促进城市中心再繁荣。
第三次	1996年	危机挑战区域发展。目的是经济、公平和环境共同发展。提高宜居性。规划重点包括了城市环境保护、公共空间保留；交通网络联通建设。
第四次	2017年	目的是平等、共享繁荣、健康、可持续发展。集中解决居民在住房、通勤、气候及可持续生活上的种种问题。重点涉及到如何通过住房、商业用地和基建上的改善来促进就业，改善区域内发展不平等，让更多人享受经济增长的成果。

资料来源：笔者根据相关资料整理。

（三）东京湾区的区域治理

东京湾区在发展过程中采取区域规划的方式不断推动湾区的可持续发展。例如，第一次规划解决的是东京都职能的转移问题，主要解决东京都与其他区域的功能分工问题；第二次规划主要解决东京都职能转移后的城市与东京都的联系问题；第三次规划主要解决城市功能提升的问题，通过学校迁移、产业转移方式实现城市与职能的匹配；第四次规划主要解决特色城市发展的问题，建设了一些功能明确的都市圈和中心城市，形成了多层级的空间结构；第五次规划主要解决多层级城市的功能提升和转型升级问题，进一步稳固已有的多层次城市结构（见表5—5）。通过这些区域规划，我们可以发现，东京湾区更加重视城市功能的提升和分工合作，试图通过城市功能合作，最大限度发挥集聚效应。

表5—5 东京湾区区域规划的主要情况

区域规划	时间	主要内容
第一次	1958年	建设东京都近郊绿化带；转移东京都部分功能；建设卫星城，分担东京都职能。
第二次	1968年	完善交通网络；近郊土地开发；完善卫星城教育流通功能。
第三次	1976年	有选择地分散中心城市功能；在东京大都市圈进行多极建设；分散中心区大学设施、产业向周边转移；控制制造业扩张。
第四次	1986年	东京部分职能向其他核心城市转移；以产业自立城市为核心形成自立都市圈；培育管理、国际交流、教育等功能的功能圈城市。
第五次	1999年	建设高覆盖轨道交通体系；确立东京中心区域各产业自立城的功能分工；各产业核心城市功能增强。

资料来源：笔者根据相关资料整理。

从上述三个湾区推进区域治理的过程，我们可以发现，有效的制度设计是保障湾区持续稳定发展的关键，而在制度设计过程中，必须要注意以下两个问题。一是制度设计要立足区域的特殊性才能发挥其最大效力。每个湾区所处的环境和发展阶段都有所不同，因此在制定政策时也有所不同，才能将湾区的系统优势发挥出来。二是制度设计要符合经济和社会发展的规律才能起到很好的指导作用。因此，研究湾区演变的过程及其发展动力可为制定湾区相应的制度提供科学根据。只有把握经济社会发展的规律，才能从跟随者变为领跑者，才能为其他区域发展提供新的方案。

二、粤港澳大湾区"一国两制"的制度优势

从中国经济发展的历程看，结合内地与港澳合作发展对全国经济发展的重要贡献，可以看出"一国两制"制度的科学性和生命力。"一国两制"是内地与港澳合作的制度基础之一。内地与港澳合作最重要的特点之一就是在"一国两制"下的内地城市，尤其是珠三角的城市与港澳的不断深化合作。在合作的各个阶段，"一国两制"都是保证内地与港澳合作取得成效的重要制度基础和保障。在改革开放初期，在以"三来一补"为主要特征的阶段，在内地与港澳经济社会发展存在巨大差距的情况下，"一国两制"是保障港澳资本、企业和人才流向珠三角的重要前提，是珠三角借助毗邻港澳优势得以快速发展的关键所在，深圳从一个边陲小镇快速成长为国际化大都市就是最好的例证。在港澳经济社会转型的关键时期，"一国两制"成为内地，尤其是珠三角为港澳发展提供经济腹地的制度前提，为内地城市特别是珠三角的城市与港澳深度合作提供了保障。"一国两制"为珠三角9市和港澳优势互补、合作共赢提供了支撑，是推动粤港澳大湾区深度融合发展重要前提，更为港澳长期繁荣稳定提供了坚实的制度基础。

"一国两制"制度优势在粤港澳大湾区最大体现就是提供了政府与市场良性互动的样本。在"一国两制"的制度保障下，在内地与

港澳合作进而到粤港澳大湾区建设过程中，政府为市场作用的发挥营造了良好的环境，为物流、资金流、信息流和创新流的快速和大规模流动提供了根本保障；同时，政府根据不同经济发展阶段的内地与港澳关系、粤港澳大湾区在国家经济发展大局中承担的职能，以及内地与港澳合作面临的不同问题，都适时和前瞻性地出台了相关政策，积极引导内地与港澳，特别是粤港澳大湾区建设始终沿着深度融合、合作共赢、一体发展、同城互动的方向发展。这充分表明，政府与市场的良性互动是保证经济和社会长期稳定发展的有效模式，也进一步证明"一国两制"的制度优势。因此，粤港澳大湾区未来的发展必须将"一国两制"的制度优势与经济社会发展的规律结合起来，通过更加合理的制度设计，进一步发挥"一国两制"制度优势。

三、进一步发挥"一国两制"制度优势的举措

粤港澳大湾区在建设过程中要进一步发挥"一国两制"制度优势。具体而言，应该做好两项工作。一是全面准确贯彻"一国两制"，二是积极探索区域合作新模式。

（一）全面准确贯彻"一国两制"

粤港澳大湾区建设过程中全面准确贯彻"一国两制"，就是要始终准确把握"一国"和"两制"的关系；始终依照宪法和基本法办事；始终聚焦发展这个第一要务；始终维护和谐稳定的社会环境的四点要求推进各项工作。从粤港澳大湾区经济发展的角度，结合粤港澳大湾区已经进入了"创新+"和空间竞争发展阶段的现实，粤港澳大

湾区就是要大力推进发展成果共享、实现更高水平的对内、对外开放，进而合作共同开拓市场，充分发挥"一国两制"制度优势。

首先，大力推进发展成果共享。坚持以人为本，充分利用"创新+"和"智慧+"手段推动教育、医疗卫生、养老等公共服务共享平台建设，逐步消除因基本公共服务不均等带来的劳动力流动障碍，早日实现基本公共服务共享，实现民心相通，为打造粤港澳大湾区宜居宜业宜游的优质生活圈提供支撑，为营造要素自由流动的环境提供保障。

其次，大力推进更高层次的对内开放。以规则共享为核心，推进粤港澳大湾区在内地开拓更多的合作区，将粤港澳大湾区的政策优势，逐步向这些合作区扩展，充分发挥政策的规模优势和集聚优势，为我国对内开放和国内大循环畅通提供更加坚实的基础。特别是随着数字经济的发展，增长极的辐射范围更大，辐射的方式也更加多样化，这就为粤港澳大湾区进一步发挥增长极优势提供了更多的机会。

最后，大力推进更高水平的对外开放。以资源共享为核心，积极推动粤港澳大湾区企业走出去，助力国际大循环畅通。在"走出去"模式方面，香港和澳门发挥接轨国际经贸规则的优势，珠三角9个城市发挥更易连接内地广大市场的优势，探索共同开拓海外市场的合作模式，推进内地与港澳深度合作，开拓新市场，拓展发展空间。在"走出去"方面，服务于粤港澳大湾区是"一带一路"建设的重要支撑的战略定位，优先布局"一带一路"沿线国家。

（二）积极探索区域合作新模式

从空间竞争的角度，粤港澳大湾区要在经济社会发展过程中实现大突破，其关键是以优化粤港澳空间结构为基础，带动区域合作向更高层次发展。具体而言，粤港澳大湾区空间结构已经呈现区域经济多极增长的态势，形成了"广佛肇""深港莞惠"和"澳珠中江"三大组团，同时城市与城市之间的联系更加紧密，并且加快构建新发展格局也让粤港澳大湾区通过优化空间结构助力其成为国内大循环的重要引擎，链接国内国际双循环相互促进的重要节点，提供了前所未有的机遇。粤港澳大湾区应该以区域经济多极增长为基础，积极推进空间结构优化，通过多极网络联动，实现资源整合、要素畅通、分工合作的市场一体化发展局面。

第一，优化组团，形成粤港澳大湾区多层次区域经济多极增长格局。一是积极推动组团提质增效。从组团内部看，组团内的城市是分层次的，这一层次体现在位置的差异，也体现在发展阶段的差异，这就为城市之间通过接力增长实现经济持续稳定增长提供了可能。组团提质增效不但可以改善组团城市的发展环境，更为重要的是，每一个组团所形成的强大的经济发展动力，成为推动粤港澳大湾区空间结构优化的强大支撑和重要基础，同时强化组团内城市合作，率先推动组团发展一体化。二是优化组团功能协作格局。从服务粤港澳大湾区建设世界级城市群的高度认识三大组团的不同功能，尤其强化组团内中心城市的核心功能强化，以加强组团核心功能为抓手推动组团发展，以此形成三大组团功能明确、分工协作的良好格局。三是积极探索多层次区域经济多极增长格局构建路径。如何构建多层次区域经济多极增长格局没有先例可循，因此，粤港澳大湾区要积极开拓创新，积极构建覆盖"城市—组团—大湾区"三种空间类型的经济多极增长格局，实施既适应粤港澳大湾区空间结构优化，又适应组团和城市空间结构优化的措施；形成既有自大湾区到城市的自上而下的区域经济多极增长格局实施体系，又有城市到大湾区的自下而上的区域经济多极增长格局保障体系。

第二，重点突破，推动相互支撑的三大组团建设。首先，顺应城市群发展规律和粤港澳大湾区发展实际，合理谋划三大组团建设，推动形成以广州为核心的广佛肇（广州、佛山、肇庆）组团、以深圳和香港为核心的深港莞惠（深圳、香港、东莞、惠州）组团和以珠海和澳门为核心的珠澳中江（珠海、澳门、中山、江门）组团。其次，积极推动三大组团建设。在广佛肇组团建设方面，以推动广佛同城、建设南沙深化面向世界的粤港澳全面合作重大平台为抓手，加快建设一批服务粤港澳大湾区合作的平台和基地，积极推动基础设施向肇庆延伸，为广州—佛山—肇庆实现城市功能优化和分工合作奠定基础。在深港莞惠组团建设方面，进一步优化深圳和香港之间的功能定位，以香港北部都会区、深圳河套深港科技创新合作区、深港口岸经济带建设为核心，带动深港合作纵深发展，同时提升东莞作为湾区制造业引擎的功能，并且积极引导相关产业有序向惠州转移，逐步缩小东莞和惠州与深圳和香港之间的经济发展差距，以此带动整个组团高质量发展。在珠澳中江组团建设方面，充分利用珠江口东西两岸基础设施建设的契机，有序承接东岸产业转移，以横琴粤澳深度合作区建设为核心，助力澳门经济适度多元化发展的同时，带动珠海、中山和江门相关配套产业发展，带动珠江西岸快速崛起。最后，积极总结城市组团建设经验，总结三个城市组团利用三个国家级平台推进都市圈建设的经验，积极向大湾区其他区域延伸，进而加大与粤港澳大湾区和广东省其他城市的合作，共同开发合作区，最后覆盖到泛珠三角地区。

参考文献

贾善铭、覃成林：《区域经济多极增长的概念界定与辨析》，《兰州学刊》2015 年第 5 期。

覃成林、贾善铭、杨霞等：《多极网络空间发展格局——引领中国区域经济 2020》，中国社会科学出版社 2016 年版。

王其藩：《系统动力学》，上海财经大学出版社 2009 年版。

第 六 章

大行动

——聚力建设粤港澳大湾区

粤港澳大湾区的建设离不开政府、企业和社会力量等主体的作用，也需要自上而下机制体制的保障。本章将从重大发展平台、国家统筹与规划、粤港澳三地不同层级的行动计划，以及社会力量的作用等方面阐述粤港澳大湾区建设的重要举措与行动。

第一节　建设重大发展平台

　　目前，粤港澳大湾区在交通基建硬件方面已经逐步完善，但在制度等软环境方面，粤港澳大湾区面临一系列客观条件的限制，香港、澳门与广东的关税水平、资金流通制度、投资开放程度、对外经济政策有实质性的区别。[①] 如何在一个国家、两种制度、三个独立关税区和三种法律制度条件下促进人流、物流、资金流和信息流等要素的自由流通是粤港澳大湾区建设的重点之一。深圳前海、珠海横琴、广州南沙这三个重大合作平台则是粤港澳大湾区建设的重要战略性载体，

---

① 蔡赤萌：《粤港澳大湾区城市群建设的战略意义和现实挑战》，《广东社会科学》2017年第4期。

起着创新试验、示范引领、引擎带动的作用。推进这三个平台建设旨在通过制度创新不断消除粤港澳经济合作的制度障碍，促进粤港澳以至内地与港澳地区的合作与发展；探索区域合作经验，并在运作成熟之后向内地推广，以促进内地体制改革及对外开放走向深入。①

一、前海深港现代服务业合作区

前海深港现代服务业合作区（以下简称"前海合作区"）位于深圳市南山半岛西部，成立于 2010 年 8 月 26 日。建设前海合作区是支持香港经济社会发展、提升粤港澳合作水平、构建对外开放新格局的重要举措，对推进粤港澳大湾区建设、支持深圳建设中国特色社会主义先行示范区、增强香港同胞对祖国的向心力具有重要意义。

（一）前海合作区的建设历程

前海合作区，面积 14.92 平方公里，是在"一国两制"框架下，以生产性服务业为重点促进产业转型升级、深化与香港合作，通过打造"粤港现代服务业创新合作示范区"提升区域合作水平，培育参与全球竞争新优势的平台。根据《前海深港现代服务业合作区总体发展规划》，前海合作区的战略定位是现代服务业体制机制创新区、现代服务业发展集聚区、香港与内地紧密合作的先导区和珠三角地区产业升级的引领区。

2011 年 3 月，前海合作区建设被纳入国家"十二五"规划，明确

---

① 杨英、秦浩明：《粤港澳深度融合制度创新的典型区域研究——横琴、前海、南沙制度创新比较》，《科技进步与对策》2014 年第 31 期。

将其作为粤港澳合作重大项目，要求"加快城市轨道交通、铁路网、城市道路、水上交通和口岸建设，到 2020 年建成亚太地区重要的生产性服务业中心，把前海打造成粤港现代服务业创新合作示范区"。

2012 年 6 月，国务院发布《关于支持深圳前海深港现代服务业合作区开发开放有关政策的批复》，支持前海合作区实行比经济特区更加特殊的先行先试政策，在金融改革创新方面、在探索现代服务业税收体制改革中发挥先行先试作用，建设深港人才特区，加强与香港的法律事务、电信业合作，在教育和医疗等方面开展合作试点。

2013 年 3 月，国家发展和改革委员会印发《深圳前海深港现代服务业合作区产业准入目录》，涵盖了金融业、现代物流业、信息服务业、科技服务业、专业服务业、公共服务业 6 大领域。同年 8 月，《广东省人民政府关于支持前海加快开发开放的若干意见》首次在省政府层面出台支持前海开发开放的系统化政策，涉及授予前海部分省级经济管理权限、支持前海集聚发展现代服务业、支持前海打造社会主义法治建设示范区、支持前海建设深港人才特区、支持前海开展土地管理制度改革试点、支持前海建设低碳生态城区、支持前海改善周边交通运输条件、支持前海创造便利通关环境、支持前海探索法定机构运作的新模式、加强组织领导等 10 个方面。

2014 年 12 月，国务院批复设立中国（广东）自由贸易试验区，包括深圳前海蛇口片区、广州南沙新区片区、珠海横琴新区片区。2015 年 4 月，前海合作区作为广东自贸试验区的重要组成部分被纳入国家自贸区发展战略。

2019 年 2 月，《粤港澳大湾区发展规划纲要》发布，将前海合作区作为粤港澳大湾区合作发展重大平台之一，继续强化其发展引擎作用。2019 年 8 月,《中共中央、国务院关于支持深圳建设中国特色社会主义先行示范区的意见》发布,要求进一步深化前海深港现代服务业合作区改革开放,以制度创新为核心,不断提升对港澳开放水平。

2021 年 9 月,中共中央、国务院发布《全面深化前海深港现代服务业合作区改革开放方案》(以下简称《前海方案》),前海合作区将打造粤港澳大湾区全面深化改革创新试验平台、高水平对外开放门户枢纽,并将前海合作区总面积由 14.92 平方公里扩展至 120.56 平方公里,大幅扩展了前海合作区的建设空间。

(二)新形势下前海合作区战略定位的要求

粤港澳大湾区内部制度对接与要素流动问题还存在较大的改进空间。前海的改革与发展,不仅是国家制度型开放水平的重要参考指标和评估依据,也是推动香港更好融入国家发展大局的重要抓手。2021 年 4 月,习近平总书记在中央政治局常委会会议上强调,前海的发展有利于促进粤港、深港合作,推动香港更好融入国家发展大局,也有利于打造改革开放新高地,为全国其他地区提供经验示范。《前海方案》在某种程度上代表着国家区域性对外合作的最高水平,是在"一国两制"的框架下所形成的跨境合作制度安排,它为港澳地区的持续繁荣稳定提供了全新动力体系。[①]

第一,粤港澳大湾区全面深化改革创新试验平台。"先行先试"是前海合作区的标志,其自成立以来以制度创新为核心内容开展了一系列有益的探索。根据前海深港现代服务业合作区的数据,在贸易自

[①] 林江、徐世长:《〈前海方案〉:建设国际一流湾区的"全新动力体系"》,《同舟共进》2022 年第 2 期。

由化、投资便利化、金融开放等方面累计推出制度创新成果 685 项，其中在全国复制推广 65 项、全省复制推广 82 项、全市复制推广 203 项。"全面深化改革创新"要求前海合作区继续以机制体制创新为核心内容，敢于探索解决粤港澳大湾区深层次问题和难点问题，在前期制度创新的基础上对跨境要素流动、市场标准一体化、机制对接等方面进行前瞻性、全方位和系统性改革，丰富协调协同发展模式，在粤港澳大湾区建设中发挥示范引领作用。

第二，高水平对外开放门户枢纽。面对逆全球化思潮导致的保护主义加剧，全球产业链、供应链、价值链发展格局不确定性增加等国际形势，粤港澳大湾区作为我国进一步对外开放的前沿阵地，需要充分利用并发挥好"香港要素"，以高水平对外开放创造国际竞争新优势。《前海方案》中将前海合作区的总面积扩展后，向南延伸至蛇口及大小南山片区，向北延伸至会展新城、海洋新城片区，连成一个海湾片区，区域位置上处于粤港澳大湾区的中心，将成为重要的经济增长极点，未来的发展必将带动辐射整个粤港澳大湾区。因此，构建"高水平对外开放门户枢纽"要求前海合作区在前期重点领域开放基础上，深化与港澳服务贸易自由化，进一步扩大服务领域、金融业对外开放，提升法律事务对外开放，在服务业职业资格、标准、认证、检验检测、管理等领域深化规则对接，探索与香港金融市场互联互通，建设国际法律服务中心和国际商事争议解决中心，实现不同法系、跨境法律规则对接。

（三）前海合作区的协调机制

为推进落实《前海深港现代服务业合作区总体发展规划》，前海合作区建立了部际联席会议制度，包括国家发展改革委、科学技术部、工业和信息化部、公安部、财政部、人力资源和社会保障部、自然资源部、生态环境部、交通运输部、商务部、文化和旅游部、卫生健康委员会、人民银行、海关总署、税务总局、国家市场监督管理总局、国家质量监督检验检疫总局、知识产权局、国务院港澳事务办公室、银行保险监督管理委员会、证券监督管理委员会、国家开发银行23个部委单位以及广东省政府、香港特别行政区政府、深圳市政府共27个部门。联席会议明晰了支持前海合作区开放政策的总体方向，建立了国务院各部委、广东省、香港特区、深圳市联动的协调机制，达成了支持前海合作区开发开放的多项共识（见图6-1）。

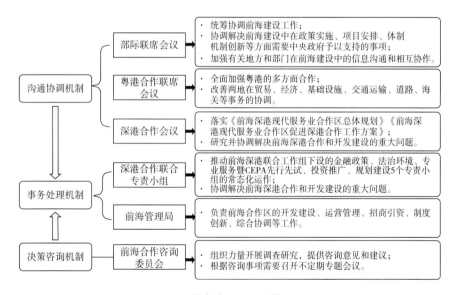

图6—1 前海合作区深港协调机制

在区域层面，粤港合作联席会议是主要的合作和协调机制之一，虽然内容不局限于前海合作区建设，但对1998年至2021年的粤港合作联席会议内容的文本分析表明，"前海"仍是粤港合作联席会议中讨论最多的领域。深港合作会议机制是另一个区域协调机制，建立于2004年，是在粤港合作联席会议基础上，由香港政务司司长与深圳市市长共同主持。深港合作会议负责推动落实《促进深港合作工作方案》等政策，先后签署了《在深圳市前海深港现代服务业合作区试行香港工程建设模式合作安排》等协议，进一步促进前海合作区发展。

在事务处理机制上，深圳市前海深港现代服务业合作区管理局（深圳市前海综合保税区管理局）（以下简称"前海管理局"）于2010年2月成立，是深圳市政府直属派出机构，是对前海合作区实行企业化管理但不以营利为目的履行相应行政管理和公共服务职责的法定机构，依法在前海履行法律法规赋予的各项职责。2009年，深港两地在深港合作会议下成立了深港前海合作联合专责小组，负责具体合作方向和内容，由香港特区政制及内地事务局局长和深圳市常务副市长分别担任组长，小组成员由两地政府相关部门负责人出任。

在决策咨询机制上，前海合作咨询委员会是向国家有关部委、广东省、深圳市提供前海开发开放决策咨询意见的重要平台。前海合作咨询委员会主要任务是对前海部际联席会议、前海合作区开发建设领导小组等关心的重大问题、政策和项目提供咨询意见和建议。2015年，前海合作区并入中国（广东）自由贸易试验区深圳前海蛇口片区，因此该咨委会更名为中国（广东）自由贸易试验区深圳前海蛇口片区（深圳前海深港现代服务业合作区）咨询委员会，简称"前海蛇口自贸片区及前海深港合作区咨委会"。

包括广东省省长和香港特区行政长官在内的联席会议制度是粤港澳大湾区府际合作的制度保障，其研讨问题包括经济、社会领域的治理议题，但在具体事务落实机制上，目前没有粤港或深港双方人员在一起联合办公的组织架构。未来前海合作区建设、深港融合发展，涉及到粤港、深港之间的协同，必须要在现有合作机制上有所突破。

（四）建设成绩

1. 制度创新溢出效应显著

制度创新是前海合作区的重要使命，其制度创新外溢作用显现。在投资便利化、贸易便利化、金融开放创新、事中事后监管、法治创新、人才管理改革、体制机制创新等方面，前海累计推出 685 项制度创新成果，其中 2021 年新推出制度创新成果 75 项，新增全国复制推广 7 项、累计 65 项。根据中山大学自贸区综合研究院最新发布的"2021—2022 年度中国自由贸易试验区制度创新指数"，前海合作区位居第一，持续领跑。在投资便利化方面，前海合作区在全国率先实现商事登记与商务备案的外商投资"一口受理"；率先推出"深港通注册易""深澳通注册易"服务，设立开办企业便利化专区，实现一个工作日全部办结。

在法治创新方面，2021 年 1 月正式启动前海深港国际法务区，已集聚司法、仲裁、调解、法律服务、知识产权保护、国际组织等 6 大类 122 家机构。粤港澳大湾区门户网的数据显示，前海合作区受理涉外涉港澳台商事案件、适用香港法审理案例均居全国基层法院首位。

在金融创新方面，持续统筹利用好境内外两个金融市场资源，促进资本流动，降低融资成本。积极探索资本项目可兑换改革，在跨境双向股权投资、跨境双向人民币资金池、跨境人民币贷款、跨境金融资产转让、跨境双向人民币债券这"五大跨境"业务后，又推出"FT账户企业通"，有效地提高国际资本流动效率，加速资金周转。根据粤港澳大湾区门户网的数据，自前海合作区启动深港国际金融城建设以来，目前已有近200家金融机构签约入驻，其中港资、外资占比约30%。

2. 经济成效显著

根据前海管理局的数据，2021年在地企业数增长110%，其中在地港资企业数同比增长160%，累计注册港资企业超12000家。从取得的经济成效来看，2021年，前海地区生产总值1755.67亿元、同比增长10.5%；实际使用外资58.22亿美元、同比增长14.9%；关区进出口总额1.74万亿元、增长20.3%。2013年前海合作区注册企业实现增加值为49.89亿元，2020年为2586.56亿元，7年间增加值增长了51.85倍；税收收入由2013年的5.19亿元增至2020年的511.46亿元，税收增长了98.55倍（见表6—1）。

表6—1 2013—2020年前海合作区注册企业实现增加值、税收收入情况

单位：亿元,%

指标	2013年	2014年	2015年	2016年	2017年	2018年	2019年	2020年
增加值（初步数）	49.89	192.98	569.46	925.45	1528.09	2001.46	2288.99	2586.56
增加值增速	—	286.81	195.09	62.51	65.12	30.98	14.37	13.00
税收收入	5.19	30.47	95.39	184.90	275.75	361.47	428.00	511.46
税收收入增速	—	487.09	213.06	93.84	49.13	31.09	18.41	19.50

注：2013—2019年的数据来自于雍炜：《特区发展动态考察报告》，《中国经济特区发展报告（2020）》，社会科学文献出版社2021年版；2020年数据来自于深圳特区报：《前海：打造新时代改革开放"最浓缩最精华的核心引擎"》，http://qh.sz.gov.cn/syg-nan/qhzx/dtzx/content/post_9088296.html，2021年8月26日。

3. 深化深港合作

在产业合作方面，前海合作区陆续推出了《深圳前海深港现代服务业合作区总部企业认定及产业扶持专项资金实施细则》等政策支持产业发展。2022年9月2日，深圳市前海深港现代服务业合作区管理局联合香港特别行政区政府财经事务及库务局发布关于支持前海深港风投创投联动发展的18条措施，这是深港首次以联合公告形式在两地同步发布"联合政策包"。根据前海管理局的数据，2022年1—6月，前海合作区实际使用港资33.22亿美元，同比增长23.6%，占实际使用外资比重94.0%。

在人才交流合作方面，前海合作区不断完善深港青年创业就业生态圈，推出"优化人才吸引、激励机制，建立港澳专业人士执业'深港通'机制"等政策，陆续推出400套人才住房面向香港人才配租，"前海港澳青年招聘计划"面向港澳青年累计提供4104个工作岗位。根据中央人民政府驻香港特别行政区联络办公室的数据，自前海深港青年梦工场北区开园以来，已引进5个港资孵化机构和21家企业，其中13家为港企。梦工场系列产业空间扩展至13.9万平方米，已累计孵化创业团队607家，其中香港团队335家。

二、横琴粤澳深度合作区

横琴粤澳深度合作区（简称"横琴合作区"）位于广东省珠海市南部、珠江口西侧，与澳门隔河相望，港珠澳大桥珠海连接线直接延伸至横琴，是目前内地唯一与香港、澳门同时路桥相连的地区。

（一）横琴合作区的建设历程

2008年12月，国务院批复《珠江三角洲地区改革发展规划纲要（2008—2020年）》，明确要规划建设珠海横琴新区等合作区域，"作为加强与港澳服务业、高新技术产业等方面合作的载体"。2009年8月14日，国务院正式批复了《横琴总体发展规划》，将横琴岛纳入珠海经济特区范围，实行更加开放的产业和信息化政策，立足促进粤港澳三地的紧密合作发展，促进港澳繁荣稳定。

2011年3月，广东省人民政府和澳门特别行政区政府签署了《粤澳合作框架协议》，确立了合作开发横琴、产业协同发展等合作重点，提出了共建粤澳合作产业园区等合作举措。

2011年3月，国家正式将珠海横琴开发纳入"十二五"规划，明确横琴新区开发作为"十二五"期间粤港澳合作重大项目，内容涉及通关、服务业合作、金融、物流等多个方面。

2015年4月，国务院印发《中国（广东）自由贸易试验区总体方案》，其中横琴片区28平方公里，在功能上重点发展旅游休闲健康、商务金融服务、文化科教和高新技术等产业，建设文化教育开放先导区和国际商务服务休闲旅游基地，打造促进澳门经济适度多元发展新载体。

2018年10月，习近平总书记在考察横琴新区粤澳合作中医药科技产业园时强调，"建设横琴新区的初心就是为澳门产业多元发展创造条件。横琴有粤澳合作的先天优势，要加强政策扶持，丰富合作内涵，拓展合作空间，发展新兴产业，促进澳门经济发展更具活力"。2019年12月，习近平总书记在庆祝澳门回归祖国20周年大会暨澳门特别行政区第五届政府就职典礼上指出："当前，特别要做好珠澳合作开发横琴这篇文章，为澳门长远发展开辟广阔空间、注入新动力。"

2021年9月，中共中央、国务院公布《横琴粤澳深度合作区建设总体方案》（简称《横琴方案》），明确横琴粤澳深度合作区实施范围为横琴岛"一线"和"二线"之间的海关监管区域，总面积约106平方公里。

（二）新形势下横琴合作区的战略定位

新冠疫情影响下，长期以来产业单一的澳门经济受到较大影响，增长乏力。助力澳门更快更好地融入国家发展大局，为推动粤港澳大湾区建设成为世界顶级湾区，为构建新发展格局提供战略支撑，是《横琴方案》出台的重要背景。

《横琴方案》赋予了横琴合作区"四新"定位，即促进澳门经济适度多元发展的新平台、便利澳门居民生活就业的新空间、丰富"一国两制"实践的新示范、推动粤港澳大湾区建设的新高地。

第一，"促进澳门经济适度多元发展的新平台""便利澳门居民生活就业的新空间"。《横琴方案》强调"建设横琴新区的初心就是为澳门产业多元发展创造条件"。澳门由于产业结构单一、人口规模小、土地和人才资源紧张等因素限制了经济发展，亟须解决空间和人才这两大问题。通过在横琴合作区培育具有澳门特色的科技研发、中医药、文旅会展商贸、金融等新产业，为澳门经济适度多元化发展提供广阔的地理空间，也为澳门青年开辟了就业机会、培养和储备了人才，解决澳门在发展过程中所面临的深层次问题，保障澳门长远稳定发展。

第二，"'一国两制'实践的新示范"。《横琴方案》确立了粤澳共商共建共管共享新体制，是对两地适用规则衔接、管理机制对接的突破性创新。由澳门方实质参与横琴合作区全面的行政管理决策与执行，不仅是两方人员的合作，更是两地法律文化、社会制度的深度对接。在"一国"前提下，充分利用"两制"的优势，构建琴澳一体化发展新体系，将澳门自由港政策和国际交往优势延伸至整个区域，也使澳门更快更深地融入国家发展大局，丰富"一国两制"的实践内涵。

第三，"推动粤港澳大湾区建设的新高地"。作为粤港澳大湾区的重要支点，横琴合作区还担负发挥支撑澳门—珠海极点对粤港澳大湾区的引领作用，并带动珠江西岸地区加快发展的重要使命。

（三）横琴合作区的运行机制

2009 年 12 月，横琴新区管委会成立，是拟定横琴发展规划和组织实施政策改革的政府机构，是广东省人民政府委托珠海市人民政府管理的副厅级政府机构。《横琴方案》明确了横琴合作区的发展目标，由粤澳两地共同组成管理委员会的体制是政府间互动和合作的制度创新。第一，横琴合作区升级为广东省管理。横琴合作区由原属珠海管辖的自贸区升级为广东省直管，表明其在国家整体战略布局中地位的提升。《广东省人民代表大会常务委员会关于横琴粤澳深度合作区有关管理体制的决定》中明确提出广东省在合作区设立派出机构，履行属地管理职能，配合管委会和执委会推进深合区开发建设。第二，粤澳双方共商共建共管。横琴合作区管理委员会直接隶属粤港澳大湾区建设领导小组，是最高管理和议事机构，由广东省省长与澳门特别行政区行政长官共同担任主任，实行双主任制，两位首长处于平等地位。此模式在我国的行政区划管理上属首例，是建立在澳门

"一国两制"成功经验的基础之上，也是建立在粤澳两地人民人心所向的基础之上，更是普通地方行政区首次与享有高度自治权的特别行政区之间的全面合作。[①] 合作区管理委员会由广东省、澳门特别行政区与珠海市派员组成，多元主体共同参与，相关利益方都被纳入到管理体制之中。管理委员会下设置执行委员会，具体执行管理委员会决议，采用单主任制，目前由澳门特别行政区政府经济财政司司长担任。以"共商共建共管"为特征的新管理体制以适应合作区定位、开发模式、制度创新以及重大问题的解决而提出，有利于将澳门所具有的制度及对外联系等方面的优势延伸到合作区，也有利于提升其参与合作区建设的积极性[②]（见图6—2）。

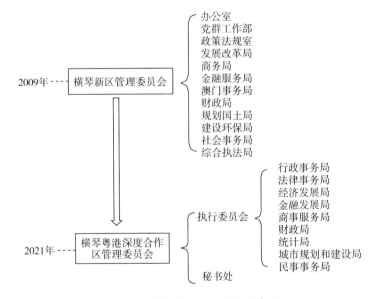

图6—2 横琴合作区运行机制变迁

① 李可、唐晓晴：《横琴粤澳深度合作区：理念创新与制度构建》，《港澳研究》2022年第1期。
② 娄胜华：《如何理解横琴粤澳深度合作区的管理体制创新？》，2021年9月20日，https://m. 21jingji. com/article/20210918/c31ddf739247b2412d41a3c1eb3fd238. html。

（四）建设成绩

《横琴方案》的发布，给予横琴合作区新的战略定位，开启了横琴合作区发展的新征程。2021年横琴合作区生产总值达到454.6亿元，同比增长8.5%，增速高于广东全省0.5个百分点。第一产业增加值3.2亿元，同比增长12.4%；第二产业增加值60.4亿元，同比下降13.5%；第三产业增加值394.1亿元，同比增长12.6%。第一，澳资企业发展状况良好。2021年12月末，横琴合作区澳资企业4761户，截至2022年8月末，澳资企业数量增至5012户。根据横琴合作区统计局对澳资企业发展情况的调查（见表6—2），3946户澳资企业总营业收入达到78.43亿元，主要来自于批发和零售业，营业收入占比85.3%。截至2022年6月末，从业人员达到10272人，同比增长27.7%。其中，信息传输、软件和信息技术服务业从业人员2368人，批发和零售业从业人员1643人，房地产业从业人员1491人，租赁和商务服务业从业人员1407人，科学研究和技术服务业从业人员1141人。第二，澳门居民生活就业人数增加。根据横琴合作区统计局的人口社会统计专题快报，2022年2月9日—7月31日，澳门居民经横琴口岸入境人员数量达到83.2万人次，澳门单牌车入境数量37.9万辆。日平均流动人口中澳门居民达到2478人。期末实有就业登记澳门居民人数666人，同比增长62%，新增就业登记澳门居民数142人。

表6—2 横琴合作区澳资企业发展情况（2022年1—6月）

指标	计量单位	总量	同比增长（%）
参与调查的澳资企业	个	3946	—
营业收入	亿元	78.43	74.1
其中：批发和零售业	亿元	66.91	77.0
信息传输、软件和信息技术服务业	亿元	4.80	85.1
租赁和商务服务业	亿元	2.43	136.2
科学研究和技术服务业	亿元	0.91	48.1
其他行业	亿元	3.37	12.3
从业人员期末人数	人	10272	27.7
其中：信息传输、软件和信息技术服务业	人	2368	27.9
批发和零售业	人	1643	37.4
房地产业	人	1491	8.3
租赁和商务服务业	人	1407	14.5
科学研究和技术服务业	人	1141	31.5
建筑业	人	500	35.9
住宿和餐饮业	人	478	59.9
文化、体育和娱乐业	人	291	66.3
其他行业	人	953	40.4

数据来源：横琴粤澳深度合作区统计局。

三、广州南沙新区

（一）广州南沙新区建设历程

南沙位于广州市最南端、珠江出海口虎门水道的西岸，是西江、北江、东江三江汇集之处，是珠江三角洲经济区的几何中心。2012年9月，国务院正式批复《广州南沙新区发展规划》，将南沙新区定位为继上海浦东新区、天津滨海新区、重庆两江新区、浙江舟山群岛新区和兰州新区之后的第六个国家级新区，南沙新区发展升级为国家战略。《广州南沙新区发展规划》将南沙新区发展战略定位为"立足广州、依托珠三角、连接港澳、服务内地、面向世界，建设成为粤港澳优质生活圈、新型城市化典范、以生产性服务业为主导的现代产业新高地、具有世界先进水平的综合服务枢纽、社会管理服务创新试验区，打造粤港澳全面合作示范区"。

2015 年 3 月，国务院印发的《中国（广东）自由贸易试验区总体方案》，把广州南沙、深圳蛇口和珠海横琴共同组成广东自由贸易试验区。在功能划分上，南沙新区片区重点发展航运物流、特色金融、国际商贸、高端制造等产业，建设以生产性服务业为主导的现代产业新高地和具有世界先进水平的综合服务枢纽。

2016 年 3 月，广东省人民政府印发了《实施〈粤港合作框架协议〉2016 年重点工作》，在"重点合作区域"部分提出"落实《中国（广东）自由贸易试验区广州南沙新区片区建设实施方案》中关于粤港合作的项目和措施，加快推动南沙新区片区金融服务、航运服务、专业服务、公共服务、电信服务和商贸合作等领域对香港的进一步开放，支持香港业界参与该片区的开发建设，落实区内教育、医疗及税收等配套措施"。

2022 年 6 月，国务院发布《广州南沙深化面向世界的粤港澳全面合作总体方案》（简称《南沙方案》），是继《前海方案》《横琴方案》之后粤港澳大湾区重大发展平台建设的"专项方案"。《南沙方案》实施范围为南沙全域 803 平方公里，以中国（广东）自由贸易试验区南沙片区的南沙湾、庆盛枢纽、南沙枢纽 3 个区块作为先行启动区，总面积约 23 平方公里。

（二）新形势下南沙新区的战略要求

《粤港澳大湾区发展规划纲要》赋予了广州南沙建设粤港澳全面合作示范区的历史使命，要求携手港澳建设高水平对外开放门户、创新发展示范区、金融服务重要平台和优质生活圈。《南沙方案》明确要求深化粤港澳全面合作，并进一步升级了南沙的战略定位，即"立足湾区、协同港澳、面向世界的重大战略性平台"。

第一，"粤港澳全面合作"的战略定位。南沙新区处于粤港澳大湾区横轴线纵轴线交会点，在面向港澳方面有着天然的地理优势，"协同港澳"要求南沙利用好此地理优势，与港澳在经济社会的各个重点领域发展上产生协同效应。这不是某类产业的专门合作，也不是某些领域的深度合作，而是涵盖经济、社会、教育、医疗、文化等各个领域的全方位合作。为此，《南沙方案》从科技创新、人才流动、对外开放、机制衔接、城市发展等方面部署了具体的任务和措施。

第二，"面向世界"的战略定位。《南沙方案》要求南沙新区不仅面向港澳，还包括"一带一路"国家和地区、《区域全面经济伙伴关系协定》（RCEP）等自由贸易协定国家和地区，强化国际航运物流枢纽功能和国际交往新平台功能，建设国际一流营商环境。同时，"面向世界"不仅包括"走出去"，也包括"引进来"，从产业、科创、生态、海洋、社会、文化等全方位的国际接轨。

（三）南沙新区粤港澳合作机制

南沙新区成立以来，不断对其管理模式进行改革，在其战略定位不断升级下进行了开发区与行政区的整合,实行了开发区与行政区合一的行政管理模式。2019年1月,广东省委批复同意《广州市南沙区机构改革方案》,南沙区设置党政机构32个,南沙开发区(自贸区南沙片区)党工委、管委会单独设置工作部门5个。在南沙区发展和改革局下设立推进粤港澳大湾区建设领导小组,是区委议事协调结构。南沙开发区(自贸区南沙片区)港澳合作事务办公室是单独设置的工作部门之一,负责拟定并组织实施全区港澳工作中长期发展规划和年度计划,协调推动涉港澳重点合作领域、合作项目的落实,配合有关部门深度推进粤港澳大湾区建设。同时,2021年4月成立了广州南沙粤港合作咨询委员会,聘任16名香港委员和10名内地委员,为粤港深度合作提供决策咨询建议;10月,南沙粤港合作咨询委员会服务中心在创享湾启动。

(四)南沙新区建设成绩

自2019年以来,南沙新区经济发展势头良好。南沙新区地区生产总值由1683.2亿元增至2123.6亿元,年均增速达到9%以上。2021年,第一产业增加值为69.9亿元,第二产业增加值为885.9亿元,第三产业增加值为1175.7亿元,三次产业增加值比例为3.3:41.6:55.1。第一,外商投资企业、港澳台投资企业产值占工业总产值比重较大且持续增长。2021年,全区工业总产值3489.5亿元。其中,外商投资企业产值2173.9亿元,占全区规模以上工业产值的63.9%,增长17.8%;港澳台投资企业产值405.9亿元,占全区规模以上工业产值的11.9%,增长15.4%。第二,外贸进出口不断增长。2021年,全区实现进出口总额2600.3亿元,增长14.7%,占广州市进出口总额的 24%。其中，出口总额 1487.4 亿元，增长 19.4%，占广州市出口总额的 23.6%；进口总额 1112.9 亿元，增长 8.9%，占广州市进口总额的 24.7%。第三，引进外资增加。2021 年，全区新设外商投资企业数 283 个，增长 15.5%；新引进世界 500 强企业投资项目 26 个（累计 223 个），新引进产出超百亿元项目 13 个。全年全区合同利用外资 63.87 亿美元，实际利用外资 15.33 亿美元。第四，港口物流业发展较好。2021 年，南沙港区实现集装箱吞吐量 1766 万标箱，占广州市港口集装箱吞吐量比重达 72.2%；货物吞吐量 3.55 亿吨，占广州市港口货物吞吐比重达 54.5%。2021 年末，南沙港区共有国际集装箱班轮航线 147 条、国内集装箱班轮航线 24 条。第五，服务业的质量和规模得到较大提升。全年全区规模以上服务业企业实现营业收入 1247.9 亿元，增长 36.7%；利润总额 112.8 亿元，增长 2.4 倍。新增金融（类金融）企业 64 家，累计落户金融企业共 6649 家；新增融资租赁企业 1 家，累计 2209 家；新增完成 38 架飞机（累计 196 架）和 3 艘（累计 83 艘）船舶租赁业务，业务合同额累计近 5000 亿元。

四、香港北部都会区

2021 年 10 月，香港特区政府发布《香港 2030+：跨越 2030 年的规划远景与策略》，提出把元朗、天水围、粉岭/上水等新市镇作为北部经济带进行建设。北部经济带有多个处于不同规划及建设阶段的新发展区和发展枢纽，是香港未来 20 年城市建设和人口增长最活跃的地区；拥有多个跨境陆路口岸，是香港境内促进深度融合发展和联系大湾区最重要的地区。考虑到未来城市建设和人口增长，香港特区政府率先把北部经济带整合为北部都会区，并制定《北部都会区发展策略》，借其接壤深圳的区位优势，促进香港融入国家发展大局，并以港深融合发展为助力，把北部都会区发展为香港第二个经济引擎和宜居宜业宜游的都会区。北部都会区包括了元朗区和北区两个地方行政区，陆地面积约有 30000 公顷。北部都会区为香港在本地建设融入粤港澳大湾区的重大平台创造了条件，也预示着粤港澳大湾区建设进入一个香港与内地相融合的阶段。

北部都会区把与深圳相邻的新界北部地区完整地整合在一起，明确香港与深圳在经济、基础设施、民生、生态环境等方面紧密合作的发展方向。北部都会区应被赋予两个定位：

（一）香港融入粤港澳大湾区的重大平台

推进香港更好融入国家发展大局是战略性、长远性、系统性的任务，粤港澳大湾区建设是重要的抓手，北部都会区则是香港主动融入粤港澳大湾区建设的本地平台和载体。以北部都会区为平台，未来香港将与深圳形成"双城三圈"的空间发展布局，加快两地在基础设施建设、科技创新、产业发展以及民生生活等方面的紧密合作，共同构建"港深跨境策略性空间框架"及合作实施模式，强化粤港澳大湾区"香港—深圳"的极点带动功能。

（二）香港经济社会发展的新空间

长期以来，受限于土地供应不足等问题，香港的实体产业发展受到制约，科技创新成果产业化推进缓慢。香港的经济重心一直集中在维多利亚港两岸地区，形成"重南轻北"的现象，新界北等区域主要是郊野公园、湿地、边界禁区、农地、村居村舍，在经济活动、商业业态、社区功能、交通设施、居民收入和生活水平等方面与维港都会区形成巨大反差。北部都会区的建设将释放一定量的居住和产业用地，重塑香港空间和产业发展格局，缓解香港实体产业发展空间有限、住房紧缺、交通基础设施分布不均等矛盾，为香港经济社会发展提供新空间。①

第二节　国家层面的统筹与支持

2019 年 2 月，中共中央、国务院发布《粤港澳大湾区发展规划纲要》，标志着粤港澳大湾区由区域性的合作规划上升至区域协调发展的国家战略定位转变。在我国的区域一体化发展中，粤港澳三地实行不同治理制度，粤港澳大湾区建设即是三地跨界一体化的过程，需要自上而下的政策协调保障跨界合作效益最大化，通过统一市场与政策空间协同，实现粤港澳大湾区整体的区域竞争力提升。从跨境府际关系看，粤港澳三方属于平行主体，政府事权有限，粤港澳大湾区建设涉及三地具体合作政策需要国家有关部门的授权，因此需要有中央层面的参与和主导。② 中央的"适度介入"是区域治理权协调机制的重点。③

---

① 谢来风、谭慧芳、周晓津：《粤港澳大湾区框架下香港北部都会区建设的意义、挑战与建议》，《科技导报》2022 年第 40 期。
② 钟韵、胡晓华：《粤港澳大湾区的构建与制度创新：理论基础与实施机制》，《经济学家》2017 年第 12 期。
③ 张颖：《粤港澳大湾区城市群区域治理机制的架构思考：从政府治理权出发》，《上海对外经贸大学学报》2020 年第 27 期。

如何在市场规律下发挥政策的引领和推动作用，如何协调好多中心区域内城市的分工与合作，将是粤港澳大湾区建设政策上的落脚点，具体的政策工具包括粤港澳大湾区发展规划、基本政策工具和专项政策工具。

一、中央层面的统筹与支持

（一）实施《粤港澳大湾区发展规划纲要》

《粤港澳大湾区发展规划纲要》对战略定位、发展目标、各城市的规划发展作出全面部署，这是指导粤港澳大湾区当前和未来发展的纲领性文件，指明了粤港澳大湾区建设的经济、社会、生态、制度等努力的方向。根据规划内容，粤港澳大湾区的战略定位有以下四个方面：

1. 充满活力的世界级城市群

党的十八大以来，我国政府着眼于区域协调发展、逐步实现共同富裕的发展大局，积极构建东西南北纵横联动的区域经济新格局，形成优势互补、高质量发展的区域经济布局。2016 年 3 月，国务院发布《关于深化泛珠三角区域合作的指导意见》，要求"构建以粤港澳大湾区为龙头，以珠江—西江经济带为腹地，带动中南、西南地区发展，辐射东南亚、南亚的重要经济支撑带"。2019 年 8 月，习近平总书记在中央财经委员会第五次会议上讲话指出："要形成几个能够带动全国高质量发展的新动力源，特别是京津冀、长三角、珠三角三大地区，以及一些重要城市群。不平衡是普遍的，要在发展中促进相对平衡。"《粤港澳大湾区发展规划纲要》强调："不断深化粤港澳互利合作，进一步建立互利共赢的区域合作关系，推动区域经济协同发展，为港澳发展注入新动能，为全国推进供给侧结构性改革、实施创新驱动发展战略、构建开放型经济新体制提供支撑，建设富有活力和国际竞争力的一流湾区和世界级城市群，打造高质量发展的典范。"建设粤港澳大湾区，率先实现发展动能转换、产业结构升级和绿色可持续发展，使其成为经济高质量发展的典范，发挥示范引领作用。粤港澳大湾区的建设将带动泛珠三角区域发展，形成区域经济发展新格局，成为国家高水平参与国际经济合作的新平台。

2. 具有全球影响力的国际科技创新中心

当前，世界正处于百年未有之大变局的深刻演化中，大国竞争日趋激烈，强化科技创新能力是各国塑造竞争优势的重要战略选择。我国正在迈向创新型国家，在战略性、原创性、基础性等方面创新能力薄弱，是我国在经济、科技领域中的最大短板。粤港澳大湾区作为我国开放程度最高、经济活力最强的区域之一，已经具有独特的创新基础。据世界知识产权组织发布的《2022 全球创新指数报告》指出，深圳—香港—广州地区仅次于东京—横滨地区，在全球创新集群中位列第二。建设成世界级创新平台和战略高地、持续提升创新引领战略能力、为国家发展与安全提供强大科技支撑，是粤港澳大湾区的特殊历史使命。

3."一带一路"建设的重要支撑

习近平总书记指出："各地区要加强共建'一带一路'同京津冀协同发展、长江经济带发展、粤港澳大湾区建设等国家战略对接，促进西部地区、东北地区在更大范围、更高层次上开放，助推内陆沿边地区成为开放前沿，带动形成陆海内外联动、东西双向互济的开放格局"。粤港澳大湾区深入对接"一带一路"建设，在国际运输、投融资、专业服务、产品进出口、高端人才以及国际经贸合作体制机制等多方面成为重要平台与抓手，协同参与和引领"一带一路"高质量发展。[①]

4. 内地与港澳深度合作示范区

在中国共产党第十九次全国代表大会上，习近平总书记明确提出："要支持香港、澳门融入国家发展大局，以粤港澳大湾区建设、粤港澳合作、泛珠三角区域合作等为重点，全面推进内地同香港、澳门互利合作，制定完善便利香港、澳门居民在内地发展的政策措施。"粤港澳大湾区建设是推动"一国两制"的新实践，促进三地经济运行规则衔接、机制对接，深化祖国内地和港澳特区在金融、贸易、产业、教育、服务等方面的交流合作，实现全面连接和深度联动，为区域治理提供新示范。

5. 宜居宜业宜游的优质生活圈

在推进人才要素自由流动方面，粤港澳大湾区积极拓展在教育、文化、旅游、社会保障等领域的合作，共同打造服务优质、宜居宜业宜游的优质生活圈。

《粤港澳大湾区发展规划纲要》制订的发展目标分为两个阶段：一是到2022年，粤港澳大湾区综合实力显著增强，粤港澳合作更加深入广泛，国际一流湾区和世界级城市群框架基本形成；二是到2035年，粤港澳大湾区形成以创新为主要支撑的经济体系和发展模

---

① 李晓峰：《发挥粤港澳大湾区独特优势　为"一带一路"建设提供有力支撑》，https://www.yidaiyilu.gov.cn/p/82729.html，2019年3月15日。

式、高水平互联互通基本实现、区域发展协调性显著增强、人民生活更加富裕、社会文明程度达到新高度、资源节约集约利用水平显著提高，宜居宜业宜游的国际一流湾区全面建成。粤港澳大湾区的发展原则是"创新驱动，改革引领""协同发展，统筹兼顾""绿色发展，保护生态""开放合作，互利共赢""共享发展，改善民生""'一国两制'，依法办事"。

（二）发挥中央粤港澳大湾区建设领导小组的作用

《粤港澳大湾区发展规划纲要》提出：设立粤港澳大湾区建设领导小组，加强对规划实施的统筹指导研究解决大湾区建设中政策实施、项目安排、体制机制创新、平台建设等方面的重大问题。早在2018年8月，中央粤港澳大湾区建设领导小组成立，职能范围包括研究解决粤港澳大湾区建设中政策实施、项目安排、体制机制创新、平台建设等方面的重大问题等。截至2021年5月，中央粤港澳大湾区建设领导小组已召开四次全体会议，统筹协调大湾区建设规划编制及实施中遇到的问题，对粤港澳大湾区建设的首要任务、关键环节和发展平台等问题加强顶层设计，研究制定具有突破性、创新性的政策措施（见表6—3）。会议确定了粤港澳大湾区建设目标是"富有活力和国际竞争力的一流湾区和世界级城市群""打造国际科技创新中心""建设高水平参与国际经济合作新平台"，建设着力点是"始终坚持在'一国两制'框架下按照宪法和基本法来推进工作""强化规划引领""聚焦关键问题、强化政策支持"，会议还确定了建设粤港澳合作发展平台、港澳与内地科技创新合作、鼓励港澳青年在粤港澳大湾区就业创业等政策措施。

表6—3 中央粤港澳大湾区建设领导小组全体会议

会议	时间	主要内容
第一次全体会议	2018.8.15	1. 建设富有活力和国际竞争力的一流湾区和世界级城市群；2. 强化规划引领，推动大湾区内各城市合理分工和功能互补；3. 建设"广州—深圳—香港—澳门"科技创新走廊，打造大湾区国际科技创新中心；4. 加快构建与国际接轨的开放型经济新体制，建设高水平参与国际经济合作新平台。
第二次全体会议	2019.3.1	1. 聚焦关键问题、强化政策支持；2. 重点支持港澳与内地加强科技创新合作；3. 为港澳居民提供更优惠的税收政策；4. 大力鼓励港澳青年在大湾区就业创业；5. 领导小组办公室要深入研究，协调解决跨区域、跨领域、跨部门的重大问题。
第三次全体会议	2019.11.6	1. 始终坚持在"一国两制"框架下，按照宪法和基本法来推进工作；2. 切实抓好科技创新这个首要任务；3. 切实抓好推进要素高效便捷流动这个关键环节；4. 切实抓好改善民生福祉这个出发点和落脚点；5. 切实抓好粤港澳合作发展平台这个重要载体。
第四次全体会议	2021.4.24	1. 紧紧围绕促进澳门经济适度多元发展这条主线，做好加快横琴粤澳深度合作区建设这篇大文章；2. 前海深港现代服务业合作区建设要抓住"扩区"和"改革开放"两个重点。

二、国家各部委的支持措施

2017年7月，国家发展和改革委员会、广东省人民政府、香港特别行政区政府、澳门特别行政区政府经协商一致，签署了《深化粤港澳合作 推进大湾区建设框架协议》，从此开启了国家层面推动大湾区建设帷幕。2019年2月，《粤港澳大湾区发展规划纲要》发布后，国家各部委相继出台相关支持措施，从税收、金融、产业、交通、创业就业等方面支持大湾区的建设（见表6—4）。

表6—4　国家各部委对粤港澳大湾区建设的支持措施

国家部委	时间	政策措施
国家发展和改革委员会、广东省人民政府、香港特别行政区政府、澳门特别行政区政府	2017.7.1	深化粤港澳合作　推进大湾区建设框架协议
财政部、税务总局	2019.3.14	关于粤港澳大湾区个人所得税优惠政策的通知
国家发展和改革委员会	2019.4.9	横琴国际休闲旅游岛建设方案
财政部、税务总局	2019.8.2	关于横琴新区企业所得税优惠目录增列旅游产业项目的通知
中国气象局	2020.4.29	粤港澳大湾区气象发展规划（2020—2035年）
中国人民银行、中国银行保险监督管理委员会、中国证券监督管理委员会、国家外汇管理局	2020.5.14	关于金融支持粤港澳大湾区建设的意见
交通运输部	2020.6.12	关于推进海事服务粤港澳大湾区发展的意见
交通运输部办公厅、广东省人民政府办公厅、广西壮族自治区人民政府办公厅、贵州省人民政府办公厅、云南省人民政府办公厅	2020.6.28	关于珠江水运助力粤港澳大湾区建设的实施意见
中国人民银行、香港金融管理局、澳门金融管理局	2020.6.29	关于在粤港澳大湾区开展"跨境理财通"业务试点的联合公告
国家发展改革委	2020.8.4	关于粤港澳大湾区城际铁路建设规划的批复
市场监管总局、国家药监局、国家发展改革委、商务部、国家卫生健康委、海关总署、国务院港澳事务办公室、国家中医药局	2020.9.29	粤港澳大湾区药品医疗器械监管创新发展工作方案
国务院办公厅	2020.10.22	香港法律执业者和澳门执业律师在粤港澳大湾区内地九市取得内地执业资质和从事律师职业试点办法
国家中医药管理局、粤港澳大湾区建设领导小组办公室、广东省人民政府	2020.10.22	粤港澳大湾区中医药高地建设方案（2020—2025年）
国家邮政局、国家发展改革委、交通运输部、商务部、海关总署	2020.12.21	关于促进粤港澳大湾区邮政业发展的实施意见

续表

国家部委	时间	政策措施
文化和旅游部、粤港澳大湾区建设领导小组办公室、广东省人民政府	2020.12.31	粤港澳大湾区文化和旅游发展规划
中国人民银行、发展改革委、商务部、国资委、银保监会、外汇局	2021.1.4	关于进一步优化跨境人民币政策支持稳外贸稳外资的通知
国家发展改革委	2021.4.19	粤港澳大湾区建设、长江三角洲区域一体化发展中央预算内投资专项管理办法
中国人民银行	2021.9.16	关于开展内地与香港债券市场互联互通南向合作的通知
人力资源和社会保障部、财政部、国家税务总局、国务院港澳事务办公室	2021.10.5	关于支持港澳青年在粤港澳大湾区就业创业的实施意见
财政部、海关总署、税务总局	2021.11.5	关于在粤港澳大湾区实行有关增值税政策的通知
最高人民法院	2022.1.24	关于支持和保障横琴粤澳深度合作区建设的意见
最高人民法院	2022.1.24	关于支持和保障全面深化前海深港现代服务业合作区改革开放的意见
国家发展改革委等部门	2022.2.17	关于同意粤港澳大湾区启动建设全国一体化算力网络国家枢纽节点的复函

　　在税收政策方面，国家税务总局和财政部等相关部门，实施了个人所得税优惠政策和增值税政策。对在大湾区工作的境外（含港澳台，下同）高端人才和紧缺人才给予个人所得税税负差额补贴，该补贴免征个人所得税，适用范围包括广东省广州市、深圳市、珠海市、佛山市、惠州市、东莞市、中山市、江门市和肇庆市等大湾区珠三角9市。在增值税方面，2020年10月1日至2023年12月31日对注册在广州市的保险企业向注册在南沙自贸片区的企业提供国际航运

保险业务取得的收入免征增值税；对符合条件的企业自广州南沙保税港区、深圳前海保税港区（以下称离境港）离境的集装箱货物，实行启运港退税政策。在横琴新区企业所得税优惠目录中增列有关旅游产业项目，享受按 15% 税率征收企业所得税。

在产业发展方面，《横琴国际休闲旅游岛建设方案》《粤港澳大湾区文化和旅游发展规划》《粤港澳大湾区中医药高地建设方案（2020—2025 年)》等方案和规划为粤港澳大湾区文化和旅游业、中医药产业等产业发展提供了支持。

在金融支持方面，中国人民银行制定了《关于金融支持粤港澳大湾区建设的意见》，并通过"跨境理财通""南向通"等推进内地与香港澳门金融合作。

在法律保障方面，最高人民法院制定了《关于支持和保障横琴粤澳深度合作区建设的意见》《关于支持和保障全面深化前海深港现代服务业合作区改革开放的意见》，目标是推进与港澳法律规则衔接、机制对接，提升深港、珠澳法治交流合作水平。

在基础设施建设方面，在继续实施并优化原珠三角地区城际轨道交通网规划基础上，加大城际铁路建设力度，构建大湾区主要城市间 1 小时通达、主要城市至广东省内地级城市 2 小时通达、主要城市至相邻省会城市 3 小时通达的交通圈。为了推进国家"东数西算"工程，国家发改委同意在粤港澳大湾区建设全国一体化算力网络国家枢纽节点，在韶关设立数据中心集群，优化算力布局，积极承接广州、深圳等地实时性算力需求，构建辐射华南乃至全国的实时性算力中心。

在创业就业方面，人力资源和社会保障部等相关部门制定了

《关于支持港澳青年在粤港澳大湾区就业创业的实施意见》，从就业渠道、就业能力、就业服务等方面促进港澳青年到粤港澳大湾区就业创业，从而增进港澳同胞民生福祉、助推港澳与内地交往交流。除此之外，符合条件的香港法律执业者和澳门执业律师通过粤港澳大湾区律师执业考试，取得内地执业资质的也可以从事一定范围内的内地法律事务。

第三节 粤港澳的行动计划

《粤港澳大湾区发展规划纲要》《前海方案》《横琴方案》《南沙方案》相继发布后，粤港澳大湾区建设从开局起步进入全面铺开、纵深推进的阶段，广东省政府、香港特区政府、澳门特区政府、珠三角9市政府均建立组织机构及出台相应的发展规划、政策工具等推进粤港澳大湾区的建设。

一、建立组织领导机构

2018年8月，广东省成立了推进粤港澳大湾区建设领导小组作为议事协调机构，并在广东省发展和改革委员会下设立推进粤港澳大湾区建设领导小组办公室，承担具体工作。广东省推进粤港澳大湾区建设领导小组办公室负责组织研究广东省推进粤港澳大湾区建设工作规划和重大政策，协调推进和督促落实省委、省政府和省推进粤港澳大湾区建设领导小组工作部署，协调推进省支持深圳建设中国特色社会主义先行示范区有关工作等。在市级层面，大湾区内地 9 市也成立了推进粤港澳大湾区建设领导小组及其办公室。除了深圳以外，其他 8 市的推进粤港澳大湾区建设领导小组办公室均设立在市发展改革（委）局。深圳推进粤港澳大湾区建设领导小组名为市委推进粤港澳大湾区建设领导小组，深圳市委推进粤港澳大湾区建设领导小组办公室为办事机构，与深圳市政府港澳事务办公室合署办公。

2018 年 10 月，香港特别行政区政府设立了粤港澳建设督导委员会，行政长官担任委员会主席，并于 2020 年 11 月在政制及内地事务局成立粤港澳大湾区发展办公室。2018 年 11 月，澳门特别行政区政府设立了建设粤港澳大湾区工作委员会，并设立创新、科技及智慧城市发展专责小组，参加工作的包括各司管辖下的多个部门。

二、主要行动计划

（一）广东省的"三年行动计划"和"十四五"规划

2019 年 7 月 5 日，广东省推进粤港澳大湾区建设领导小组印发《广东省推进粤港澳大湾区建设三年行动计划（2018—2020 年）》。其中，针对优化提升空间发展格局、建设国际科技创新中心、构建现代化基础设施体系、协同构建具有国际竞争力的现代化产业体系、推进生态文明建设、建设宜居宜业宜游的优质生活圈、加快形成全面开放新格局、共建粤港澳合作发展平台等 9 大方面提出了 100 条重点措施。

2021 年 4 月 25 日，《广东省国民经济和社会发展第十四个五年规划和 2035 年远景目标纲要》（以下简称《广东省"十四五"规划》）正式印发，"双区"引领摆在突出位置，要求紧抓粤港澳大湾区和深圳中国特色社会主义先行示范区建设重大机遇，以粤港澳大湾区为主平台，引领带动全省形成推动国家经济高质量发展的强大引擎，更高水平参与国内大循环和国内国际双循环，打造新发展格局的战略支点，为广东全面建设社会主义现代化提供更有力支撑。《广东省"十四五"规划》中对于粤港澳大湾区建设的行动计划体现在以下几个方面：

1. 科技创新方面。坚持创新在现代化建设全局中的核心地位，以粤港澳大湾区国际科技创新中心建设为引领，以大湾区综合性国家科学中心、创新合作区、实验室平台、产业创新平台等项目为抓手，建设具有全球影响力的科技和产业创新高地。

2. 基础设施方面。全面推进沿海高速铁路建设，加快建设粤港澳大湾区东连海峡西岸、长三角地区，西通桂滇黔、连接成渝地区，北达湘赣鄂、连通京津冀地区的"三横四纵"综合运输通道；提升广州、深圳国际性综合交通枢纽竞争力，加快粤港澳大湾区城际铁路建设，携手港澳共建世界级港口群、世界级机场群；加快建设广东国家交通控制网和智慧公路试点工程、广州港和深圳港集装箱码头智能化工程、骨干机场智慧化改造工程、广州等地综合客运枢纽智能化改造试点等项目；加强电网建设、持续优化主网结构，提高天然气供应及储备能力，建设中国南方核科学与技术创新中心，构建高质量绿色低碳能源保障体系。

3. 数字化发展方面。推进广州、深圳建设国家新一代人工智能创新发展试验区和国家人工智能创新应用先导区；建设国家生物信息中心粤港澳大湾区节点；支持深圳建设粤港澳大湾区数据交易平台。

4. 港澳深度融合发展方面。要求以规则衔接为重点，推进跨境要素高效便捷流动和高标准市场规则体系建立。在跨境要素高效便捷流动方面，聚焦食品安全、环保、旅游、医疗、交通、通关等重点领域深入推动三地规则衔接，推广实施"一地两检""合作查验、一次放行"等人员通关新模式，推进与港澳国际贸易"单一窗口"交流合作以提升货物通关效率，推动放开港澳小汽车经港珠澳大桥珠海公路口岸入出内地政策，支持符合条件的外资金融机构在大湾区设立发展，探索建立粤港澳三地跨境大数据中心。在携手港澳构建高标准市场规则体系方面，推进与港澳在市场准入、标准认定、产权保护、政务服务等方面的接轨，在《内地与香港关于建立更紧密经贸关系的安排》（CEPA）框架下进一步扩大对港澳服务业开放，推动粤港澳大湾区标准化研究中心、国际仲裁中心建设。在粤港澳重大合作平台建设方面，高水平建设南沙粤港深度合作园、加快推进深圳前海深港现代服务业合作区开发建设、依托河套深港科技创新合作区打造高端科技创新合作高地、携手澳门积极推进横琴粤澳深度合作区建设，规划建设粤港澳大湾区（珠西）高端产业集聚发展区，加快广州穗港智造合作区、佛山三龙湾高端创新集聚区、顺德粤港澳协同发展合作区、江门华侨华人文化交流合作重要平台建设。

5. 打造健康湾区方面。以打造广州、深圳医疗高地为牵引，带动建设国际化高水平粤港澳健康大湾区。携手港澳共创粤港澳大湾区中医药创新中心、依托粤澳合作中医药科技产业园，建设粤港澳大湾区（广东）中医药产业协同创新联盟等。

（二）澳门特别行政区的"二五"规划

2021 年 12 月 16 日，澳门特区政府发布《澳门特别行政区经济和社会发展第二个五年规划（2021—2025 年)》（简称《澳门"二五"规划》），提出在横琴合作区发展促进澳门经济适度多元的新产业、构建体制机制及政策创新等方面加快横琴合作区建设。主要从有序促进生产要素高效便捷流动、探索区域合作规则机制对接、建设粤港澳大湾区优质生活圈这三方面推进粤港澳大湾区建设。在有序促进生产要素高效便捷流动方面，完成青茂口岸建设并启动通关和优化口岸通关设备、建立海关一体化的智慧通关服务平台、落实"跨境理财通"政策便利个人跨境投资活动、落实科研物资在湾区的便捷流动。在探索区域合作规则机制对接方面，加强知识产权和食品安全等方面规则对接、建立粤港澳知识产权执法协作机制和大湾区食品安全标准体系，加强粤港澳大湾区纠纷解决机制对接和建立跨区域消费维权网络、加强与珠海市的公共法律服务合作。在建设粤港澳大湾区优质生活圈方面，对接教育、医疗、养老等民生公共服务和社会保障体系、落实澳门与内地高教领域学历互认便利措施、推进职业资格互认、加强与大湾区城市在职业技能认定方面的合作、鼓励增进三地青少年交流交往。

（三）香港特别行政区的行动计划

2021 年 10 月 6 日，香港特别行政区行政长官林郑月娥发布任期内最后一份施政报告，报告聚焦香港未来发展。在报告中，北部都会区建设是香港融入国家发展大局、推动粤港澳大湾区发展的重要抓手。北部都会区将建设国际创新科技中心，并营造"城市与乡郊结合、发展与保育并存"的独特都会景观，与深圳形成"双城三圈"的空间格局。北部都会区的整合和扩容主要由以铁路为运输系统的主要骨干带动，所包含的项目有：连接洪水桥/厦村至深圳前海的港深西部铁路；北环线延伸经落马洲河套地区的港深创新及科技园接入深圳的新皇岗口岸；将东铁线延伸至深圳罗湖并在深圳设立"一地两检"口岸。同时，善用腾出的土地和部分鱼塘、乡郊土地，增加科创用地。除此之外，提升洪水桥/厦村为新界北现代服务业中心，并在与前海隔湾呼应的流浮山建设规模、地标性的科创设施，为北部都会区提供大量就业机会。

三、市级层面的行动计划

在新发展格局下，粤港澳大湾区被赋予了重要的角色——国家重大科技创新平台、高质量发展的动力源、区域协同发展的重大战略和支持港澳融入国家发展的桥梁。对照国家、广东省"十四五"规划纲要提出的目标以及对粤港澳大湾区建设目标，珠三角9市在其"十四五"规划纲要中也提出各自不同的发展方向。

（一）广州"十四五"行动计划

广州"十四五"规划纲要中将粤港澳大湾区建设单列篇章，即第八章第一节"全力推进粤港澳大湾区高质量建设"。"十四五"时期，广州的主要目标是强化粤港澳大湾区区域发展核心引擎作用，在充分结合中央、湾区、港澳和广州本身的需求和能力上，着力推进制度机制衔接、基础设施互联互通、科技创新合作、产业协同发展、文化交融。在制度机制"软联通"上，深入实施"湾区通"工程，加快推进"跨境通"，促进人员、资金、货物、车辆便捷高效流动。在基础设施"硬联通"上，加强港口、航空合作，推动轨道交通互联互通，推进穗港澳网间互联宽带扩容，加强电力、天然气运输管道建设。在科技创新"智联通"上，加快建设粤港澳大湾区国际科技创新中心广州创新合作区，积极推动粤港澳产学研协同发展，支持与港澳开展产学研合作，推动重大科技设施共享使用。在产业合作"链联通"上，健全穗港澳产业协同发展体系和产业链安全协调机制，规划建设穗港智造合作区和穗港科技合作园，加强与澳门在中医药等领域合作，积极引入港澳会计、法律、咨询、会展等专业服务业，打造世界级穗港赛马产业经济圈。在交往交融"心联通"上，深化教育交流合作，高水平建设香港科技大学（广州），加大与澳门高校合作力度；深化医疗卫生合作，吸引港澳优质医疗机构等来穗提供医疗服务；面向符合条件的港澳居民招录公务员和事业单位工作人员，进一步便利港澳专业人士在穗就业；共建人文湾区，共享区域旅游资源；完善以广州为枢纽的大湾区"菜篮子"生产、流通和质量安全监管体系。

除此之外，广州将"全力打造南沙粤港澳全面合作示范区"，通过创新粤港合作模式、规划建设粤葡合作葡语国家产业园、营造与港澳衔接的公共服务和社会管理环境，实现与港澳的深度融合。

（二）深圳"十四五"行动计划

"十四五"时期，深圳将落实"一国两制"基本方针，加强深港

271

澳更紧密务实合作，融入和带动"一核一带一区"建设，提升城市功能品质和综合承载力，不断增强深圳在粤港澳大湾区中的核心引擎功能。一是通过"湾区通"工程、衔接香港的交通规划、完善港澳居民在深圳就学就业创业服务体系、推进具有港澳执业资格的专业人才经备案后按规定范围提供专业服务、加强与港澳政府部门、法定机构、商会协会等交流等方面共建深港澳优质生活圈；二是推动实施新时代全面深化前海深港现代服务业合作区改革开放方案、推进与港澳服务贸易自由化规则衔接和机制对接、建设前海深港国际金融城、联动香港建设国际商事争议解决中心和国际法律服务中心等方面推进前海深港现代服务业合作区高品质开发建设；三是探索与香港协同开放模式、建立健全深港科技创新协同机制、营造更加宽松便捷的市场准入环境、在海外人才离岸创新创业基地等方面建设河套深港科技创新合作区；四是以深港口岸与邻近区域、过境地块为核心，加快皇岗、沙头角等口岸重建，改造升级罗湖、文锦渡等口岸，推动前海、大鹏等设立新口岸，高水平规划建设深港口岸经济带。

（三）珠海"十四五"行动计划

珠海在"十四五"时期的发展定位是"粤港澳大湾区经济新引擎"，主要发展目标是"与澳门实现深度融合发展"，以横琴粤澳深度合作区为平台，使珠海和澳门在空间规划、基础设施、公共服务全面对接，资源要素跨境流动自由便利，支持澳门经济适度多元发展取得重要突破，形成珠澳全方位合作新局面。在政策创新的同时，大力发展科技创新、金融、医疗健康、跨境商贸、文旅会展、专业服务等重点产业，推动与澳门产业协同发展；协同推进珠澳基础设施建设，推动澳门教育、医疗、养老等民生配套延伸到横琴；强化珠澳城市规划协同，将横琴周边一体化区域、鹤洲南区域以及珠海西部地区作为支持澳门经济适度多元发展的拓展区域，为珠澳合作长远发展预留广阔空间。

（四）佛山"十四五"行动计划

佛山在"十四五"规划中提出的发展目标是"粤港澳大湾区极点城市"，通过发挥产业优势、区位优势、交通优势等，提升在粤港澳大湾区"金融+创新+制造+贸易"区域经济体系中的地位。佛山将与广州共同为粤港澳大湾区建设提供强大极点支撑，并加强与湾区内其他城市的全面合作。与广州加快推进广佛高质量发展融合试验区建设、共建世界级万亿产业集群、构建广佛高效一体综合交通网络，共建共享广佛优质生活圈。同时，探索建立佛山、深圳多层次协作机制，全面对接深圳科创资源，强化佛深产业合作。在深化与港澳开放合作方面，扩大与港澳科技和产业合作，推动与港澳社会事务合作，深入实施"湾区通"工程，提速推进重大平台建设。

（五）东莞"十四五"行动计划

"十四五"时期，东莞将以大湾区综合性国家科学中心先行启动区建设为抓手，共建粤港澳大湾区国际科技创新中心和广深港澳科技创新走廊，建设具有全球影响力的湾区创新高地。在基础设施建设方面，积极对接粤港澳大湾区一体化轨道交通体系，着力构建现代轨道交通先导优势，携手共建"轨道上的大湾区"。在重大合作平台建设上，以松山湖、滨海湾新区、水乡功能区、银瓶合作创新区等重大平台为重要载体，创建粤港澳大湾区制造业高质量发展示范区。在优质生活圈建设方面，构建中医医院联盟，依托广州中医药大学东莞医院打造粤港澳大湾区医疗高地；推进港澳青创载体建设，探索开展联合办学，共同推进水资源保护、水生态修复和水污染防治，共同打造区域绿色廊道体系，广泛开展莞港澳社会人文交流。在加强莞港澳合作方面，推动在莞港澳企业就地转型升级；积极引进港澳金融服务、商务服务、会计审计、法律服务、管理咨询等专业服务业；加强与港澳政府部门、法定机构、商会协会等交流，构建多层级合作框架机制。

（六）惠州"十四五"行动计划

"十四五"时期，惠州的发展目标之一是成为"珠江东岸新增长极"。在基础设施上，深度融入粤港澳大湾区城市群综合交通体系；在科技创新方面，积极参与国际科技创新中心建设，深入对接广深港澳科技创新走廊，推动创新协同和产业共建；在产业合作上，深化惠州制造业与香港现代服务业合作，共同开拓国际市场；在合作平台建设方面，高标准打造金山新城、潼湖生态智慧区、稔平半岛、惠州湾产业新城等特色合作平台，深入探索与广深港澳深度合作新模式；在优质生活圈建设方面，大力实施"湾区通"工程，全面深化与港澳教育、医疗、文旅、环保、民生等方面合作；高质量打造仲恺港澳青年创业基地等平台，吸引更多港澳青少年来内地学习、就业、生活，增进粤港澳三地青少年交流交往。

（七）中山"十四五"行动计划

"十四五"时期，中山发展目标之一是"努力打造湾区经济发展新增长极"。为融入湾区城市群发展体系，中山实施环湾布局向东发展，以翠亨新区、火炬开发区、岐江新城为核心，构建东部环湾创新发展带、西部优势产业升级带，打造珠江口东西两岸融合发展轴，在城市发展布局上融入粤港澳大湾区体系。积极推动深中一体化发展，依托深中通道主动对接深圳"西协"战略，在产业发展、科技创新、营商环境、公共服务、对接机制上加强与深圳对接合作。对港澳加强规则机制衔接，共建科技创新平台和产业发展平台，加强与港澳人文交流交融。

（八）江门"十四五"行动计划

"十四五"期间，江门举"全市之力推动'双区'建设，深化与粤港澳大湾区中心城市的合作"。在基础设施上，从高铁、高速公路网、港口群、天然气、水利基础设施等方面实现与粤港澳大湾区其他城市互联互通。在体制机制上，积极推动与港澳的规则衔接、加强公共服务衔接、探索重点领域的职业资格和行业标准互认。在特色平台建设上，与港澳合作建设大广海湾经济区、加快银湖湾滨海新区的开发、高标准规划建设粤港澳大湾区（珠西）高端产业集聚发展区、粤港澳大湾区多元文化交流示范区、"侨梦苑"华侨华人创新产业聚集区、粤港澳大湾区（江门）高质量农业合作平台。

（九）肇庆"十四五"行动计划

"十四五"期间，肇庆着力"建设粤港澳大湾区制造新城、康养休闲旅游度假胜地、乡村振兴示范区以及应用型高等教育基地"。在产业发展方面，积极与中心城市开展产业共建，主动承接粤港澳大湾区溢出的优质产业，建设成产业、创新的重要承载地。在康养休闲旅游度假方面，加快培育发展康养、休闲、度假、体育等产业，着力开拓康养旅游大市场，成为粤港澳大湾区康养休闲旅游胜地。在乡村振兴示范区方面，高水平建设粤港澳大湾区"米袋子""菜篮子""果盘子""茶罐子"，加快建设粤港澳大湾区（肇庆）旅游港，打造集食、住、玩、游、购、娱于一体的"广府新天地"。在应用型高等教育方面，从加快推进应用型本科高校建设、加强产学研合作发展、加快完善现代职业教育体系建设等方面建设粤港澳大湾区应用型高等教育基地。

四、企业与社会力量的行动

在《广东省推进粤港澳大湾区建设三年行动计划（2018—2020年)》中提到，"研究编制粤港澳大湾区发展研究院建设方案，成立大湾区智库机构，为大湾区发展提供智力支持。建立行政咨询体系，邀请粤港澳专业人士为大湾区发展提供意见建议。支持粤港澳工商企业界、专业服务界、学术界等与港澳建立联系机制"。2020年5月，深圳出台了《关于大力支持社会力量参与粤港澳大湾区和中国特色社会主义先行示范区建设的意见》，强调社会力量对建设大湾区的重要性。

（一）粤港澳大湾区联盟

自2016年以来，企业、高校、社会组织等主体在粤港澳大湾区发起组织了多个联盟，联盟的领域涉及教育、产业、技术、媒体等。在教育方面，由粤港澳三地高校发起组成了粤港澳高校联盟、粤港澳大湾区文化创新研究联盟、粤港澳大湾区西岸科创和人才培养合作联盟、粤港澳大湾区新闻传播教育联盟等。在产业方面，围绕着先进制造业、智能装备制造、生产性服务业等产业，相关企业发起组成了粤港澳大湾区智能装备产业创新联盟、粤港澳大湾区珠宝产业联盟、粤港澳大湾区半导体行业联盟、粤港澳大湾区金属新材料产业联盟、粤港澳大湾区 5G 产业联盟、粤港澳大湾区绿色金融联盟、粤港澳先进制造产业联盟、粤港澳大湾区半导体装备及零部件产业技术创新联盟等。在产教融合方面，围绕着科技创新等领域，相关企业联合高校、科研院所组成了粤港澳大湾区设计智创产教联盟、粤港澳大湾区科技协同创新联盟、粤港澳大湾区标准创新联盟等（见表 6—5）。

表 6—5　粤港澳大湾区的部分联盟情况

联盟名称	成立时间	联盟成员	类别
粤港澳高校联盟	2016 年	中山大学、香港中文大学、澳门大学	教育
粤港澳大湾区企业家联盟	2017 年	澳门中华总商会，广东省工商联，广州、深圳、中山、东莞、江门等城市的工商联，腾讯、汇丰、中信股份等知名企业的企业家代表	企业
粤港澳大湾区珠宝产业联盟	2017 年	广东省珠宝玉石交易中心、广州钻石交易中心、从事珠宝行业及相关行业的行业组织、教育科研机构、技术组织和公共服务平台	产业
粤港澳大湾区设计智创产教联盟	2018 年	广东省人力资源和社会保障厅，东莞市人力资源局、东莞市委统战部、东莞市工业设计协会，东莞市高技能公共实训中心，东莞市技师学院联合若干专业院校、行业公司、协会社团和机构	产教
粤港澳大湾区干细胞与精准医疗战略合作联盟	2018 年	广州赛莱拉干细胞科技股份有限公司、广药集团、广东药科大学、广东食品药品职业学院、中国科学院广州生物医药与健康研究院、中国银行广东省分行、建设银行广东省分行、广州越秀产业投资基金、香港大学、香港中文大学、香港科学园、澳门大学、澳门科技大学等	产教

续表

联盟名称	成立时间	联盟成员	类别
粤港澳大湾区智能装备产业创新联盟	2018 年	工业和信息化部电子第五研究所、香港生产力促进局、广东省焊接技术研究所、华南理工大学自动化科学与工程研究院、华南农业大学工程学院、广东省电子信息行业协会、广东省机器人协会、广东省应急产业协会、广州智能装备研究院有限公司	产业
粤港澳大湾区仲裁联盟	2018 年	广州仲裁委员会等9家广东仲裁机构，香港和澳门特别行政区的2家仲裁机构	社会组织
粤港澳大湾区半导体行业联盟	2018 年	广州市半导体协会，香港科技园公司电子、信息及通讯科技群组，智慧城市科技平台，澳门微电子协会	产业
粤港澳大湾区文化创新研究联盟	2018 年	深圳大学和文化产业、文化创新、湾区研究等领域的研究机构	教育
粤港澳大湾区知识产权联盟	2018 年	粤港澳大湾区、全国乃至全球的创新主体、产业领袖、知识产权服务机构以及个人	社会组织
粤港澳大湾区区块链联盟	2018 年	广州市区块链产业协会、香港区块链产业协会、澳门大学创新中心	产业
粤港澳大湾区金属新材料产业联盟	2018 年	广州市金属学会，粤港澳大湾区知名高校、科研院所、企业、社会组织、检测和投资机构	产教
深港澳科技联盟	2019 年	深圳市科协、香港资讯科技联会、澳门科技大学	教育
粤港澳大湾区科技馆联盟	2019 年	广东省科技厅、广东科学中心、香港科学馆、澳门科学馆、广东科学馆，香港、澳门两个特别行政区和广州、深圳、珠海、佛山、中山、东莞、肇庆、江门、惠州等9个城市致力于科学传播的科技馆	事业机构
粤港澳院士专家创新创业联盟	2019 年	粤港澳三地主要高校科研院所及广东院士联合会	教育
粤港澳大湾区西岸科创和人才培养合作联盟	2019 年	澳门大学、北京师范大学—香港浸会大学联合国际学院、五邑大学	教育
粤港澳大湾区5G产业联盟	2019 年	中国移动香港、中国移动广东、澳门电讯、广东省通信行业协会	产业
粤港澳大湾区创新产业联盟	2019 年	广东、香港、澳门优秀企业家组成	产业

续表

联盟名称	成立时间	联盟成员	类别
粤港澳大湾区广电联盟	2019年	广东广播电视台发起、粤港澳三地21家广播电视机构组建成立，其中香港7家、澳门3家、广东11家广电媒体	媒体
粤港澳大湾区科技协同创新联盟	2019年	广州市科协、广东省科协、深圳市科协、香港京港学术交流中心、澳门科学技术协进会、粤港澳大湾区"9+2"城市致力于推动大湾区科技协同创新的科技团体、高校、科研院所、企业	产教
粤港澳大湾区绿色金融联盟	2020年	深圳经济特区金融学会绿色金融专业委员会、广东金融学会绿色金融专业委员会、香港绿色金融协会和澳门银行公会（四协会）	产业
大湾区产教联盟	2020年	南博教育集团、科大讯飞华南有限公司、TCL科技集团股份有限公司等知名企业、高校、职业院校、科研机构、社会组织	产教
大湾区央企数字化协同创新联盟	2020年	华润集团、南方电网、中国电子、南航集团、招商局集团、中广核、中国旅游集团、华侨城集团、南光集团	产业
粤港澳先进制造产业联盟	2021年	深圳市机械行业协会，广东省机械模具科技促进协会，广东省铸造行业协会倡议，广东省模具工业协会等20余家行业协会	社会组织
粤港澳大湾区港澳青年创新创业基地联盟	2021年	广东省人社厅、12家港澳青年创新创业基地运营机构	社会组织
粤港澳大湾区标准创新联盟	2021年	粤港澳及周边地区从事标准化相关社会团体、企事业单位、高等院校、标准化专家和专业人士	产教
粤港澳大湾区半导体装备及零部件产业技术创新联盟	2021年	季华实验室，国内半导体装备及零部件企业和产学研用相关代表性机构	产业
粤港澳大湾区产园联盟	2021年	产业、空间载体、投资机构及其他专业机构，从事产业空间公共政策管理，投资、开发、运营产业空间的企业，推动产业、行业发展的商协会，企业法人或社会团体法人	产业

联盟名称	成立时间	联盟成员	类别
粤港澳大湾区数字经济产业联盟	2021年	阿里云、广东亿迅科技、联通（广东）产业互联网、珠海华发数智、珠海大横琴科技、南网数字电网科技等企业	产业
粤港澳大湾区青年创新发展联盟	2021年	深圳人才集团、深圳人力资本集团、粤港澳三地高校、企业、团体代表	产教
粤港澳大湾区(深港)计量检测认证联盟	2021年	香港品质保证局、香港测检认证协会、深圳市质量检验协会、深圳市计量质量检测研究院、华测检测认证集团、中国检测认证集团深圳分公司、威凯检测技术有限公司、东莞、江门、肇庆等地市相关协会	产业
粤港澳大湾区新闻传播教育联盟	2022年	澳门科技大学人文艺术学院/澳门传媒研究中心牵头，暨南大学、中山大学、香港浸会大学相关院系	教育

（二）粤港澳大湾区智库

智库是一种承担特殊职能、发挥特殊效用的社会组织。自 2015 年，高校、科研院所组建，政府指导参与，建立了多个针对粤港澳三地合作的智库。在"粤港澳大湾区"概念提出后，广东省先后建立了粤港澳大湾区研究院、粤港澳大湾区战略研究院。同时，在香港也由爱国人士发起组建了香港明汇智库、粤港澳大湾区创新智库等。在 2019 年 6 月，粤港澳大湾区研究院联合香港"一国两制"研究中心、澳门发展策略研究中心组建了粤港澳大湾区智库联盟。另外，广州市成立了粤港澳大湾区发展广州智库（见表 6—6）。

表6—6 粤港澳大湾区部分智库情况

智库名称	成立时间	举办者
中山大学粤港澳发展研究院	2015年	中山大学港澳珠江三角洲研究中心、港澳与内地合作发展协同创新中心等
香港明汇智库	2016年	香港各界爱国爱港人士参与组成
粤港澳大湾区研究院	2017年	广东省发展改革委、广东省港澳办、广东省社科院、南方财经全媒体集团
粤港澳大湾区发展广州智库	2018年	广州市委宣传部、广州市社会科学界联合会、华南理工大学
粤港澳大湾区战略研究院	2019年	中国科学院科技战略咨询研究院、广东省科学院
粤港澳大湾区智库联盟	2019年	粤港澳大湾区研究院、香港"一国两制"研究中心、澳门发展策略研究中心
粤港澳大湾区创新智库	2021年	香港爱国人士庄守堃先生发起、联合多位联席主席共同建立并在香港注册成立的非营利组织

参考文献

蔡赤萌:《粤港澳大湾区城市群建设的战略意义和现实挑战》,《广东社会科学》2017年第4期。

陈晓运、郭小敏:《粤港澳大湾区建设的政治逻辑》,《学术论坛》2020年第43期。

李可、唐晓晴:《横琴粤澳深度合作区:理念创新与制度构建》,《港澳研究》2022年第1期。

林江、徐世长:《〈前海方案〉:建设国际一流湾区的"全新动力体系"》,《同舟共进》2022年第2期。

覃成林、贾善铭:《探索香港北部都会区建设思路》,《中国社会科学报》2022年2月21日。

唐少清、谢茜、詹细明：《基于粤港澳大湾区中的横琴支点分析》，《中国软科学》2020 年第 S1 期。

文宏、林彬：《国家战略嵌入地方发展：对竞争型府际合作的解释》，《公共行政评论》2020 年第 13 期。

武汉大学横琴粤澳深度合作区研究课题组：《横琴粤澳深度合作区创新驱动发展研究》，《中国软科学》2021 年第 10 期。

谢来风、谭慧芳、周晓津：《粤港澳大湾区框架下香港北部都会区建设的意义、挑战与建议》，《科技导报》2022 年第 40 期。

杨英、秦浩明：《粤港澳深度融合制度创新的典型区域研究——横琴、前海、南沙制度创新比较》，《科技进步与对策》2014 年第 31 期。

杨滢玮：《港澳"跨境合作区"模式大不同　前海促港反思过去迎战未来》，《香港 01 周报》2021 年 9 月 13 日。

雍炜：《特区发展动态考察报告》，《中国经济特区发展报告（2020）》，社会科学文献出版社 2021 年版。

张颖：《粤港澳大湾区城市群区域治理机制的架构思考：从政府治理权出发》，《上海对外经贸大学学报》2020 年第 27 期。

钟韵、胡晓华：《粤港澳大湾区的构建与制度创新：理论基础与实施机制》，《经济学家》2017 年第 12 期。

附　录

粤港澳大湾区各城市的相关支持政策

城市	政策	时间 (年)
广州	《粤港澳大湾区"菜篮子"建设实施方案》	2019
	《广州市黄埔区、广州开发区支持港澳青年创新创业实施办法》	2019
	《广州市关于粤港澳大湾区个人所得税优惠政策财政补贴管理暂行办法》	2019
	《广州市黄埔区　广州开发区推进粤港澳知识产权互认互通办法（试行）实施细则》	2020
	《广州南沙新区（自贸片区）鼓励支持港澳青年创新创业实施细则（试行）》	2020
	《粤港澳大湾区医药健康综合试验区建设总体方案》	2021
	《粤港澳大湾区北部生态文化旅游合作区建设方案》	2021
	《广州市关于推进共建粤港澳大湾区国际金融枢纽实施意见》	2021
	《广州市关于推进共建粤港澳大湾区国际金融枢纽三年行动计划（2021—2023 年)》	2021
	《广州市推动落实粤港澳大湾区贸易自由化通关便利化行动方案》	2021
	《广州市建设粤港澳大湾区理财和资管中心实施方案》	2022

城市	政策	时间（年）
深圳	《关于支持港澳青年在前海发展的若干措施》	2019
	《关于大力支持社会力量参与粤港澳大湾区和中国特色社会主义先行示范区建设的意见》	2020
	《加强港澳青年创新创业基地建设工作方案》	2020
	《深圳市深港澳科技计划项目管理办法》	2020
	《深圳市前海深港现代服务业合作区香港工程建设领域专业机构执业备案管理办法》	2020
	《港澳涉税专业人士在中国（广东）自由贸易试验区深圳前海蛇口片区执业管理暂行办法》	2021
	《关于进一步便利港澳居民在深发展的若干措施》	2021
	《粤港澳大湾区"跨境理财通"业务试点实施细则》	2021
	《关于推动港澳青年创新创业基地高质量发展实施意见》	2022
珠海	《横琴新区支持粤澳合作中医药科技产业园发展的专项措施》	2019
	《横琴新区扶持澳门投资大型商业综合体发展暂行办法》	2019
	《关于进一步支持澳门青年在横琴创新创业的暂行办法》	2019
	《珠海市支持港澳青年来珠就业（创业）和技能培训（训练）补贴办法》	2019
	《关于进一步支持澳门青年在横琴创新创业暂行办法的实施细则》	2020
	《珠海市珠港澳科技创新合作项目管理办法》	2020
	《珠海经济特区横琴新区港澳建筑及相关工程咨询企业资质和专业人士执业资格认可规定实施细则（试行）》	2020
	《横琴新区支持律师行业发展的暂行办法》	2020
	《港澳人员到横琴新区就业创业补贴办法》	2020
	《珠海市实施粤港澳大湾区个人所得税优惠政策财政补贴管理办法》	2021
	《降低横琴粤澳深度合作区企业综合成本的十条措施》	2022

城市	政策	时间（年）
佛山	《佛山港澳青年创业孵化基地建设实施方案》	2019
	《佛山市关于实施粤港澳大湾区个人所得税优惠政策财政补贴管理暂行办法》	2019
	《佛山市南海区关于进一步支持港澳人才在粤港澳合作高端服务示范区创新创业的交通补贴暂行办法》	2019
	《佛山市南海区关于进一步支持港澳人才在粤港澳合作高端服务示范区创新创业的交通补贴暂行办法》	2020
	《广州市科学技术局　佛山市科学技术局关于推进广佛科技创新合作的工作方案》	2020
	《佛山三龙湾高端创新集聚区发展总体规划（2020—2035 年)》	2021
	《佛山市关于实施粤港澳大湾区个人所得税优惠政策财政补贴管理办法》	2021
东莞	《关于贯彻落实粤港澳大湾区发展战略　全面建设国家创新型城市的实施意见》	2019
	《东莞松山湖推动港澳人才创新创业实施办法》	2019
	《关于加快建设现代化综合交通体系打造粤港澳大湾区品质交通城市的实施意见》	2020
	《关于加强东莞市港澳青年创新创业基地建设的实施方案》	2020
	《东莞市贯彻落实〈关于金融支持粤港澳大湾区建设的意见〉行动方案》	2020
	《关于支持港澳人才在滨海湾新区创新创业的暂行办法》	2022
惠州	《惠州仲恺港澳青年创业基地建设实施方案》	2019
	《惠州市实施粤港澳大湾区个人所得税优惠政策财政补贴管理暂行办法》	2019
	《惠州市中小学校招收和培养国际学生与港澳台学生管理办法》	2020
中山	《关于加强港澳青年创新创业基地建设工作方案》	2019
	《中山市实施粤港澳大湾区个人所得税优惠政策财政补贴暂行办法》	2019
	《中山市推进粤港澳大湾区国际科技创新中心建设专项行动计划》	2019
	《中山市实施粤港澳大湾区个人所得税优惠政策财政补贴管理办法》	2021

城市	政策	时间（年）
江门	《江门市打造粤港澳大湾区西翼医疗中心行动方案（2018—2020年)》	2019
	《江门市关于加强港澳青年创新创业基地建设实施方案》	2019
	《江门市实施粤港澳大湾区个人所得税优惠政策财政补贴暂行办法》	2019
	《江门市人力资源和社会保障局关于支持港澳居民到江门市就业创业的若干措施》	2020
	《江门市"江澳涟"项目实施方案》	2020
	《关于江门市实施粤港澳大湾区个人所得税优惠政策财政补贴管理办法》	2021
	《江门市全力打造粤港澳大湾区一流营商环境若干措施》	2021
肇庆	《肇庆新区港澳青年创新创业基地建设实施方案》	2019
	《肇庆市建设粤港澳大湾区一流营商环境若干措施》	2019
	《肇庆市贯彻粤港澳大湾区个人所得税优惠政策实施办法》	2019
	《肇庆市鼎湖区港澳青年创新创业基地建设实施方案》	2019

责任编辑：朱云河
装帧设计：王欢欢
责任校对：张彦彬

图书在版编目（CIP）数据

粤港澳大湾区建设展望 / 覃成林等著. -- 北京 ：
人民出版社，2025. 1. -- ISBN 978－7－01－026705－0

Ⅰ. F127. 6

中国国家版本馆 CIP 数据核字第 2024Q3G710 号

粤港澳大湾区建设展望
YUEGANG'AO DAWANQU JIANSHE ZHANWANG

覃成林 等 著

人民出版社 出版发行
（100706 北京市东城区隆福寺街 99 号）

北京新华印刷有限公司印刷 新华书店经销

2025 年 1 月第 1 版 2025 年 1 月北京第 1 次印刷
开本：710 毫米×1000 毫米 1/16 印张：18.5
字数：213 千字

ISBN 978－7－01－026705－0 定价：118.00 元

邮购地址 100706 北京市东城区隆福寺街 99 号
人民东方图书销售中心 电话 （010）65250042 65289539